무시선

無時禪

시선

여는 글

과거에는 아는 것만 갖고도 도인이라 했지만 오늘날에는 아는 것만으로는 도인 행세가 어려워졌다. 수행에 관심 있는 일반인들이 늘어나면서 "선禪을 매일 몇 시간씩 하세요?"라고 묻기도 하고 "좌선 잘되세요? 어떤 방법으로 하세요?"라고 구체적으로 묻는 데에 이르렀다. 그런데 앞으로는 이렇게 묻지도 않는다. 몸짓과 표정만 봐도 알 수 있고 몸짓 하나에 그 사람의 수행이 모두 들어 있기에 구태여 물어볼 필요가 없다.

삶의 몸짓 하나에 마음을 담는 수행으로 무시선이 있다. 무시선은 무시선無時禪 무처선無處禪을 줄여 이르는 말로 '때와 장소를 가리지 않고 선禪을 하거나 선의 마음으로 존재하는 것', 즉 빈 마음으로 상쾌하게 깨어 나타남을 일컫는다.

빈 마음으로 깨어 있으면 그곳에서 진리로 존재하기 때문에 갈구할 것이 없다. 진리의 존재로 깨어난 삶은 내재된 욕망으로 끊임없이 헐떡이며 갈구하는 삶에서 벗어난 상태이다. 이때는 내 안의 진리가 순연하게 발현된다. 여기에는 영혼이 성장하는 만큼 진리를 거스르지 않는 자유로움과 행복이 있다.

무시선은 일이 있을 때 일 속에서 선을 한다는 의미의 사상선事上禪과 일이 없을 때 하는 선인 좌선, 행선, 입선, 와선으로 나눌 수 있다. 일 없을 때의 대표적인 선이 좌선이지만 이 좌선도 본질적인 면에서는 무시선에 포함된다. 물론 무시선의 대부분은 좌선과 대별되어, 일 있을 때의 선을 총칭하는데 이것이 일반적인 개념에서의 무시선이다. 이 책에서는 이 일반적 의미의 무시선, 즉 일 있을 때의 무시선을 주로 이야기하고자 한다.

일반적인 의미에서의 무시선은 수행에 있어 폭은 넓지만 깊지가 않다. 그렇기 때문에 무시선은 좌선과 함께 하는 것이 좋다. 무시선은 좌선을 토대로 할 때 삶의 깊이가 있고, 좌선 역시 무시선으로 이어져야 생명력을 얻는다.

수행자에게 무시선은 좌선과 더불어 꿈의 수행이다. 필자는 학창 시절 무시선을 체계적으로 체득하지 못한 것에 대한 아쉬움이 늘 가슴 한 켠의 갈증으로 남았었다. 각 부임지에서 한결같이 무시선을 삶에 드리우고 싶었지만 목전의 급한 일에 마음을 다했을 뿐 무시선으로 깊고 명료하게 존재할 수 없었다. 나름대로 깊이에 들었다고 하나 나를 잊은 채 일만이 오롯이 남는 정도였다. 이 수준을 넘어서지 못한다면 마음의 갈증이 해소되지 않을 것 같아 가슴이 답답했다.

이것을 해결할 수 없다면 어떤 자리에서 일을 하든 그 일은 세상의 꼭두각시 놀음에 불과하다고 느껴졌다. 그러던 중 무시선을 처음부터 하나하나 해 가며 마음속 에너지를 끌어낼 수 있는 곳을 찾았다. 지금 필자가 몸담고 있는 경북 성주의 삼동연수원이었다. 이곳이야말로 무시선에 대한 오랜 갈증을 해결할 수 있는 곳이었기에 연수원 자립 기반을 다진 이후부터는 비로소 무시선을 하나하나 해 가며 마음에 새겨 나아갈 수 있었다.

앞서 무시선은 언제 어느 때든 빈 마음으로 깨어 있는 것이다. 이때의 빈 마음인 일심은 성품을 여의지 않는 마음이라 그대로 발현시키면 정의가 된다. 일심을 체계적이고 단계적으로 발현시켜 가는 길이 집심, 관심, 무심, 능심이다. 이 마음의 여정은 장을 달리하여 설명하겠다.

생활 속에서 근본 마음을 발현 순서에 따라 확장해 가면 이 마음이 삶 속 깊이 들어와 행복함과 은혜로 움직인다. 이런 무시선 수행을 체계적으로 이루어 가면 누구나 어렵지 않게 실현해 갈 수 있다.

수행길 따라 무시선을 하다 보면 희미했던 것이 선명해지고 깊이 익어 가는 느낌이 삶 속에 자리하게 된다. 나아가 전체의 하나로 존재하다가 나중에는 이 존재함마저 사라진다. 이것을 세상으로 확장하여 드리우면 예술혼으로 승화된다. 이때는 무시선이 하나의 단편적인 일과 삶에 그치지 않고 삶 전체로 이어져 진리와 하나가 되어 세상과 노니는 경지에 이른다.

넓은 숲과 아름드리 나무 그리고 잘 정돈된 정원이 사람들의 마음마저 어루만져 주는 이곳 삼동연수원에서는 날마다 삶 속에서 무시선의 나눔과 공유가 진행되고 있다. 이곳에서 이루어지는 나눔과 공유는 수행의 진솔함을 상하지 않기에 더할 나위 없이 좋다. 이 아름다운 수행의 이야기를 이제 세상에 내놓는다.

전작인 좌선 수행서『단전주선』에서 진리적 삶의 깊이와 풍요로움을 발견하였다면 이 책 '무시선'을 통해서는 생생하고 행복한 수행의 길을 함께 걷게 되길 바란다.

원기 온 해의 복사꽃 필 무렵
성주 삼동연수원에서
훈산 **길 도 훈**

* 『무시선』을 발간하기까지 애써 주신 김길동. 김순녀. 박경아. 여전상. 전미덕. 정원규. 최영신 님과 서울과 성주의 '선과 성리' 모임에서 꾸준히 힘써 주시고 함께하신 모든 분께 감사드립니다.

행복한 수행, 무시선

    많은 사람들이 행복을 원한다. 세계보건기구(WHO)에서는 안녕의 의미를 '심신 건강과 사회적 보람', 즉 '미래의 삶에 대한 행복한 태도이고, 개인이 처해 있는 삶과 더불어 주어진 책임감을 즐겁게 수용하는 것'으로 규정하고 있다.

    하지만 이런 요소가 인간을 궁극적으로 행복하게 할 수 있을지 의문이다. 개인적 심신 건강이나 사회적 책임을 통해서 느끼고 이뤄 온 행복으로는 가슴 깊은 곳에 자리한 영적인 허전함을 채울 수 없다. 심신의 건강이 중요한 것이나 그것은 의미의 삶을 받쳐 주는 주변 사항에 불과하다. 사회적 책임을 다하는 것도 중요하지만 사회적 책임이라는 것 자체도 다수의 행복이라는 기준에 따라 사회가 부과한 것에 지나지 않는다.

사회적 관념으로 요리해 놓은 행복을 누구나 그대로 느껴야 하는 것은 아니다. 세상에는 가슴 한편에서 삶의 본질에 대한 의구심이 늘 자리하고 있는 이가 적지 않다. 먹고 살려다 보니 바쁘기도 하고 재색 명리가 혼을 쏙 빼놓아서 잠시 잊었을 뿐이다.

그 가운데 가슴속 울림을 놓치지 않은 이가 결국에는 궁극적인 행복을 찾아 나선다. 어떤 이는 그것이 마음 비움에서 올라오는 행복이라고 하지만, 그것 또한 행복의 한정된 부분에 지나지 않다. 선정, 기도, 주문 등에 의지한 행복은 확실히 세속적인 행복에서 느껴지는 것과는 다른 개운함을 주지만, 이 또한 여러 가지 행복의 한 단면에 불과하다. 이는 신에게 귀의한다고 해도 마찬가지이다.

인간이 행복을 찾아야 할 곳은 인간의 범주를 넘은 신의 영역도 아니고 사회를 떠난 한적한 산속도 아니다. 바로 우리의 삶이다. 우리네 삶 속에 우주 전체가 깃들어 있다.

궁극적인 행복은 다른 세상에 있는 것이 아니라 우리의 삶에 있다. 삶에 담긴 마음과 몸, 인간관계, 환경, 일 등은 모두 각자의 수행에 필요한 최적화된 자료이다. 인간의 삶의 조건들은 그것들이 선천적이든 후천적이든, 건강하든 장애를 동반하든, 인간관계나 생활이 풍족하든 부족하든, 남이 알아주든 말든, 하고 싶든 말든 자기의 필요에 따라 설정해 놓은 것이지 다른 게 아니다.

더 많은 일을 하기 위해서 기본 조건을 좋게 설정하기도 하고 또는 수행을 위해 기본 조건 자체를 어렵게 설정해 놓기도 한다. 다만 설정과 끌림에 따라 주종관계가 달라진다. 삶에 깨어 친밀하게 다가설 수 있는 사람만이 세속적인 삶의 범주에서 벗어나 자신의 삶을 주체적으로 살며 궁극적인 행복을 가꾸어 간다.

그런데 나의 생각과 삶의 모든 것이 진리이고 자연의 이치라고 여기는 사람이 있다. 있는 그대로 물 흐르듯이 맡기고 살아가면 욕심이 없어 편안하고 고통도 그대로 수용하고 안분安分하게 되어 좋단다. 그리고 이런 삶이 도道가 아니겠냐며 동조를 구한다. 세상의 흐름에 맡기고 안분하는 것이 수행자가 지녀야 할 마음가짐의 기본이기는 하다. 그러나 어쩔 수 없는 안분 안에 명예욕이 숨어서 '도'라는 탈을 쓰고 의미 부여를 해 대는 경우도 있으니 깊이 들여다보아야 자기 속마음에 속지 않는다. '도'의 탈을 쓰지 않았더라도 까닭이 없는 안분은 사람을 숙명론에 빠뜨려 목석처럼 무기력하게 만들 수 있으니 조심해야 한다.

모든 것을 자연의 흐름에 맡기고 그대로 살려면 아마 채집이나 수렵을 하면서 살아야 할 것이다. 실제로 이렇게 살고 싶어 정처 없이 이곳저곳을 옮겨 다니는 사람도 있다. 그럼, 이처럼 원시로 회귀하는 것이 수행의 본의일까?

산천초목과 동물들만 자연이 아니라, 인간 그리고 내재된 자유의지도 자연에 속한다. 채집이나 수렵뿐 아니라 자연을 활용하는 농산물과 지구상의 모든 공산물까지 자연 아님이 없다. 인간의 자유의지가 지나치면 자연을 훼손하게 되지만 자연의 흐름을 이해하고 활용하는 것이라면 자유의지는 자연의 숨결과도 같다. 우주의 활력을 불어넣는 존재이다.

소태산少太山*은 천지는 사람이 사용할 대상이라 했고, 대산大山**은 빈 집에 들어가면 허전한 것과 같이 천지도 성현이 없으면 빈집과 같다고 했다. 자유의지를 계발하여 깨달음에 이른 성숙한 영적 존재가 되면 자유의 극에 이르렀기 때문에 천지 도수를 움직여 세상살이의 흐름을 바꿔야 할 때는 능히 바꿀 수도 있다.

무시선은 이처럼 인간이 동물적인 삶으로만 살아가는 것을 막고, 영적인 존재로 주체가 되어 살아갈 수 있게 해 준다. 즉 진리의 마음을 회복하고 발현시켜 깨어 있을 수 있도록 한다. 이 수행은 삶 속에서 누구나 언제 어디서든지 쉽게 행할 수 있는 꿈의 수행이라 해도 과언이 아니다.

무시선은 우주의 근원이자 마음의 근본인 원리에 따라 빈 마음을 바탕으로 삼고 그 빈 마음에서 발현되는 오묘한 앎과 나타남을 기본 원리로 삼는다. 또한 무시선은 삶에서 선을 닦아 가는 수행이자 삶의 모습이다. 삶에서 온전하게 깨어 있을 때의 마음을 보면 평온할 뿐 아니라 일에 있어서는 마음다함으로 존재한다. 결국에는 이 무시선의 수행은 오롯함과 열림으로 하나 되다가 마음과 행동이 체화된 감각으로 나타나며 완성도 있는 인품과 은혜로 나타난다.

처음부터 모든 삶에서 무시선으로 깨어 있기란 쉽지 않다. 그러므

---

*소태산(1891~1943) : 원불교 박중빈 교조의 호. 제자들은 보통 대종사라고 부른다. 전남 영광에서 태어나 인생에 의문을 품고 수행을 하다가 26세에 스스로 깨쳤다. 연원을 불교로 정하고 인류가 진리의 인격을 얻고 삶에서 은혜로 나타내는 수행을 염원했다.

**대산(1914~1998) : 원불교 3대 종법사를 지낸 김대거의 호. 원불교의 진리와 법과 회상의 면모를 갖추는 데 큰 역할을 했다고 평가받는 여래이다.

로 무시선 수행을 할 때에는 처음에는 작은 단위를 잡아서 시작하다가, 일 있을 때와 일 없을 때에 근본과 목적의 주종을 달리하는 법으로 익혀 간다. 게다가 무시선을 좌선과 병행하게 되면 활용의 삶을 항상 존재의 근원에서부터 이룬다.

무시선은 자성을 발현시켜 가며 수행하는 수행법이라 과정 자체가 행복하다. 또한 수행의 폭이 커지면서 삶 전체를 사랑하다가 비움에 이르러 평온하고 마음다함으로 은혜를 실현하는 삶으로 깊어진다. 이와 함께 수행자의 인품이 성숙해지며 세상도 아울러 낙원으로 바뀌어 간다.

무시선 터 닦기

무시선을 잘하기 위해서는 터 닦기 과정이 필요하다. 그 과정은 먼저 자신을 풀어헤치는 것에서 시작된다. 자신이라는 마음 상자의 뚜껑과 옆면을 풀어 제쳐서 바닥까지 한눈에 드러나게 펼치는 일이다.

자신의 장단점과 당면 과제가 무엇인지 알아야 무엇부터 공부할지 알게 된다. 그래야 의식의 발달 순서에 따라 해야 할 것은 하고 놓을 것은 놓아 가며 차근차근 해 나갈 수 있다.

그러나 많은 사람들은 자기의 마음 상자를 열어 보려고 하지 않는다. 자신을 아는 것이 두려워서 그런지, 아니면 지난날의 상처와 열등감이 올라오는 것을 보고 싶지 않아서 그런지는 모르겠다.

그런데 마음 깊은 곳에서 상처를 부여잡아 눌러 놓고만 있으면 자신과 주위 사람 모두가 힘들다. 나무도 떨어진 잎사귀가 썩어 자신의 거름이 된다. 만약 떨어진 잎이 보기 싫다며 외딴 상자에 넣고 뚜껑을 닫아서 썩힌다면 어떨까? 냄새만 솔솔 풍길 뿐 나무에게 필요한 거름이 되지 못한다. 지난날의 일은 무엇이든 내 마음이 깨어 있는 즉시 자양분이 되어서 영적으로 성장하는 데 에너지가 된다. 마음이 깨어 있는 사람이라면 지난 상처를 어떤 형태로든 자기 성장의 자양분으로 삼는다.

마음의 전개도 펼치기

자, 이제 마음 상자를 열어 보자. 마음 상자를 펼쳐 보아 각인된 마음과 자기도 모르게 고개를 돌려 덮어 버리고자 하는 것이 발견된다면 그것이 바로 잠재의식의 핵심덩어리이다. 그것이 내 마음을 왜곡시키고 굴곡되게 하는 마음의 씨앗이기도 하다.

만약 자기 마음의 어떤 부분이 부끄럽다고 하여 그대로 눌러 두면 일상에서 생각하고 행동할 때도 그 범주를 벗어나지 못한다. 자기 성찰이 철저하지 못한 사람은 대부분 자기 합리화를 무기 삼아 아집 속에서 살아간다. 이런 수행자는 자기 도그마에 갇혀 있거나 일반론의 굴레에 빠진 채 자기변명과 남 탓을 일삼는 초라한 모습을 면할 수 없다.

수십 년 동안 전문적인 교육을 받으며 수행해 온 사람이 수행에 진전이 없다며 찾아왔기에 물었다.

"선생께서는 무슨 말을 들으면 주체할 수 없이 화가 올라옵니까?"

"다른 사람이 나를 무시하는 듯한 이야기를 하면 화가 솟구칩니다. 잘 모른다, 바르지 않다, 잘 못한다, 아쉽다 등등이요."

"그동안 많은 노력을 해 오셨기에 이렇게 자신에 대해 잘 아는 것입니다. 그런데 화가 솟구치면 어떻게 하세요?"

"그냥 참는데, 이후부터 생각이 많아집니다. 그러다가 어떻게 하든지 되돌려 줍니다."

"어떻게 돌려주나요?"

"상대의 좋지 않은 것을 찾아서 너도 별게 없다는 것을 알려줘요. 못됐죠?"

"그러면 사람들이 몰라요? 알 것 같은데."

"아는 사람도 있고 모르는 사람도 있는 것 같았는데 그런 사람들 모두가 저를 좋아하지 않고 피했어요. 그러고 보니 아무리 부드럽게 이야기해도 다 아는가 봐요."

"그 사람을 위한 순수한 의도에서 해 준 얘기가 아닌 것을 상대방도 알아서 그럴 겁니다. 그런데 그렇게 되돌아오는 것을 뻔히 알면서 왜 하세요?"

"그래야 마음이 풀려요. 이내 후회가 되지만⋯⋯."

"과거에 어떤 상처가 축적되어 자신의 치명적인 단점으로 뭉쳐 있고 그것이 감정의 도화선으로 남아 있을 겁니다."

"저는 열등감이 많아서 그런 것 같아요."

"열등감은 명예심에서도 나와요. 무엇을 잘하고 싶으세요?"

"마음공부를 잘하고 싶습니다."

"그렇게 거창하게 잡지 말고, 어떤 한 모습으로만 이야기해 보세요."

"똑똑하다는 소리가 듣고 싶어요."

"어떤 것에서 그런 소리를 듣고 싶으세요?"

"말을 하거나 주제 발표를 할 때요."

"학교 다닐 때 공부 잘하셨어요?"

"아니요. 잘 못했고 그래서 열등감이 있어요."

"잘할 수 있는 것부터 찾아보면 어떨까요?"

"일은 잘하는 편이지만 그것으로 칭찬을 받으면 만족스럽지 않아요. 꼭 무수리 같은 느낌이 들어요."

"이지적인 면으로 상처를 많이 받으셨네요. 그로부터 열등감이 증폭되었고요. 사람마다 특성이 다릅니다. 잘하는 것이 있으면 못하는 것도 있어요. 위안을 드리려고 하는 것이 아니라 세상이 사실 그렇게 되었기 때문입니다. 좀 어렵지만 '난 이지적이지 않아도 괜찮다. 그보다 더 좋은 실천적 의지를 선물 받았다.'고 최면 걸듯 자신에게 이야기해 보세요. 그리고 법신불 사은法身佛 四恩* 전에 감사의 기도를 올리는 것도 좋은 방법입니다. 그럼 그 마음이 마음속으로 점차 스며듭니다. 일상에서도 자신이 최고의 실천적 의지가 있는 것을 가지고 생활하며 그 특성으로 수행해 보세요. 세상을 살아가는 데에는 이지적인 것보다 의지로 되는 게 사실 더 많습니다. 그런 자신을 사랑해 보세요. 충분히 매력적입니다."

몇 달이 지나서 그 사람을 다른 자리에서 보았다. 얼굴이 밝고 행동이 활기찼다. 그날 이후 자신을 사랑하게 되었다고 하며 고맙단다. 그리고 또 하나는 과거에는 다른 사람의 단점을 말할 때 에너지가 솟았는데 이제는 다른 사람의 좋은 모습을 말할 때 기쁘다고 했다.

---

*법신불 사은 : 원불교 신앙 명호. 법신불은 궁극적인 진리이고 사은은 우주 만물이다. 즉 법신불 사은은 우주의 영혼과 우주의 몸이다.

수행은 여러 가지를 배운다고 진전이 있는 게 아니다. 자기에게 마음 하나가 걸려 있으면 모든 것에 발목이 잡혀서 앞으로 나아갈 수 없다. 걸려 있는 마음 하나를 해결하는 데에서 수행길이 열린다.

자신을 직시할 수 있는 데에도 마음의 힘이 필요하다. 쉽지 않지만 면밀하게 살펴보고 그대로 인정할 수 있을 때 참다운 수행은 이로부터 시작이 된다. 자신의 좋지 않은 모습을 세 살짜리 아이가 이야기해도 변명하지 않은 채 고마워하고, 아랫사람이나 자신과 대립하는 사람의 충고도 흔쾌히 받아들일 수 있다면 자신의 마음을 어느 정도 펼쳐 볼 줄 아는 사람이다. 마음을 읽어 가다 보면 마음의 힘이 커져 잠재의식까지도 볼 수 있는 데 이른다. 이 정도만 되어도 마음이 한 뼘 쭉 자란 느낌을 받는다.

마음을 전개도처럼 펼쳐 본다고 하지만 자신도 모르게 마음의 업덩어리가 숨어 있을 수 있다. 경계에 처하여 반복적으로 나타나는 것이 무엇인지 면밀하게 관찰하면 드러난다. 반복적인 경계는 마음속 깊은 곳의 잠재의식에서 비롯되거나 무의식 세계에 담겨서 변형되어 나타나는 마음의 병리 현상인 경우가 많다. 이런 것 대부분은 한두 개의 마음이 뭉쳐서 된다. 이것은 일상의 경계 속에서 마음의 숨결 따라 잠재된 마음을 바라보는 공부로도 어느 정도 해결이 가능하다.

좌선의 초기에는 삶의 현안이 거친번뇌로 나타나고 다음에는 지나가는 생각과 잠재된 생각이 미세번뇌로 나타난다. 좌선을 하면서도 마음의 정보에 집착할 것은 없지만 때때로 정보를 읽어 내는 것이 수행에 필요하다.

즉 잠재의식은 어려서 상처를 입었거나 뇌리에 인상적인 것이 담긴 마음덩어리이다. 잠재된 마음이 하나의 씨알로 되었다가 뭉쳤다면 언젠가는 기회를 만나 솟구친다. 한번 뭉친 마음은 제거하려고 해도 쉽지 않다. 억지로 누르거나 비워 내려고 하기보다는 상처 난 마음을 감싸 안아서 품고 기다리는 것이 치유에는 더 낫다. 이로써 마음의 상처가 어느 정도 진정이 되기만 하면 그 다음에는 삶의 깊은 이해로 해결이 가능하다. 과거의 상처일지라도 되짚어서 그 일을 마음 깊이 이해하면 치유가 될 뿐 아니라 그로 인해 왜곡된 마음도 되돌려진다.

잠재된 마음의 씨앗이 해결만 되어도 그동안 잠재된 의식으로 인하여 쌓인 습성 정도는 생활해 가며 고치려고 하면 이내 고칠 수 있다. 우선 당위성으로 인한 해치움과 나태심으로 인한 무력감이 없도록 삶에 깨어 있어야 한다. 그리고 그 일에 깨어 있는 마음으로 마음의 흐름을 따라 생활하다 보면 왜곡된 마음과 습성은 어느새 더운 물에 얼음 녹듯 사라져 간다.

잠재의식보다 좀 더 깊은 마음에는 무의식 세계가 자리하고 있다. 잠재의식이 현생 속의 과거라면 무의식은 전생에서부터 함장含藏 되었다가 나타나는 마음이다. 이 무의식을 훑어 내야 마음의 뿌리까지 진정으로 정화가 된다.

좌선의 깊은 수행과 무시선을 통해 어디에도 머무르지 않는 마음을 닦아 나아가면 잠재의식과 더불어 무의식마저 정화시킬 수 있다. 그러나 중요한 것은 거친번뇌든 미세번뇌든 모두 잡념이다. 누구에게나 있는 잡념으로 알고, 알아차림으로 깨어 있으면 대부분은 저절로 없어진다. 수행에서는 상황을 그리 심각하게 여기지 않는 것이 중요하다. 처음부터 심각하면 잡념을 오히려 부풀리는 등 괜한 일을 만드는 경우가 많다. 대수롭지 않은 것을 부풀려서 심각하게 생각하여 심신만 더 힘들게 할 필요가 없지 않은가?

깨어 있음으로도 잘 제거되지 않는 잡념은 세밀히 관찰한 다음, 기다려 품다가 진정이 되면 깊은 이해로 제거해 간다. 그리고 선을 통해 비우면 된다.

수행 초심자라면, 먼저 평온함을 생각함으로써 마음을 안정시킨 이후에 마음의 상자를 전개도처럼 펼쳐 보는 것이 좋다. 수행길을 걸어가며 왜곡된 마음의 뿌리를 알고 치유해 가면 그에 따라 마음도 조금씩 좀 더 깊은 평온함으로 변해 간다.

판단중지에 따른 마음 멈추기

우주의 본원이자 각자 마음의 고향인 공적영지空寂靈知. 이는 마음이 텅 비어서 고요하고 그 가운데 상쾌하게 알아지는 마음을 일컫는다. 이러한 마음은 학문으로 분석해서 배우고 이해한다고 되는 게 아니다. 하지만 누구에게나 내재해 있는 것이기에, 동정 간에 깊이 바라보면 조금씩 알아지다가 점차 깊이 이해하는 데 이른다.

'한 생각마저 없는 마음'을 일반적으로 '꿈도 없이 깊이 잠잘 때'라고 설명한다. 그러나 이러한 표현으로는 '한 생각마저 없는 마음'을 전달하는 데 한계가 있다.

수행자들은 좌선을 통해서 홀연히 마음의 깊은 선정禪定에 들면 큰 깨달음이라도 얻은 듯이 좋아한다. 그러나 선禪으로써 돈망頓忘*에 들어 자성자리를 보고 근본지혜가 솟았다고 해서 우리의 삶이 크게 달라지지는 않는다. 돈망에서 우러난 평온함이 삶의 저변에 깃들지 않는다면 그것은 부질없는 꿈이나 환상과 다를 바 없다.

선정禪定은 마음이 심연에 머물러 평온한 상태일 때보다 의식의 전반에 우러나서 편만할 때 의미가 더 크다. 삶 속에서의 선정은 한 생각 이전의 마음이 깨어난 평온함이다. 일상의 삶에서 한 생각 이전의 마음을 챙긴다는 그 자체만 갖고도 수행에 필요한 터 닦기는 충분하다.

수행자가 일상의 삶에서 마음의 바탕을 이루는 것은 마음 깊이 든 선정보다 한 생각 이전의 빈 마음이다. 이 빈 마음이 수행자의 기본이자 중요한 과제이고 덕목이기는 하나 이 마음이 되기란 쉽지 않다.

사람을 만날 때 자신의 성향이나 정서와 맞아서 반가운 경우가 있고 반대로 힘겨운 경우도 있다. 마음을 비운 사람이라고 하여 모든 사람이 늘 초면처럼 되는 게 아니다. 마음을 비워도 경험의 흔적과 가능성이 희미하게나마 남아 있다. 이런 흔적과 가능성은 마음먹기에 따라

---

*돈망 : 선정 삼매에 들기 전에 갑자기 자기를 잊은 상태.

방향 전환에 전혀 어려움이 없을 만큼, 삶에 미치는 영향은 아주 미미하다.

비움 속 미미한 이미지는 유화의 밑그림 정도에 지나지 않다. 유화의 밑그림은 그리는 도중에 생각이 바뀌면 그 흔적조차 지워진 채 영향력을 잃는 것처럼 마음이 바뀌면 그동안의 기억된 자료는 흔적조차 없어져서 큰 의미가 없다. 그렇다고 그 느낌이 유화의 밑그림과 꼭 같은 것은 아니다. 마음에 관계된 것이라 물질보다 기운에 가깝기 때문이다. 마음을 비우면 맑고 상쾌하게 깨어 있는 가운데 과거 이미지는 희미한 기운의 흔적만이 옅게 깔려 있어서 입으로 '호' 불면 없어질 정도에 불과하다.

빈 마음이 된 사람은 과거 그 사람의 일 처리가 맘에 들지 않았어도 그것으로 인해 지금의 그 사람을 미워하지는 않는다. 물론 함께 진행할 일이 있을 때에, 과거의 일을 자료로 삼지 않는 것은 아니다. 그렇다 하더라도 그 사람이 그동안 어떻게 변화했는지 열린 마음으로 기회를 부여하고 기다려 준다. 사람은 변하기 마련이다.

사람은 기질을 변화시키고자 3년만 노력해도 변화된다. 그래서 수행자는 빈 마음이 되지 않더라도 최소한 3년 전의 일은 말하지 않고 새로운 마음으로 바라본다.

일 속에서는 개인의 감정과 선입관을 배제함이 빈 마음의 기준이 된다. 일의 목적과 중요성에 따라 인재의 특성을 고려해서 적재적소에 활용할지라도 빈 마음이 바탕을 이루면 인사가 마음에 들지 않는 사람도 원망하지는 않는다. 그 당시에는 섭섭한 마음이 들지라도 원한 사는 일은 없다.

빈 마음으로 일하면 경험하지 않은 일에서도 두려움이 없고, 예전에 했었던 일이라도 타성에 젖은 일례의 행사로 여기지도 않는다. 오히려 그 일로 모두에게 만족을 줄 수 있도록 헤아려서 마음다함으로 이어 간다. 이 마음으로 즐기는 삶은 자타의 불공이 되어 나타난다.

그런데 오늘날 우리의 삶을 보면 빈 마음으로 사는 것이 요원한 일이 되었다. 생각을 끊임없이 해야만 되는 삶을 살고 있다. 생각의 토대 위에서 또 하나의 생각을 쌓는 사람을 이 사회에서는 똑똑하게 여긴다. 그러나 생각 위에 생각을 계속 쌓아 가는 모습은 행복한 삶과는 거리가 멀다.

인생을 피곤하게 살아가는 사람들을 보면, 생각에서 생각을 낳고 또 그 생각 위에서 생각을 궁굴린다. 이런 사람은 별스런 일도 아닌 것을 유추하여 논리로 엮은 나머지 엉뚱하게 자신을 무시한다고 성내거나 과잉 행동으로 이어 가기 쉽다. 게다가 자신의 영혼을 좀먹을 뿐 아니라 주변 사람들마저 피곤하게 들들 볶는다.

한 생각이 일어날 때 조심하고 생각이 꼬리를 물지 않도록 평소에 틈틈이 생각을 끊고 또 끊어서 생각과 생각 사이에서 멈춘 느낌을 가져 보자. 그러면 놓으려는 마음만 가지고도 생각을 놓을 수 있게 된다.

있는 그대로 보고, 보는 대로 말하고, 말하는 대로 듣는 사람이 모자란 사람이 아니다. 자신의 마음을 비우고 세상에 마음을 열고 사는 사람이 진짜 슬기로운 사람이다. 물론 세상의 속임에 크게 속지 않을 정도의 지혜는 있어야 하지만 요행심이 없이 살아간다면 이마저도 염려할 게 못된다. 크게 속는 이유는 요행을 바라는 마음에서 비롯되는데 마음을 비운 사람은 요행심이 없으니 크게 속을 일조차 없다.

생각을 가지고 생각을 대치하거나, 한 생각 이전의 마음을 연상하는 것으로는 평온함을 얻는 데 한계가 보인다. 생각을 바꾸려고 해도 생각의 관성이 마음의 흐름에 묻어 있기에 그 관념을 제어하기 쉽지 않다. 좋은 생각도 오래하면 피곤하기 마련인데 생각을 가지고 제어한다는 것은 훨씬 더 지치고 피곤하기만 하다. 생각을 놓아서 생각이 쉬어야 빈 마음이 되어 깊은 평온함에 이를 수 있다.

삶 속에서 사람을 대하거나 일을 해 나아갈 때 빈 마음이 되지 않는다면 우선은 판단을 중지해 보는 것이 좋다. 생각을 놓기에 앞서서 멈출 수 있어야 하는데 이 멈춤은 '판단중지'에서 비롯되기 때문이다. 경계에 이르면 마음 멈추는 연습을 하다가 어느 정도가 되면 생각마저 멈춰 본다. 생각 멈춤을 길들여 가면 담박澹薄하고도 깊은 평온함에 이르게 되고, 더욱 깊어지면 마음의 뿌리가 점차 보이기도 한다. 이처럼 마음을 비우는 첫걸음으로는 판단중지에 따른 마음 멈춤이 아주 요긴하다.

판단중지라는 말은 철학 용어에도 있다. 고대 그리스의 회의론자들이 쓰던 에포케epoche인데 이 에포케는 '멈춤' 또는 '무엇인가를 하지 않고 그대로 둠'을 의미한다.

판단하는 사람이나 그 대상의 입장과 상태, 조건 등이 다양하기 때문에 무엇이든 일률적으로 '좋고 나쁨'이나 '있고 없음'을 매사에 판단 보류할 수밖에 없다고 여겼다. 이와 같은 태도는 근세에 들어와 자연스런 판단을 그대로 진실이라 하지 않고, 그 판단을 일단 보류해 보는 것에 이르렀다.

그러나 우리는 판단 보류가 아닌 마음 비움에 앞서, 생각을 비우는 일환으로 '판단중지'를 한다. 감정까지 놓으면 더 좋겠지만 생각만이라도 멈추면 마음이 한결 고요해진다.

한 수행자는 '판단중지'를 해 본 이후 마음이 평온해지는 방법을 알았다며 갖고 싶었던 보물을 얻은 듯 기뻐했다.

"경계에 멈추어 보기도 하고, 마음을 보는 공부도 했습니다. 또 주(住)한 바 없이 마음을 사용하는 공부를 해 보았는데 가늠이 잡히지 않았습니다. 마음 답답하게 여기던 중, 생각을 멈추어 보라는 말에 그동안 가늠이 잡히지 않았던 마음의 뿌리가 '아! 이런 느낌이구나.' 하고 마음에 와 닿았습니다."

이 수행자는 삶의 경계에서 멈추고 마음을 바라보기는 하는데 마음이 비워지지 않고, 주한 바 없이 마음을 쓰라고 하는 데 주한 바 없는 마음이 어떤 상태인지 이해가 되지 않았다고 한다. 이제는 비우는 방법을 알고 주한 바 없는 마음이 된다고 하니 앞으로의 수행길에서 까닭을 갖고 매진할지라도 큰 어려움은 없을 듯싶다.

일이 없어 한가할 때를 보면 생각과 생각이 꼬리를 무는데 이때 판단을 중지하고 또 중지해 본다. 망념이 들 때 '판단중지'를 되뇌며 마음을 비워 보면, 비움의 적막함 속에 평온해지는 마음이 깃듦을 느끼게 된다. 판단중지는 초심 수행자가 마음 비움의 감각을 잡아가는 데 효과가 있다.

마음공부를 하는 사람이 경계를 당하여 멈추라고 할 때 일반적으로 행동의 멈춤 정도로 인식하는 경우가 대부분이다. 그러나 멈춤이 행동의 멈춤뿐 아니라 생각의 멈춤까지 되어야 한다. 행동보다 생각을 멈추는 것이 더 중요하다. 그런 면에서도 판단중지의 유용성이 더 잘 드러난다.

판단중지를 잘하면 일반적으로 머리가 하얗게 비워지는 현상이 일시적으로 나타날 수 있다. 그럼 우둔한 사람의 생각과 다를 바 없지 않느냐고 할 수도 있는데 그렇지는 않다. 판단중지는 텅 비워진 가운데 정신이 상쾌하다. 머리에 묵직하게 남아 있던 기운이 아래로 내려앉은 느낌이 들 정도면 판단중지가 잘된 상태이다. 판단중지는 마음 챙김만 되면 그리 어렵지 않다. 작고 큰 경계마다 판단중지를 해 보면 마음 비움의 기초를 닦아 가는 데 큰 도움이 된다.

일상생활에서 판단중지를 쉽게 할 수 있으면 생활하는 데 믿음직한 마음의 여백을 지니게 되어 생활에 여유가 있다. 이것이 습관으로 자리 잡히면 그만큼 자신을 통제할 수 있는 힘도 생겨난다. 판단중지는 대처하는 마음이지 깊은 마음이 아니기에 이를 통해 만사가 해결될 수는 없지만 수행의 초기에 마음을 알아 가는 데 도움이 되는 것은 분명하다.

깊은 이해를 통한 비움

판단중지로 못 다한 것을 해결할 수 있는 마음의 단계는 깊은 이해이다. 깊은 이해는 삶을 통찰할 수 있을 때 가능하다. 삶의 숲을 볼 수 있어야 하고, 숲 속의 나무, 또는 삶 각각의 정체성을 읽어 내야 한다. 그러면 숲과 나무의 유기체적인 관계와 자연의 흐름마저도 한 덩어리로 볼 수 있다. 이로써 또 다른 영적 세상과 맥이 닿아 더 큰 세상의 중심 속에 설 수 있다.

세속에서는 삶의 숲과 나무를 균형감 있게 볼 수만 있어도 삶을 어느 정도 이해한다고 말한다. 이 정도만 되어도 매사에 마음을 곧추세우기보다는 오히려 내려놓게 될 뿐 아니라 세상과 자신을 돌볼 여유마저 생긴다.

이해는 생각이 커지면 저절로 된다. 그러기에 '비움'보다 앞선 공부가 '키움'이다. 공부가 깊지 못한 사람이 상을 없애려고만 하면 잘되지 않아서 자조적인 모습을 보이기 쉽다. 마음에 상이 생길 때에도 없애려고 몸부림치는 것보다도 마음을 키우면 쉽게 없어진다. 마음 키움의 과정은 인생의 숲을 크게 알아가는 길이기도 하다. 자신과 타인에게도 마음을 키우면 이해하고 사랑할 줄 안다.

대산은 마음을 키우려면 작은 배를 큰 배로 갈아타면 된다고 했다. 여기에서의 배는 수용할 수 있는 마음을 말한다. 즉 자기만 위하던 작은 마음을 큰 마음으로 키우라는 뜻이다. 자기의 울에 갇힌 마음을 세상으로 확장하여서 보면 더불어 함께하는 삶이 행복하고 의미 있는 것을 알게 될 뿐 아니라 이로써 의식이 커져서 세상을 담을 수 있는 큰 마음이 된다.

자기에 국한된 작은 마음의 표출이 시기, 질투다. 이 마음은 재색명리에 대한 이익과 상대적인 비교 우위에서 이익을 보려는 욕심을 기반으로 하고 있다. 한 단체에 새로 온 사람이 일과 언행을 잘하는 경우 시기와 질투가 생기는 것은 그 사람이 받는 칭찬을 내가 받고 싶은 이기적인 욕심에서 비롯된다. 그런데 내가 칭찬 받으려는 알량한 마음을 넘어서서 단체, 국가, 세계가 발전하는 데에 마음을 두면 그 잘하는 사람이 시기, 질투의 대상이 아니라 귀하고 소중한 사람으로 바뀐다.

의식의 확장으로 마음을 훅 키울 수도 있지만 마음가짐처럼 잘되지 않을 때에는 마음 하나하나의 흐름을 잡고 깊이를 더해 가며 키우는 것이 좋다. 마음을 크지 못하게 하는 것은 마음에서 걸린 아주 사소하고 작은 일인 경우가 대부분이다. 그런데 이때는 깊은 이해만 되어도 웬만한 일은 마음에서 스스로 녹아난다.

그러나 "이해는 하지만 너무해!"라는 사람들이 종종 있는 것처럼 깊은 이해를 통해서도 완전히 소화되지 않는 부분이 남을 수 있다. 이렇게 남는 부분은 비움을 통해서 마저 내려놓는다.

마음을 키우는 일은 스승의 가르침을 따라 진리에 이르도록 노력하려는 마음이 우선이다. 그리고 경전 연마를 거쳐 의두, 성리로 속 깊은 공부를 해 나아가면 진척이 눈에 뜨일 정도로 좋아진다. 여기에 좌선을 더한다면 수행이 깊어질 뿐 아니라 근본지혜까지도 솟아난다.

좌선 수행은 근본지혜를 솟아나게도 하지만 무의식 세계를 정화시키기도 한다. 그런데 좌선으로 마음을 비우는 것은 매우 정밀한 과정이라 초심자에게는 쉽지 않다. 초심자는 깊은 이해를 통해 마음을 비우는 게 훨씬 효과적이다. 이렇듯 깊은 이해를 통해 일상에서 마음을 비우면 좌선을 하는 데에도 큰 도움이 된다. 그런데 좌선으로 마음을 비울 수 있는 수행자 역시도 일상에서 마음을 비우는 것이 쉽지만은 않다. 그러므로 수행이 깊고 원만하기 위해서는 좌선과 무시선을 아울러야 한다.

일상 속에서 마음을 비우기 위해선 분별 이전의 마음가짐을 단련하면 훨씬 수월하다. 분별 이전의 마음가짐을 단련하는 일은 무시선은 물론이고 좌선 수행에도 도움이 되는 만큼 수행을 시작하는 사람들이 꼭 해야 할 수행 과제이다.

일반 사람들의 마음 씀씀이는 대체적으로 분별로 쓴다. 즉, 관념과 욕심이 투영된 마음을 일컫는다. 이와 대조적으로 공적영지로부터 발현되는 마음은 차별이나 분별이 나타나기 이전의 마음, 즉 이름 짓기 이전의 마음이다. 이런 마음을 써서 생활을 하는지, 아니면 차별이나 분별에서 나온 마음을 써서 살아가는지에 따라 부처와 중생이 나뉜다.

생활 속에서 틈틈이 이름 짓기 이전의 마음, 분별 이전의 마음을 연습하는 사람은 일상의 삶에서 자연스럽게 빈 마음을 나타낸다.

한국의 고명한 학자가 원불교 교무教務*를 찾아서 진리에 대해 많은 이야기를 주고받았다. 진리와 세계에 대한 관점이 서로 달라 팽팽한 줄다리기를 하는 것처럼 대화가 이어졌다. 교무는 논리 이전의 마음가짐과 성리性理에 대해 설명했지만 논리와 객관을 중시하며 살아온 학자는 도무지 수긍할 수 없었던 것이다.

교무는 학자 곁에 앉아서 사물 하나하나에 마음의 경로를 열어 가며 인도하기 시작했고 마음을 열고 그 흐름을 따르던 학자는 이윽고 비움에 들어 자연과 동화되었다. 학자는 평소 생각지도 못한 그런 상황에 감동했고 놀라워했다. 관념과 지식으로 무장되어 있던 학자에게 새로운 세계가 열린 것이다.

학자가 그때 경험한 것은 사상四相 아상, 인상, 중생상, 수자상으로 찌들지 않은 수행자만이 볼 수 있는 비움의 세계였다. 이후 그 학자는 수행이 관념이 아닌 현실의 다른 세계로 들어가는 문이라는 것을 알고, 학문과 수행을 병행하고 있다.

마음 멈춤 하나도 깊이에 따라 다르다. 참는 것과 그것을 넘어선 멈춤이 있는가 하면, 깊은 이해를 통한 놓음 그리고 무의식 세계마저 훑어 내는 비움이 있다. 마음 평온함의 경지 또한 이와 다르지 않다. 의식으로 의식을 정화하는 평온함이 있는가 하면 평온함마저 없는 평온함이 있는데, 이 깊은 평온함은 생활 속에서 틈틈이 수행을 해 갈 때 내

---

*교무 : 원불교 교화를 담당하는 성직자. 원불교 교무의 서원을 세우고 원광대학교나 영산선학대학의 기숙사에서 수행하며 원불교학 4년 과정을 전공하여 1차 교무고시에 합격해야 한다. 이어서 원불교대학원대학교에 진학하여 2년 과정을 수료하고 2차 교무고시에 합격하면 교무 자격을 얻는다.

것이 된다.

비움에서 배어 나오는 마음의 향기는 평온함으로 이어진다. 평온함도 수행의 깊이에 따라 다소 차이는 있지만 어느 정도의 수행에 이른 사람이라면 평온함이 삶에서 고루 드러난다. 평온함을 챙기면 누구나 자기에게 내재된 정도의 평온함에는 이를 수 있다. 나아가 깊은 이해를 지니면 그 평온함은 좀 더 깊고 넓어져 간다. 깊은 이해와 비움도 이 평온함을 챙기는 데에서 비롯되는 것처럼 수행은 챙김의 연속이다. 이것을 정성이라 부른다. 여래도 이 정성이 모여서 이루어진다.

평온함과 마음다함

1990년대 초반, 서울에서 종교에 구애 없이 누구나 참여해서 요가와 선을 하는 '한울안선방'을 열 때였다. 요가와 선을 마치고 나면 선객 모두가 호롱불이 켜진 커다란 다탁茶卓에 둘러앉아 녹차와 더불어 선담禪談을 나눴다. 선담의 내용은 선의 심경, 선의 소식, 선의 활용, 선에 대한 궁금함 등의 문답으로 이루어졌는데 선객 대부분은 이 시간을 요가와 선 못지않게 좋아했다.

하루는 선객들에게 선이라고 하면 무슨 단어가 떠오르는지 말해 보자고 했다. 대부분의 표현이 고요함, 편안함, 평온함 등을 넘어서지 않았다. 그 말들을 다시 추스르면 '선은 곧 평온함'으로 귀결시킬 수 있다.

이를 일상에서 평온함으로 깨어 생활할 수 있으려면 간단하면서도 남들과 공유할 수 있는 일이 좋은데 설거지, 요리, 청소 등이 여기에 속한다. 이런 일들 가운데 자신이 해 보고 싶은 것 하나를 선택하여 마음 다함으로 하면서 마음 평온함을 챙겨 가면 시간과 더불어 경험이 더하며 자신의 삶에 깃든다.

그로부터 일주일이 지난 어느 날 선방에 들어오며 설레는 말투로 숨 가쁘게 말하는 한 중년 여성이 있었다.

"교무님, 이런 평온함은 평생 처음이었어요!"
"축하드려요. 그런데 그 평온함이 얼마나 좋으셨길래 그렇게 환한 얼굴과 흥분된 목소리로 말씀하세요?"
"저는 파를 다듬으며 마음 평온함을 챙기자 마음이 한가롭고 고요할 뿐만 아니라 행복했어요. 평온함에 젖어 마음을 다하고 있었는데 갑자기 감자 타는 냄새가 났습니다. 가스레인지 불 위에 감자를 삶으려고 올려놓은 것조차 깜빡 잊고 있었던 것입니다. 가스레인지에 가보니 감자가 솥 밑에서 조금 누른 정도에 그쳐서 다행이었습니다. 그런데도 정말 좋았어요. 설사 감자가 다 탔다고 해도 그 평온함과 감자를 바꿀 수 없거든요."

그날 이 중년 여성의 경험담으로 선객들과 선담을 나누었다. 그 자리에 있던 대부분의 이웃 종교인들과 비종교인들은 그 여성이 평온함을 잘 챙겼다고 했다. 그런데 원불교 교도들은 한결같이, 그것은 평온함으로 마음다함이 되지 못한 것이라고 했다. 이유인즉 『대종경』 수행품 17장의 "바느질하며 약을 달일 때에는 바느질을 잘하면서도 약을 태우지 않고 잘 달여야 온전하다."는 법문을 인거하며, 평온함에 젖어 있던 나머지 감자가 타기까지 모른 것은 평온함으로 마음다함을 하지 못했다는 것이다.

그런데 필자가 그 자리에서 그 여성이 잘 챙긴 것이라고 하니 원불교 교도들은 어안이 벙벙한 모습을 지었다. 그동안 자신들이 배워 온 것과 다른 결론이라 그런 표정이 어쩌면 당연할 수 있다.

제자가 여쭈었다. "소태산께서 언제든지 하는 그 일에 마음이 편안하고 온전해야 된다고 하셨는데, 바느질을 하면서 약을 살피기로 하오면 이 일을 하면서 저 일에 끌리는 바가 되고, 바느질만 하고 약을 불고 하오면 약을 또 버리게 될 것이오니, 이런 경우에 어떻게 하는 것이 공부의 옳은 길이 되나이까."

소태산은 "네가 그 약을 달이고 바느질을 하게 되었으면 그 두 가지 일이 그때의 네 책임이니 성심성의를 다하여 그 책임을 잘 지키는 것이 완전한 일심이요 참다운 공부이다."라고 답했다.

수행품 17장 *순화 및 요약 있음

원불교도들이 주목한 내용은 약과 바느질 둘 다에 책임을 다해야 한다는 부분이다. 하지만 법문 앞머리에서는 제자가 "소태산께서 언제든지 하는 그 일에 마음이 편안하고 온전해야 된다고 하셨는데….".라고 말한 부분이 있다. 이 법문을 주목해야 한다. 그 부분은 제자가 이미 이야기를 했으므로 법문 뒤에서 소태산의 가르침을 반복하여 드러내지 않았을 뿐이다. 요컨대 '마음이 편안하고 온전한 가운데' 약도 잘 달이고 바느질도 잘하여야 함을 일컫는다. 이처럼 편안하고 온전한 마음에는 아랑곳하지 못하고 일에만 초점을 맞추다 보면 수행의 본의를 저버리고 만다.

일을 할 때 마음이 편안하고 온전하지 않은 상태에서 그 맡은 일에 책임을 다했다면 그 일은 했을지 몰라도 무시선 수행의 본의와는 멀다. 열심히 책임을 다할 때 의지는 생기지만 그 마음에서는 평온함을 찾을 길이 없다. 때문에 그 삶에 행복이 깃들 여유조차 잃어버려, 살아가는 삶 자체가 숨 가쁘기만 하다. 어떠한 당위나 책임이 자신의 목줄이 되어 자신을 노예처럼 끌고 다니는 상황과 다르지 않다. 이런 상황이 지속되다 보면 언젠가는 심신이 지친 나머지 병이 생길 수 있다. 일을 아무리 잘했어도 기껏해야 시대나 사회의 머슴에 지나지 않게 되니 삶의 본질적 의미를 다시 되돌아 살펴보고 의미의 삶을 살아가야 한다.

물론 주어진 일을 해 나가는 것으로 생활의 힘은 어느 정도 쌓이나 영혼의 진급을 위한 염원은 오히려 사그라들 가능성이 크다. 편안하고 온전한 마음으로 일상의 삶을 살다가 평온함을 놓고 생활해 보면 평온함 없는 마음 챙김이 얼마나 삭막한지 알게 된다. 평온함 없이 챙긴 마음은 욕심에 지나지 않고, 평온함 없이 하는 그 일은 관리에 지나지 않음이 피부로 와 닿기 때문이다.

그 일에 평온함을 챙긴다는 것은 내가 그 순간 깨어 있음을 느끼는 것이고 자각 있는 삶을 의미한다. 그 평온함으로 감자를 삶고 파를 다듬을 정도로 삶에 온통 깨어 존재할 수 있다면 얼마나 좋을까. 초심자로서는 더위잡기 어려울 수 있겠으나 평온함에 의한 마음다함으로 그 일 하나 하나를 해 나가다 보면 나중에는 두세 가지 일을 넘어서 일 전체와 삶 전체에서 평온함으로 온전하게 깨어 있는 데 이른다.

평온함과 마음다함은 챙김으로부터

지금 이 순간 여유를 갖고 마음속으로 평온함을 지니려고 하면 누구나 어느 정도는 평온해진다. 스스로 닦아 온 정도까지는 된다. 그런데 평온함은 챙겼다가도 사라질 수 있는데 이때는 반복해서 챙기면 평온이 마음 깊이에 차츰차츰 깃든다.

잡다한 생각이 들어와도 마찬가지이다. 잡다한 생각이 들어올 때 평온함을 챙기면 사라졌다가도 조금 지나면 또 나타난다. 하지만 또 챙기면 없어진다. 이렇게 마음을 챙기고 또 챙기다 보면 평온함이 마음의 습관으로 조금씩 자리해 간다. 마음의 습관은 이렇듯 챙김의 반복으로 켜켜이 쌓여 견고함을 지닌다. 평온함이 습관으로 저절로 될 정도라야 마음을 조금 놓아도 괜찮다. 물론 습관이 들었다고 다 되는 것은 아니지만 이때부터는 조금만 챙겨도 된다. 거울을 잘 닦아 놓으면 며칠이 지나 먼지가 앉아도 이내 닦으면 그 정도는 금방 회복되는 것처럼 말이다.

처음에는 평온함조차 찾을 수 없었던 마음일지라도 평온함을 챙기면서 평온함이 마음에 조금씩 자리하다가 마음 깊은 곳까지 이른다. 하지만 이쯤 되어 꼭 찾아오는 것이 있다. 아주 바쁜 일이거나 기쁜 일 그리고 속 뒤집히는 일과 괴로울 만큼의 고민 등이다. 자신의 삶을 온통 뒤집어씌워 숨 가쁘리만큼 자신을 몰고 갈 때는 평온함마저 사치스럽게 느껴질 정도가 된다. 그런데 현안에 쫓기어 평온함마저 잊고 지내다 보면 그 삶에 또 적응을 해 가는 게 인생이기도 하다.

숨 가쁘게 돌아가던 일이 멈춰지고 마음에 여유가 생겼을 때 다시 평온함을 챙겨 보지만 마음속으로 이내 깃들지는 않는다. 그래도 이때 마음을 다시 챙길 수만 있다면 수행길은 열린다. 혹독하게 잊었다가 다시 챙긴다는 것은 이후에 어떤 일, 어떤 경로로 마음이 나갈지라도 그 일이 잦아들 경우 반드시 돌아온다는 것을 의미하기 때문이다. 수행은 다른 게 없다. 챙기고 또 챙기는 데 있다.

대산은 성자는 정성으로 이루어졌다고 했다. 정성은 끊임없는 마음이자 놓지 않는 마음이다. 챙기고 챙겨서, 하고 또 하여 성자가 된다. 그래서 성자를 또 하고 또 한다고 해서 또또박사라 부른다.

챙김은 더불어 함께하는 것이 좋다. 수행하는 사람들과 함께하면 챙김의 내용이 풍성해지는 것도 있지만 지속하는 데에도 큰 도움이 된다. 혼자서 처음의 마음을 끝까지 이어 가기란 쉬운 일이 아니다. 더불어 함께하면 자기 마음을 놓치더라도 함께하는 수행의 큰 흐름을 따라갈 수 있다. 흐름을 벗어나지만 않으면 마음을 챙겼다 놓았다를 거듭하며 조금씩 마음 챙김이 습관으로 자리 잡혀 간다.

혼자 수행을 하다 놓으면 몇 년이 훅 지날 수 있는데 더불어 함께하면 놓았다가도 옆 사람으로부터 자극을 받아 다시 챙기게 된다. 때로는 나와 다른 시각을 통해 배우기도 하고 자기의 모자란 부분을 보충하기도 한다. 시간이 흘러 되돌아보면 자기도 모르게 크게 성장한 것에 놀란다.

한국에서 김장 김치는 배추 한두 포기가 아닌 최소 열 포기 이상 담근다. 김치가 발효할 때 여러 포기가 어우러져야 깊은 맛이 우러나기 때문인데 수행도 혼자 하는 것보다 여럿이 함께할 때 원만하고 깊게 다져진다.

여기에 더하여 스승을 모시고 수행하면 자기 특성에 최적화된 수행으로 공부가 일취월장한다. 일상에서 실천해 가며 생겨나는 질문과 실답고 까닭 있는 문답_{교당내왕시훈련}을 통한 수행은 자기에 맞는 수행이 될 뿐 아니라 풍성하고 힘까지 지닌다. 그렇기 때문에 스승을 모시는 것만 봐도 수행하는 사람인지 알아볼 수 있다.

일생에 수행의 스승을 만날 수만 있어도 크나큰 복이 아닐 수 없다. 다행히 스승을 만나면 좋겠지만 여의치 않으면 만나기 전까지 마음에 그리는 스승을 마음으로 모시고 대화하며 자신을 변화시켜 가는 것도 괜찮다. 그리고 아침저녁으로 진리 전에 스승 만날 심고_{心告}를 간절히 올리면 필요에 따라 삶에서 스승이 반드시 나타난다.

초등학생으로 보이는 아이 서너 명이 연수원에 와서 축구를 하길래 이런저런 얘기를 나눴다. 그 가운데 한 아이는 자신은 이다음에 큰사람이 되고 싶다고 한다. 그래서 큰사람이 되려면 큰사람을 만나야 한다고 일러 주었다. 그 아이가 어떻게 큰사람을 만날 수 있냐고 하기에 "마음에 뜻을 품으면 나타난다. 그러나 지구의 반대쪽에 있어도 큰사람을 찾아갈 마음이 되면 무엇을 하든 큰 인물이 될 것은 틀림없다. 그런데 방향을 정할 때는 그 일에 자기의 영혼이 빛이 나는지를 지켜보아라.”고 말을 건넸다. 그런데 그 조그만 아이가 눈시울을 적시는 것이다. 순간 묘한 감동이 전해져 왔다. 아직 어린아이라서 내 말을 이해하지 못할 것이라고 생각했는데 머리가 아닌 가슴으로 전해 받은 느낌이라 놀라웠다.

인성에 있어서 마음의 내면에 평온함이 있다는 것은 인성의 토대가 아주 잘 갖추어져 있다는 뜻이다. 어려서부터 평온함이 마음 내면에 깃들면 인성의 깊은 곳에 평온함이 자리하게 되어 삶의 전반에 영향을 미친다.

평온함을 지니는 동시에 내재된 평온함을 체험하려면 좀 한가해서 적막함도 느끼고 때로는 이런저런 생각도 할 수 있어야 한다. 삶의 여백에서 평온함도 느끼고 인생의 본질을 깊이 생각할 줄 안다. 게다가 창의성도 나온다.

평온함을 챙김만으로도 마음은 평온해지나 그 평온함은 자기가 닦아 놓은 정도에만 이르고 자기가 습관을 들인 만큼만 지속된다. 하지만 많은 사람들이 자기가 닦아 놓은 만큼의 평온마저도 느끼지 못한 채 살아간다.

평온함을 느끼기 위해서는 마음의 힘이 필요하다. 마음의 힘은 인생을 살아가는 과정과 학습에서도 적지 않게 쌓인다. 인간 사회는 자기 마음대로 되는 경우가 드물다. 때로는 참아야 할 때도 있고 또 불완전한 사회 속에서 생존하기 위해 생각을 궁굴려 헤쳐 가야 할 때도 있다.

그리고 힘써 노력해야 간신히 되는 경우도 적지 않다. 이 사회의 성원으로 심신 건강하게 홀로 살아가는 데에도 어느 정도의 힘이 필요하지만 더불어 살아가려면 더 큰 힘이 요구된다. 그러니 별 탈 없이 살아가는 자체만으로도 이미 마음의 힘이 웬만큼은 된다는 것을 의미한다. 이 정도 마음의 힘으로 평온함을 챙기면 내재된 평온함에는 이를 수 있다. 그러나 그 이상의 평온함에 이르고자 한다면 수행이 필요하다. 평온함에는 삶의 바탕을 이루는 평온함보다 좀 더 깊은 평온함도 있기 때문이다.

사람의 내면에는 보다 깊은 평온함이 있는데 이것이 동물적 습성에 가려져 있다. 사람도 동물이기에 어쩔 수 없지만 동물의 습성에 사로잡히기 이전의 마음만 회복해도 번뇌에 끄달리는 것이 훨씬 줄어든다. 좀 더 깊은 평온함에 이르고자 한다면 뭔가를 하려고만 할 것이 아니라 마음을 놓아 쉴 줄 알아야 한다.

나아가 마음을 열어서 존재하여 보자.

인간은 가족과 주변 사람들과의 교감을 통해 정서적으로 안정이 되고 사회적 지식을 습득해 간다. 자기가 성취해야 하는 일에 끊임없이 도전을 하지만 주위 사람들과 조화와 균형을 이룰 때 마음의 힘과 행동의 힘이 생긴다. 이런 사회화 과정을 거치며 생겨나는 습관 가운데 하나가 집중集中이다. 집중 가운데에서도 레이저빔처럼 한곳으로 향하는 집중력이 발달된다. 이 집중력은 학습에 필요하고 또 집중력이 좋은 것이 좋게 평가되기도 하지만 사회생활을 해 나가는 데에는 오히려 폐해가 되는 측면도 있다.

사회생활을 잘하기 위해서 두루 살피는 동시에 집중할 수 있어야 하는데 어느 한곳에만 집중하는 습관을 길들이다 보면 복합적인 일에 당면해서는 제대로 소화할 수가 없다. 때문에 집중하는 데에도 여러 상황에 맞는 연습이 필요하다.

그런데 대부분의 사람들은 습관화된 집중에 길들여진 경우가 많다. 사물을 대하든 사람을 대하든 그 즉시 마음에서는 그동안에 입력된 정보가 자동화가 되어 떠오른다. 마음을 비워서 있는 그대로 보려고 해도 보아지지 않고 정보만이 조건 반사를 하듯 계속 떠오르는 것을 그치기란 쉽지 않다. 사람을 볼 때 예전에 함께하며 알아 왔던 정보와 누군가에게 들었던 정보로 마음에서 멈출 겨를도 없이 순식간에 종합해서 판단으로 이루어진다. 또한 처음 보는 사람이라도 그 사람의 생김새와 말투 그리고 몸짓을 보고 그동안 겪어 왔던 사람들의 유형에 끼워 맞춰 판단한다.

사물을 대할 때도 다르지 않다. 소나무를 보면 소나무라는 이름이 의식에서 튀어나오고 잎이 초록색이고 잎 모양은 바늘처럼 뾰족하고 기둥은 갈색이라는 등 그동안 배우고 느꼈던 모든 정보가 순식간에 뇌리에 스친다. 있는 그대로를 보지 못하는 것이다. 그대로 보려고 해도 정보가 마음 앞에서 자꾸만 장막을 친다. 이런 모든 생각은 내 마음으로부터 뿜어져 나온 형상들이다. 즉 관념화된 정보다. 이런 관념화된 정보 이전에 깊이 비워진 마음에서 바라보려는 노력과 몸부림이 수행자로서 첫걸음이다.

이제부터는 인식하고 보지 말고 마음을 열어 인식해 보자. 일반적으로는 사물을 인식하고 바라보면 보고 싶은 것만 보인다. 보고 싶은 것을 본다는 것이 좋을 듯싶지만 제한된 관념으로 투영된 시각이라 편협하기 짝이 없다. 소나무를 볼 때 소나무라는 이름으로 구별하고 바늘 모양의 초록색 잎, 갈색 기둥 등 보이는 것이 의식의 전부일 수 있다. 그저 보는 차원에 그치면 소나무의 표정, 느낌, 깊고 미묘한 색감, 빛에 반사된 색의 조화, 기둥의 문양과 질감 등을 느끼지 못한다. 보는 정도로는 교감은커녕 마음을 여는 것은 엄두조차 내기 어렵다.

마음의 창을 열면 자연은 내 마음의 품속으로 다가온다. 보는 내가 느끼지 못했던 것을 선물해 준다. 자연에 마음을 열고 기다려 보자. 잘 열어지지 않으면 하나하나를 보려고 하지 말고 사진을 찍듯이 보면 마음을 여는 데 많은 도움이 된다. 마음을 열어서 보면 전에 보던 그 모습과는 달리 새로운 세계가 열린다. 이때는 스스로 충분히 느낄 뿐 다른 사람에게는 말하지 말아야 한다. 이야기를 미리 듣게 되는 사람은 처음에는 좋을 것 같지만 수행을 통해 마음이 열려서 새롭게 알게 되는 기쁨을 영영 잃고 만다.

마음이 열렸다면 이미 마음을 열어서 보는 다른 수행자에게 찾아가 공감을 얻는 정도가 좋다. 공감은 수행자에게 있어서는 아주 중요하다. 공감을 얻은 즉시 한 과정에 매듭이 생겨서 거기에 머물지 않고 수행길을 따라 앞으로 나아갈 수 있기 때문이다.

마음을 열어 존재할 수 있다는 것은 마음이 표면적인 비움에 존재할 수 있음을 뜻한다. 그러나 한번 되었다고 항상 그 마음으로 존재하는 것은 아니다. 하루에 최소한 한두 번은 이 마음을 지녀서 존재할 수 있어야 차츰 마음 깊은 곳으로 들어와 내재할 수 있다. 그동안 살아오면서 내뿜는 마음이 익숙해진 사람은 마음을 따로 챙겨서 연습하지 않으면 이미 관성이 되어 버린 마음이 자꾸만 밖으로 내뿜으려고만 한다.

무시선을 하고자 평온함을 지니려고 할 때 이 표면적 비움만 되어도 아주 양질의 평온함으로 존재할 수 있다. 그러나 세상에는 이 표면적 비움만큼이라도 되는 사람들이 드물다. 그렇다고 아주 없는 것은 아니다. 그리고 누구나 하면 될 수 있다.

평온함이 내재된 마음다함

평온함을 챙긴다고 해도 사람마다 그 깊이는 다를 수밖에 없다. 사람들마다 살아온 삶의 배경과 정서가 다르기 때문이다. 일 속에서 단련된 마음의 집중력과 일을 풀어내는 능력 그리고 습관에 배인 정서와 수행의 정도에 따라 평온함의 정도는 다르다.

전생의 정서, 자라 오면서 담긴 정서 그리고 지금의 정서에 담긴 가장 평온했던 느낌이 사람들마다 다르게 자리하고 있다. 그 느낌에 이르는 데에는 스스로 평온함을 챙김만으로도 가능하다. 하지만 온전하려면 마음다함이 함께해야 한다. 마음다함이란 그 일에 오롯하게 깨어 성심성의를 다하는 마음과 모습이다.

일상에서 무시선을 하는 것이 처음에는 쉽지 않다. 무시선을 한다며 일마다 그 일에 일심을 들인다고 하지만 무시선이 잘되기 위해서는 체계적인 수행 방법으로 일 하나하나에서 깨어 있어야 한다. 무시선은 공적영지가 나타나는 것, 즉 평온함이 내재된 마음다함을 일컫는다. '일상에서 평온함을 챙기기만 하여도 대단한 일인데 늘 공적영지로 깨어날 수 있을까'라는 생각으로 망설일 수도 있다. 분명 쉽지만은 않으나 넘어서지 못할 것도 아니다. 쉽고 단순한 일 가운데 하나를 정해서 평온한 마음으로 다하다 보면 어느덧 무시선이 되어간다. 누구나 할 수 있다.

조그만 정원이라도 가꾸어 본 사람은 연수원에 와서 "1만평이나 되는 이 큰 도량을 어떻게 가꾸지."라며 염려 섞인 말을 건넨다. 그러면 필자는 "풀이 사람에게 스트레스를 주지는 않지요. 사람이 풀한테 적당히 스트레스 주며 가꾸면 되지요."라고 답한다.

정원은 사람이 자연과 더불어서 건강하고 윤택하게 살기 위해 가꾸는 것인데 정원에 의해서 스트레스 받는다면 주객이 전도된 격이다.

정원 가꾸기에 대해 전문적인 지식이 부족해도 주인 된 입장에 서기만 하여도 전체를 한 덩어리로 볼 수 있는 안목이 생긴다. 건물과 나무의 종류와 크기 그리고 거리를 생각하고, 양지 식물과 음지 식물을 가늠하여 햇볕의 양에 따라 적절한 공간 배치와 배양의 크기를 조절하는데 이른다. 게다가 잔디가 힘없는 곳은 거름을 주어서라도 힘을 돋워 주면 잘 자란다.

다음에는 아름다움의 관점으로 사물을 대하고 일을 할 줄 안다. 정원도 하나의 삶의 공간이라 책을 편집하듯이 공간 배치와 더불어 모아주고 다듬어 주면 훨씬 아름답다.

세부적으로 다듬는 일의 경우, 쑥대나 클로버와 같은 잔디의 천적은 손으로 뽑아야 하지만, 나머지는 적당히 뽑고 잔디깎이나 예초기로 깎으면 된다. 잔디가 웃자라면 적당한 크기로 잘라 주어야 하는데 마치 사람 머리 깎아 주듯이 아름다움을 고려해야 할 필요가 있다. 정원은 하루에 2시간 정도 잔디깎이와 예초기를 적당히 사용하고 나머지는 수작업을 하면 관리가 가능하다.

정원은 자연과 공기 그리고 아름다움의 공양이다. 정원 관리에 필요한 하루 2시간 정도의 작업은 운동으로서도 아주 좋을 뿐 아니라 수행으로서도 아주 좋다.

정원 관리를 놓고 주저하게 되는 경우의 대부분은 나태심 때문에 생긴다. 하지만 쉬어야 할 때와 큰일을 앞두고 힘을 비축해야 하는 상황에서 일을 놓는 것도 수행이다. 수행을 잘하는 사람은 나태와 쉬는 것에 중심을 잘 잡는다. 반대로 일을 하기는 하는데 대충 해치우는 경우가 있다. 이것은 해야 한다는 당위성과 남의 이목에 끌려서 하는 것이니만큼 수행자는 이것을 조심해야 한다. 그렇지 않으면 평생 남의 눈치만 보면서 산다.

나태심이 나거나 해치우고 싶을 때에는 섣불리 움직이기보다는 멈추어서 마음을 깊이 바라보며 기다린다. 이 기다림에 내 고유의 영혼이 깃든다. 그러면 이름 짓기 이전의 마음이 되면서 나태심과 당위성이 어디론가 사라진다. 이내 마음속에서 순일한 에너지가 솟는데 이때 움직이면 마음에 저항도 없고 힘들지도 않는다.

가만히 앉아서 하는 수행보다는 삶 속에서 일하며 단련해 가는 수행이 생명력도 있고 힘도 있다. 이때 영성이 한 움큼씩 자라난다.

잡초를 손으로 뽑을 때 마음이 뿌리에 이르면, 뿌리가 도중에 끊어지지 않고 뿌리째 뽑힐 확률이 높다. 예초기를 사용할 때도 마찬가지이다. 날카로운 쇠로 된 날이 굉음을 내뿜으며 고속으로 회전하는 모습을 보면 위험천만하게 느껴진다. 워낙 빠른 속도로 회전하기에 날을 제대로 감지하기 어렵다. 그러나 마음을 예초기 회전날 끝에 모으면 이내 섬세하게 감지할 수 있다. 나아가 바위에 붙어 있는 잡초 한 가닥도 자를 수 있을 만큼의 섬세함도 생긴다.

섬세하게 예초기를 다룰 정도는 마음을 모으는 것만으로도 되지만 지속적으로 이끌어 가는 데는 힘겹다. 평온함과 마음다함이 함께 되어야 그 일을 해 나가는 데 힘들지 않을 뿐 아니라 비교적 오랫동안 지속할 수 있다. 평온함에 의한 마음다함으로 잔디를 깎다 보면, 뿌리를 상하지 않는 범위에서 양탄자처럼 낮고 고르게 깎을 수도 있다. 잔디밭에 비비며 뒹굴고 싶을 정도가 된다. 사람들이 잔디밭 가까이에 오면 "이런 잔디가 있어요?"라며 신기하게 여긴다. "잔디를 낮게 잘 깎으면 이래요."라고 알려주면 "와!" 하고 감탄하며 만져 본다. 예초기 작업이 쉽지 않지만 평온함으로 마음을 다하면 참으로 묘미가 있다.

그 일마다 온 마음으로 정성스럽게 하는 것이 선禪이다. 물론 성품을 여의지 않는 마음다함이라야 선이지, 그렇지 않으면 욕심이다. 욕심은 훗날에 어떤 형태로든 그 그림자를 어둡게 드리운다. 대부분은 상相이 생겨 거들먹거리다가 사람들이 싫어하거나 남이 알아주지 않는다고 자포자기하며 우울증에 빠지는 경우가 많다.

깨어서 존재함을 방해하는 것들

마음의 발목을 잡는 나태

평온함으로 늘 존재하면 얼마나 좋을까마는 대부분의 사람들은 엄두조차 내지 못한다. 그나마 평온함을 챙기려는 마음만 챙길 수 있어도 좋은데 이 마음마저 잊어버리기 일쑤다. 자꾸만 잊게 될 때는 주기를 정하거나 어떤 일을 앞두고 챙기는 습관을 들이면 잊지 않는 데 도움이 된다.

하루 가운데 새벽, 오전, 오후, 저녁에 한 번씩 챙기는 것처럼 주기를 정하면 되고, 일을 하려고 할 때 잠시 5분이라도 멈추어서 평온함이 깃들기를 기다렸다가 하는 식이다. 그런데 일을 앞두고 챙기려고 해도 챙기는 것조차 싫을 때가 있다. 나태심 때문이다. 나태심이 발동하면 만사가 귀찮아져서 조금만 쉬었다가 하자고 마음먹지만 그 조금이 영영 주저앉게 만든다. 나태심이 만들어 내는 신호는 엄살과 핑계 그리고 화이다. 나태는 사람의 열정을 녹여 흐느적거리게 하는 성질을 갖고 있어서 나태에 사로잡히면 사람이 무기력하게 되고 만다.

나이가 아주 어릴 때는 나태가 없다. 뭔가 신기한 것이 없는지 늘 궁금하여 만져 보거나 느끼고 싶어 한다. 그런데 자라나면서 나태가 생긴다. 이것에는 아이의 호기심과 자발적인 에너지가 발현되기 이전에 어른들이 아이의 영혼을 너무 잡아끌다 보니 아이가 지쳐서 쉬고 싶게 끔 만들어서 이루어진 것도 있다. 여기에서부터 나태심이 조금씩 자라다가 습관으로 자리 잡게 된다.

부모가 너무 똑똑하면 아이에게 너무 많은 것을 미리 주어 아이를 무능력하고 게으르게 만들기도 한다. 지혜로운 부모는 아이에게 무엇을 주려고 하지 않는다. 아이의 호기심과 자발적 에너지가 발현되기를 기다리거나 호기심과 에너지를 부추기는 데 초점을 둔다.

어린아이가 나태심이 없는 것은 마음이 비워졌기 때문이다. 어른이어도 마음을 비워 보면 나태심이 사라지는 것을 알 수 있다. 시간과 노력이 필요하겠지만 불가능한 것도 아니니만큼 자각이 생기는 즉시 깨어나는 연습을 하면 조금씩 회복된다.

시골에 아주 착하고 마음 여린 아이가 있었다. 유복한 집안이지만 부모가 직장일로 바쁘다 보니 평일 낮에는 주로 할머니 밑에서 자랐다. 이 아이는 착하고 여린 마음과 둔한 운동신경 때문에 늘 친구들에게 따돌림과 이용을 당하게 되었다. 또래 아이들과 잘 지낼 수 없게 되어 홀로 지내다 보니 점차 무기력해지고 나태한 아이로 변해 갔다.

그 아이가 청년이 된 어느 날, 친구들이 지혜로운 분을 만나러 간다는 얘기에 함께 가게 되었다. 그리 멀지 않은 시골에서 만난 사람은 거무스레한 얼굴에 움직이는 몸짓에서 힘을 느낄 수 없는 작은 덩치의 평범한 사람처럼 보였다. 그런데 사람들은 그 사람을 스승이라 부르며 따랐다. 그 사람은 청년의 순수하고 어눌한 말투의 이야기에 답답해하거나 싫은 내색 없이 귀를 기울여 주었다. 집에 돌아온 청년은 다시 이 분을 만나고 싶어졌다. 그리고 얼마 후 또 다시 스승과 재회한 청년은 이제는 스승이 계시는 곳에서 함께 생활하기를 소망했다.

항상 스승이 계시는 곳에 마음을 두고 소식을 묻던 차에 마음속으로 바라던 일이 일어났다. 그곳에 봉사를 위한 빈자리가 났다는 것이다. 청년은 곧바로 스승이 계신 곳으로 달려갔다.

스승은 이 청년의 생활을 몇 달에 거쳐 지켜보면서 그가 재능이 없는 것이 아니라 다만 발현시키지 못했기 때문이라는 것을 알아차렸다. 청년은 관찰력이 뛰어날 뿐 아니라 창의적이었으며, 말은 좀 어눌하지만 표현을 정확하게 하고 조금만 기다려 주면 속내를 모두 이야기하는 편이었다. 스승은 청년의 이런 모습들을 볼 때마다 구체적으로 하나하나 진심 어린 칭찬을 해 주었다. 청년은 스승의 가슴속에서 우러난 칭찬을 듣는 것이 무척이나 행복했다. 세상을 다 가진 것만 같은 마음이었다. 여전히 일에 실수가 많았지만 자신 있게 해 나갔다. 스승은 청년의 미숙한 일 처리를 탓하기보다 방법을 일러 주고 기다려 주었다. 스승과 같이 지낸 지 서너 해가 지나자 조금씩 나아지는 것이 보였다. 일의 완성도가 조금씩 보이기 시작하자 스승의 칭찬도 늘어났다.

공부가 순숙되기까지는 더뎠지만 해가 거듭할수록 진척이 눈에 띄이게 좋아졌다. 청년은 한층 밝아지고 자신감도 생겼다. 예전에 이 청년을 알았던 사람들이 그의 적극적인 행동에 놀라는 것은 물론이고 수행자의 면모를 엿볼 수 있는 것에 놀랐다.

사람들이 점차 많아지게 된 어느 날 스승은 "수행은 자기와의 대화가 많이 필요할 뿐, 내가 줄 수 있는 것은 작고 미약하다."라는 말을 남기며 시골을 떠나게 되었다. 스승이 떠나는 날 청년은 눈시울을 붉히며 "스승님 감사합니다."라고 인사를 했다. 스승은 청년의 손을 꼭 잡고 "나를 스승으로 생각해 줘서 고맙네. 하지만 난 한 번도 자네의 스승이라 여긴 적이 없어. 깊은 벗이 될 수 있으면 몰라도 말일세."라며 싱긋 웃어 보였다.

청년은 떠나는 스승의 등 뒤에 "스승님께서 저의 스승이 아니시라면 마음의 아버지이십니다."라고 나지막이 읊조렸다. 스승은 잠시 발걸음을 멈추었다가 이내 시골 어귀를 돌아 사라졌다.

스승과 함께 하면서 청년에게는 나태심이 완전히 사라졌다. 스승의 비움 앞에서 이미 녹아 사라진 것이다.

나태심은 하고자 하는 마음의 꼬리를 붙잡고 늘어지는데 이런 나태심은 누구에게나 있다. 나태심을 금방 알아차리고 박차고 일어날 정도의 의지가 있으면 나태심은 이내 사라진다. 나태가 만약 습관으로 자리 잡지 않았다면 그 대부분은 바라보는 즉시 사그라든다. 마음의 힘이 어느 정도만 있어도 가능한 일이다.

그러나 나태가 무조건 나쁜 것은 아니다. 나태는 본능이자 삶의 에너지를 순화시키거나 비축하고자 하는 휴식의 반항이기도 하다. 이는 감성이나 본질적인 욕심과도 같다. 감성과 본질적 욕심이 머리카락과 같다면 이성은 빗과 같다. 건강한 감성과 욕심 같은 모발은 이성의 빗으로 잘 빗어서 다듬으면 더욱 건강한 아름다움으로 나타난다.

감성이나 본능과 같은 유형의 나태도 적당하면 휴식과 편안함이 될 수 있다. 어떤 일을 이루고자 할 때 나태를 적절히 다스릴 줄만 알면 당위성으로 치닫는 성취에 대해서 편안하고 자연스러움의 느낌을 입힐 수 있다.

나태에 발목을 잡히지 않고 마음을 열어 존재하면 마음의 힘도 아울러 생겨날 뿐 아니라 수행도 감성을 지니게 된다. 이 나태는 알아차림_{이해}과 기다림으로 깨어 있기만 해도 이내 물러가기 마련이다. 하지만 깨어 있기에 앞서서 꼭 필요한 것이 '기다림의 여유'이다. 이 기다림의 여유가, 깨어남에도 여유와 부드러움을 가져다준다.

마음의 목줄, 당위성

나태가 뒤에서 마음의 꼬리를 붙잡고 늘어지는 것이라면 당위성은 마음의 목줄을 잡아끌어 당기는 것과 같다. 뭔가 해 보려는데 앞에서 마음의 목줄을 잡아끌면 그 마음이 행복할 리 없다.

성실한 수행자가 피곤해도 나태심 정도는 이겨 내야 한다며 일을 밀어붙이는 경우가 있다. 그러다 병이 나서야 나태와 피곤함 사이에서 고민한다. 피곤하여 쉬고 싶지만 마음 한편에서는 '나태심에 의한 변명은 아닌가?' 하고 반문하기에 이른다. 그러면 왠지 나태심인 것 같아서 다시 마음을 추슬러 일하다가 몸살이 와서야 피곤했음을 인정한다. 이런 일이 한두 번이 아니라면 나태에 대한 트라우마인지 아니면 일을 해야 한다는 당위성에 의한 강박관념인지 되돌아 살펴볼 일이다. 그래도 자기 자신을 모르기 때문에 몸살이 와도 '밀어붙이다 보면 체력이 생길 거야'라는 마음과 무조건 쉬어야 한다는 마음이 또 갈등을 일으키기 일쑤다.

자기 스스로를 돌아볼 줄 모르는 사람은 스스로를 사랑할 줄도 모른다. 수행도 자기 자신을 사랑하는 데에서부터 시작된다. 자기를 사랑할 때 삶의 과정에도 눈을 뜨게 된다. 자기를 놓고 일에 대한 결과에만 초점을 두면 그 과정에서 깨어 있지 못한다. 수행이란 것도 결과보다는 과정이 아주 중요한데 그 과정을 놓치다 보면 결과도 좋지 않다.

결과에 초점을 맞춘 사람은 기본적으로 삶을 이끌어 가는 힘이 있다. 성실하여서 자기 책임에 충실한 아주 믿음직스럽고 모범적인 사람이 많다. 하지만 수행에 이르러 이런 사람에게 "이 순간 모든 감정과 생각을 멈추어 놓아 보세요. 그리고 그 마음으로 세상을 보세요."라고 하면 감정과 생각을 멈추어서 놓기보다는 세상을 보는 느낌은 어떨지 골똘히 생각한다. 찾아도 너무 성실하게 찾는다. 하지만 찾으면 찾을수록 감정과 생각이 놓아지기는커녕 자꾸 더해만 간다.

당위성에는 돈을 벌고 예의가 있어야 하고 명성과 권력이 있어야 한다는 등 자기 나름대로의 삶의 목표와 규정이 견고하다. 이것이 삶을 일관되게 이끌어 목표에 도달할 수 있는 동기가 되지만 이 목표와 규정이 언젠가는 자기 스스로의 존재를 부정하는 쪽으로 바뀌기 마련이다. 이런 삶에서는 자신이 목표에 따른 가치밖에 되지 않는다. 목표에 도달하지 못한 자신은 도태한 사람이고 설사 도달했더라도 목표가 자기에게 준 이름밖에 없다는 것을 알게 될 때는 그만큼 자괴감도 크게 다가온다. 결국에는 목표의 꼭두각시와 다르지 않다. 설사 목표에 따른 성공을 할지라도 행복하지 못한 것은 마찬가지이다. 목표에 삶이 들어있지 않은 채 바라는 바를 이루는 경우, 목표를 잃으면 삶의 방향도 잃어버려서 공황에 빠져 폐인이 될 수도 있다.

해야 한다는 당위성에 생각 없이 이끌려가기보다는 자기의 영혼을 기다려 본질에 깨어 있어야 내 삶에 내가 주인이 된다. 이것이 인간답게 살아가는 것이고 영적으로 성장하는 삶의 기반을 이룬다. 수행은 삶과 동떨어진 것이 아니라 삶 그 자체가 수행이고 삶이다.

어떤 당위성이 자신을 이끌면 그 삶에서 온전하게 존재하기 어렵다. 그것은 나의 삶을 사는 것이 아니라 당위성의 빚쟁이가 되어서 빚을 갚아 가는 데 온통 맞춰 사는 것과도 같다. 그러니 당위성에 끌려다니기보다는 늘 본질에 깨어 있어야 한다. 그래야 그 기반으로 영적으로 깨어나 진화하는 삶으로 나아간다.

빨리 이루려는 욕심, 욕속심

빨리 이루려는 욕심이 욕속심이다. 욕속심이 있으면 그 일에 온전하게 깨어 있지 못하게 된다. 지금의 일보다는 앞으로의 일에 관심이 집중되다 보니 지금의 일을 해치우고 만다.
호기심과 성취욕으로 일을 아주 잘하는 사람에게서 주로 나타나는 마음이 욕속심이다.
지금 일을 하면서도 다음 할 일이 순서에 들어 있어서 이 일을 빨리하고 다음 일을 하려고 한다. 그 일을 마치면 사람을 만날 약속이 대기하고 있거나 취미 생활이 기다리고 있다. 그러고 나서야 쉬려고 하는데 조금만 오래 쉬면 심심해서 어찌할 바를 모르고 서성거린다. 지금의 일이 끝나면 다음 일이 늘 있어야 하는데 쉬는 일이 심심하고 지루하여 견딜 수 없다. 어떻게 하든지 다음 일을 만들어야 직성이 풀린다. 마음이 다음과 다음으로 동동거리다 보니 그 순간에 깨어 있기가 참으로 어렵다. 이처럼 까닭 없이 살다가는 죽음에 이르러서 삶의 허무감에 후회하게 된다.

　욕속심이 있는 사람은 일을 잘하는 편이지만 그렇다고 아주 잘하는 것도 아니다. 사람과의 관계가 넓지만 또한 깊지는 않다. 세상에 대해 관심은 많으나 전문 지식에는 이르지 못하고 자기 자신에 대해서도 잘 모른다. 하나의 그 일에 진지하게 깨어 있을 수 있는 사람이라야 어떤 일을 해도 제대로 할 수 있다.
　동동 떠다니는 마음과 욕속심으로는 삶에 깨어 있지 못하기에 자신뿐 아니라 세상에 대해서도 잘 모른다. 다른 사람이 좋으면 나도 좋은 정도이니 다른 사람들의 관점에서 자신을 마름질하듯 살아간다. 그러니 행복할 수 없다. 다른 사람이 자기 보고 행복하겠다고 하면 행복한 것 같고 불행하게 보면 불행한 것 같다. 자기의 인생이 세상의 시선에 의한 꼭두각시밖에 되지 않는다.
　이런 마음으로는 어딘가에 여행을 갔을 때에도 그곳의 음식을 먹어 보았고 거기를 가 보았으며 그 일을 해 보았다는 등의 이야깃거리만 만들려고 한다. 다른 사람에게 자랑해야 자신의 존재 가치가 드러난다고 생각하기 때문이다. 이러니 여행을 가도 눈도장과 사진을 찍으며 다니기에 바쁠 뿐 자기의 삶이 없다. 그 일이나 그 상황에 처하여 존재하여 느끼고 생각하며 함께하지 못한다. 게다가 일을 해치우거나 한번 경험한 것으로 지나치려는 마음이 있다면 이것은 자신이 욕속심으로 살아가고 있다는 증거이다.

욕속심만 놓아도 이 순간의 삶에 깨어 있어서 느끼고 생각하며 함께하게 된다. 이것이 비로소 삶이라는 것을 알게 되는 순간, 철이 든다는 느낌에 인생이 진지해지고 수행에 깨어 있을 수 있다.

하지 않아도 될 생각과 행동

나태, 당위성, 욕속심이 마음을 깨어 있게 하는 데 방해가 되지만 이것을 벗어나서도 조심할 게 있다. 하지 않아도 될 생각과 마음 씀씀이 그리고 하지 않아도 될 행동이다.

살아가면서 많은 생각을 하고 마음 써서 행동에까지 옮기는 데 정작 꼭 필요한 것은 얼마나 되는지 되짚어 볼 필요가 있다. 그러면 별게 없는데 '하릴없이 참 바쁘게 살았구나!' 하는 것을 알게 된다.

흔히 '인생의 뒤안길에서 인생을 키 위에 얹어 놓고 키로 까부르면 알맹이가 얼마나 남을까' 생각을 한다. 알맹이라 할 수 있는 것은 영적인 성장과 세상을 위한 일이다. 이것이 적을수록 인생을 허비한 쪽으로 기운다.

인생을 허비하는 데에도 그냥 하는 게 아니라 자신과 남을 괴롭히는 것이라면 그 인생은 심각해진다. 꼭 하지 않아도 될 생각으로 스스로를 괴롭히지는 않았는지. 하지 않아도 될 마음의 씀씀이로 스스로를 힘들게 하고 다른 사람에게 많은 부담을 주지는 않았는지 그리고 하지 않아도 될 행동으로 허비에 그친 것이 아니라 오히려 죄 짓고 살지는 않았는지 되돌아보자.

하지 않아도 될 생각과 행동을 줄이면 삶의 여백이 크게 생긴다. 처음에는 이것을 견디기 어렵다. 인생이 지루하고 심심해서 '흥미 있는 일이 어디 없나.' 하고 찾아 나설 정도에 이른다. 이것은 삶의 여백에 채워야 할 것을 찾지 못했거나, 찾았어도 습관이 들지 않아서 그렇다. 하릴없어 어찌 할 줄 몰라 방황하기도 하지만 마음속에서 여백을 만드는 과정이라 여기고 삶의 까닭만 놓지 않으면 된다. 그러면 언젠가는 수행하기 마련이다. 그 즈음의 여백은 어렵지 않게 채워 갈 수 있다. 이때 자신과 더불어 주위 사람들도 여유를 갖고 기다려 주어야 그 사람이 그 시간을 견디고 여백에 채울 삶을 디자인하는 데 이른다.

삶의 여백에 대해 인생 전체를 생각해 더위잡기가 어려울 것 같으면 하루를 어떻게 보내고 있는지 생각해 보는 게 좋다. 최근의 하루를 되짚어 보면 자신의 생활 모습이 보인다.

하루 가운데 허송세월로 흘려보내는 시간을 줄인 삶의 여백에서 휴식에 필요한 여유 시간을 우선 남겨 둔다. 이때 여유 시간을 확보해 놓지 않으면 인생이 각박할 수 있으니 허송세월로 볼 게 아니라 삶의 필수로 여겨야 한다. 그 다음 나머지의 여백에 진리와 함께 깨어 있는 시간으로 채워 가면 된다. 이렇게 하루하루를 의미 있게 지내면 하나의 인생으로 꿰어져 일생이 알차다. 즉 영적으로 성장하고 풍요로운 삶을 이룬다.

나태가 마음의 발목을 잡아당기는 것이라면 당위성은 관념과 목적이 끄는 목줄이고 욕속심은 관심에 따라 떠다니는 마음이라면 허송세월은 삶의 늪이다. 나태와 당위성과 욕속심이 삶에 붙어서 영혼을 일깨우는 것을 방해한다. 이런 멍에들로부터 자유로울 수만 있어도 삶이 행복하고 영적 가치관으로 살아갈 수 있게 될 것이다.

본질에 깨어 있는 존재

스승이 뜰 앞을 거닐고 있는데 친구와 탁구를 치러 간다던 제자가 보여 다가갔다.

"탁구 재미있게 쳤어?"

"이기려고 쳤어요. 이겨서 좋은데 왠지 마음이 편안하지 않아요."

"마음 편안하려고 탁구를 친 건 아니잖아?"

"재미있게 치려고 했는데, 하다 보니 아득바득 이기려는 마음으로 치닫는 거예요. 그 마음을 보자 갑자기 불편해졌어요."

"어떻게 하면 좋을 것 같은데?"

"제 영혼의 순수함으로 존재하고 싶어서 기다리고 있어요."

"네 영혼이 어디에 있는데?"

"이기려는 마음이 저만치 앞에 가 있어요."

"기다리면 그곳에 가 있는 영혼이 돌아와?"

"네. 탁구장과 공과 라켓 그리고 저와 친구가 함께 있어요."

"이기고자 열심히 쳐도 영혼은 그곳에 있을 텐데?"

"지금은 이기려는 마음과 잘 친다는 말을 듣고 싶은 마음이 저를 사로잡고 있어요."

"그게 그렇게 나쁜 건 아니잖니?"

"어떻게든 이기려고 해서 이기면 조금 기쁘지만 지면 기분이 나빠요. 그리고 친구에 대한 배려도 없는 것 같고요. 또한 누군가가 잘 친다는 말을 해 주지 않으면 괜히 섭섭한 마음도 일어나요."

"그럼 영혼으로 깨어 있는 것이 어떤 건데?"

"이기려는 마음에 이끌려가거나 하기 싫은 마음에 붙잡히지 않은 평온한 마음으로 존재하는 것이라 생각돼요."

"평온하기만 하면 될까?"

"평온한 마음으로 탁구를 치면 어디에도 이끌리지 않아 편안할 것 같아요."

"탁구를 치는 근본적인 이유가 뭐지?"

"운동도 되고 즐겁기도 하잖아요."

"그럼 평온함에도 깨어 있고 탁구에도 깨어 있어 보면 어떨까?."

"탁구에 깨어 있는 것은 어떻게 하는 거예요?"

"이기거나 싫다는 마음 없이 탁구를 오롯이 즐기는 마음이지. 그럼 마음이 편안하여 실력도 늘 뿐 아니라 친구를 배려하는 중에 서로 교감이 되어서 운동을 재미있게 할 수 있을 거야."

제자는 스승의 이야기를 듣고 나서야 평온하고 오롯한 마음으로 탁구를 쳤다.

저녁 식사 시간에 스승이 제자를 보고 다시 물었다.

"오늘 탁구 어땠어?"

"참 행복했어요."

"난 네가 네 영혼을 기다리는 모습을 보고 감격했다."

해야 한다는 마음에서 깨어나 있는 그대로 존재하는 것은 그 당위성으로부터 벗어나려는 몸부림이 아니라 오히려 본질에 깨어 즐기는 데에 있다. 본질에 깨어나면 마땅히 해야 할 일은 본질의 품속에 들어온다. 그런데 사람들은 살아가면서 많은 지식과 정보를 알게 될수록 불안과 염려도 그만큼 많아진다. 그 염려하는 마음이 지나치면 하고 싶은 것보다 해야 할 일만 남아 자신을 옴짝달싹 못하게 가둔 채 스스로를 닦달하게 된다. 어린아이일수록 본질에 맞닥뜨려 존재하려는 마음이 살아있으니 간혹 동심으로 돌아가 보는 것도 삶을 싱그럽게 한다.

삼동연수원에서 운영하는 '청소년 마음공부 아카데미'에서 있었던 일이다. 연수원 잔디 운동장에서 어린아이들이 축구를 하는데 갑자기 소나기가 내렸다. 아이들이 집으로 뛰어 들어오는데 열두 살 된 남자 아이가 들어오려다 말고 운동장에서 고개를 하늘로 젖히고 양팔을 벌린 채 빗물을 받아먹고 있었다. 앞서 들어오던 아이가 뒤돌아보며 "형빨리 들어와!"라고 소리쳤다. 빗물을 받아먹던 아이는 "시원해. 그리고 재미있어!" 이어 "비 맞으나 땀에 젖으나 같으니까 우리 축구를 더하자!"라고 외쳤다. 그 아이의 말에 들어오던 아이들이 발길을 돌려 운동장으로 달려갔다. 그리고 물탕도 튕기고 태클도 하며 한바탕 뒤엉켜 놀았다.

어린아이들은 마음의 본질에 유연하게 깨어 있다. 관념이란 껍질이 단단하지 않기에 조금만 깨어 있어도 본질로 이내 회귀한다. 유연함은 아름다움과 감동으로 이어 가는 살아 있는 원동력이다. 나이 들어서도 마음의 본질에 유연할 수 있으면 얼마나 좋을까?

마음의 본질에 늘 깨어 있는 사람은 유연하다. 그 유연함은 자신뿐 아니라 세상을 품는다. 본질에 깨어 있으면 나태와 당위성이 녹아나 욕속심도 사라지고 평온함과 마음다함으로 살아갈 수 있다.

무시선이란

공적영지가 나타나는 것

무시선은 원불교 경전 중 근간을 이루는『정전』속의 한 경문으로 자리 잡고 있을 정도로 좌선과 더불어 중요한 수행 중 하나이다.

무시선이란 무시선無時禪 무처선無處禪의 약칭으로서 시간과 장소에 구애 없이 언제 어디서나 선을 하고 또는 선의 심경으로 살아감을 말한다. 여기에서의 선이란 공적영지空寂靈知가 나타나는 것이다. 설사 한적한 공간에서 결가부좌로 반듯하게 앉아서 좌선을 하더라도 공적영지가 나타나지 않으면 엄밀한 의미에서는 선이 될 수 없다. 모양만 선이지 내용으로는 전혀 아니다.

'공적영지'는 텅 비어 고요한 가운데 영묘하게 안다는 뜻이다. 의역

하면 마음에 어떤 감정이나 생각이 자리하지 않은 빈 마음을 뜻하는데 그 마음은 고요하면서도 상쾌하다. '나타난다'는 것은 일이 없을 때 공적영지로 깨어 있어야 하고 일이 있을 때 그 마음을 잊지 않고 활동하는 것을 의미한다.

달리 표현하면 공적영지가 진공眞空이고 나타남이 묘유妙有이다. 진공이 공적空寂하기만 하면 허무의 완공頑空이 되고 생각으로 만들어진 비움이라면 거짓된 비움인 가공假空이 된다. 공적에 영지靈知가 함께 해야 진공이 된다. 그리고 여기서의 묘유는 나타난 세상을 일컫는다.

진공묘유와 삼학병진

무시선의 기본 원리는 진공영롱한 비움이 체體 - 본체가 되어 묘유영묘하게 나타남로 용用 - 작용을 삼는 데에 있다. 이 수행은 언제 어디에서나 마음의 바탕이 비어 고요하면서도 영롱한 상쾌함이 있고 그 마음으로 상황에 알맞게 살아서 은혜를 나타내는 삶이다. 이처럼 진공묘유는 수행을 본체와 작용으로 구분하였다.

하지만 진리의 속성인 공원정空圓正을 바탕으로 수행할 때도 있다. 공원정의 '공비움'은 우주 만물의 근원이 비었다는 것이고 '원밝음'은 모든 근원은 비었으나 그곳에는 내재된 정보와 영묘하게 아는 것이 있음을 일컫는다. 그리고 '정바르게 나타남'은 빈 오묘함이 적재적소에 균형과 조화를 이루며 알맞게 나타난다는 것을 말한다.

사람을 공원정으로 비춰 보면 '공'은 마음의 근원인 성품이자 마음이고 '원'은 지혜이다. 그리고 '정'은 나타난 모습이자 활동하는 것까지를 아우른 개념이다. 또 마음으로는 공원정의 순서에 따라 정서, 지혜, 의지로 나뉜다. 이렇듯 공원정은 근본에서 살펴보면 속성이지만 삶에서 살펴보면 진리가 발현되는 모습이자 삶의 모습이기도 하다.

공원정의 원리에 따른 수행 방법을 순서대로 보면 정신수양, 사리연구, 작업취사이다. 이 수행 방법을 삼학三學이라 하고 이로써 얻은 힘을 삼대력三大力이라고 부른다.

이것을 진공묘유와 공·원·정을 연관 지어서 살펴보자.

일 없을 때는 '진공'인 '공'과 '원'을 주체 삼아 닦아서 밝히고 '묘유'의 '정'을 준비하는 데 초점을 둔다. 즉 좌선과 염불로 마음의 안정과 마음의 깊은 곳에 이르는 정신수양을 한다. 그러면 근본지혜가 솟는다. 또한 경전 연마와 의두, 성리로 지혜 단련을 해 가고, 일 있을 때를 생각하여 미리 준비하는 데 힘쓴다.

일 있을 때는 '묘유'인 '정'을 주체적으로 실현하기 위해 '원'이 도와주고 '진공'인 '공'이 '원'으로 깨어 있도록 한다. 즉 당면한 일에 초점을 두고 일의 목적과 방법을 생각하여 실천해 간다. 이때 생각하며 실천을 하지만 그 생각은 항상 해야 하는 일에 기반을 둔다. 일에 따른 생각이라 일이 주체가 되기 때문이다. 그리고 그 동기가 순수한지 돌아보아 살피는 마음이 깨어 있어서, 일하는 가운데 왜곡되거나 다른 방향으로 흘러 나가지 않도록 한다.

하지만 일이 복합적이고 바쁘게 돌아갈 때는 진공묘유와 공원정이 모두 동시에 아울러 맞물려서 움직인다. 즉 중요하고 급한 일이라서 모든 역량을 동원해서 하지 않으면 될 수 없는 일이 있다. 이럴 때는 정서적 안정 가운데 전체와 근본을 헤아려서 어떤 방향으로 이끌고 가야 할지 번뜩이는 지혜로 헤쳐 간다. 그리고 그 일에 맞게 신속 정확하게 해 냄으로써 최대한의 성과를 이끌어 낸다. 이 모든 것은 서로 함께 맞물려서 돌아가는 것이라 감각적으로 몰입에 이를 때 최대의 성과를 낼 수 있다. 평소에 훈련이 되지 않으면 이런 일은 제대로 이뤄 내기가 어렵다.

이것이 공원정을 생활 속에서 삼학병진을 하는 공부법인 무시선이다. 무시선은 생활 속에서 이루어지는 동시動時 삼학이자, 같은 때에 서로 어우러져서 이루어진다는 의미의 동시同時 삼학이다.

영육쌍전

무시선은 그 일 그 일에 공적영지로 깨어 있는 마음으로 살아가는 수행이다. 이 수행은 마음뿐 아니라 몸으로 행하는 것이다. 무시선은 생물적인 심신의 능력을 마음이 발현되는 순서에 따라 최대한 이끌어 내는 수행이기에 몸과 삶은 중요한 수행의 도구와 무대가 된다.

인간으로서 살아가려면 심신을 건강하게 하는 것과 삶에 불편함이 없도록 의식주를 안정시키는 일이 기본이자 수행의 바탕이다. 수행의 기본적인 힘은 이런 생활의 힘에서 비롯된다. 그 위에 수행을 통해서 정서적으로 안정되고 지혜로우며 행동의 힘을 갖춘 영적인 존재로 성장하는 데 초점을 둔다. 수행은 삶 속에서 삶을 아우를 때 원만하고 힘이 있다. 그래서 무시선의 삶이란 영혼과 육신이 아울러 온전하다는 뜻의 영육쌍전靈肉雙全의 삶이기도 하다.

동정일여

무시선은 동動과 정靜, 즉 일이 있거나 없을 때를 막론하고 선禪 수행과 선의 심경, 이 두 가지 의미를 아우른다.

일 있을 때는 일의 목적에 따른 삶을 주체로 하여 자성自性을 돌아보는 삶이자 수행이다. 즉 일의 목적을 잊지 않는 목적반조目的返照가 살아 있어야 하고, 이에 따라 자성을 기반으로 동기가 순수한가를 돌이켜 보는 자성반조自性返照가 있어야 한다.

이때의 선을 사상선事上禪이라고 하는데 이는 일 가운데 선심을 기르는 수행이다. 이 사상선의 범주 안에는 농사의 농선農禪, 나물을 깨는 채약선探藥禪, 집안일을 하는 가사선家事禪 등 나열하기 어려울 정도로 많은 선을 포함하고 있다.

또 일 없을 때는 자성에 들어 쉬기도 하지만 일이 있을 때를 대비해 둔다. 이를 위해 자성을 회복하거나 발현시키는 좌선, 염불, 경전讀書, 강연, 회화, 의두, 성리 등으로 수행하고 또 적당한 휴식이나 운동으로 심신을 좋게 유지하기 위해 힘쓰는 게 모두 미래의 기틀을 준비하는 것들이다. 이때의 선으로 누워서 하는 와선臥禪, 앉아서 하는 좌선坐禪, 서서하는 입선立禪, 걸으면서 하는 행선行禪이 있는데 이는 모두 일이 없는 즉 정할 때의 선으로 분류된다.

물론 일 없을 때와 일 있을 때의 경계에 물린 경우도 있다. 일이 단순하여 한곳에 집중할 수 있는 단순 작업과 그에 버금가는 청소, 설거지,

야채 다듬기 등이다.

이것이 어느 정도의 경지에 이르면 언제 어디서나 자성을 여의지 않고 그 일에 깨어남으로 살아가는 데에 이른다. 그래서 무시선을 동하고 정할 때에 항상 자성을 여의지 않고 평상심으로 살아가는 동정일여動靜一如의 삶이라 한다.

그러나 대개 무시선이라 할 때는 위와 같은 동정 간의 모든 선을 포괄하는 의미로 쓰이나 좁은 의미로는 좌선의 상대 개념으로 쓰인다. 또 무시선은 일 있을 때의 선인 사상선을 의미하기도 하지만 수행의 활용과 살아있는 수행을 아우른다는 의미의 활선活禪이라고도 불린다.

원만구족 지공무사

무시선의 삶은 원만구족圓滿具足하고 지공무사至公無私하다. 모자람 없이 두루 갖추었다는 뜻의 원만구족은 진공을 바탕으로 절대평등이 되어 두루 위하는 마음이고, 지극히 공평하여 이기적이지 않다는 뜻의 지공무사는 묘유를 바탕으로 상대평등이 되어 전체 속 균형과 조화로 엮어 가는 삶을 말한다. 여기에 오롯한 마음과 삶은 은혜로 나타난다. 만약 그렇지 않다면 어딘가에 부족함이나 오류가 있다는 뜻으로 알고 긴 안목으로 되짚어 봐야 한다.

원만구족이 대자대비이자 사랑이라면 지공무사는 삶에 대한 불공이자 은혜이다.

수행이자 존재하는 삶

무시선은 일이 있든 없든 언제 어디에서든지 공적영지가 나타나는 수행이자 심경이다. 달리 표현하면 진공공적영지으로 바탕을 이룬 채 묘유나타남로 되어야 한다. 일 없을 때는 진공을 주체로 삼아 묘유로써 활용하나, 일 있을 때는 묘유가 주체가 되고 진공이 받쳐 준다.

본말선후本末先後로 보면 진공이 본이고 묘유가 말이라 일 없을 때는 본을 세우고 말을 활용하나 일 있을 때는 묘유가 선이고 진공이 후가 된다.

무시선은 진공으로 마음의 바탕을 삼고 묘유로써 나타남의 표준을 삼는다. 이는 삼학병진하는 공부법이자 영육쌍전하는 삶의 형태이다. 게다가 동과 정에 한결같이 원만구족하고 지공무사함으로 은혜를 창출해 내는 삶이기도 하다.

무시선은 좌선으로 수행의 깊이가 다져진다. 그런데 좌선을 무시선으로 이어 갈 때 바로 무시선의 감각을 찾는 일이 쉽지 않다. 무시선은 자칫하면 생활이란 탈을 쓴 채 열심히 하는 것으로 경지를 삼는 경우가 많기 때문이다. 무시선의 감각을 실질적으로 찾는 데 도움을 줄 수 있는 수행으로 행선과 선식이 있다. 행선行禪-걷는 선과 선식禪食-선심으로 하는 식사은 무시선을 이해하고 실제로 익혀 가는 데 토대가 되어 준다.

『정전』속 무시선법의 의미와 해석

무시선법

대범 선禪이라 함은 원래에 분별 주착이 없는 각자의 성품을 오득하여 마음의 자유를 얻게 하는 공부인바, 예로부터 큰 도에 뜻을 둔 사람으로서 선을 닦지 아니한 일이 없나니라.

사람이 만일 참다운 선을 닦고자 할진대 먼저 마땅히 진공眞空으로 체를 삼고 묘유妙有로 용을 삼아 밖으로 천만 경계를 대하되 부동함은 태산과 같이 하고, 안으로 마음을 지키되 청정함은 허공과 같이 하여 동하여도 동하는 바가 없고 정하여도 정하는 바가 없이 그마음을 작용하라. 이같이 한즉, 모든 분별이 항상 정을 여의지 아니하여 육근을 작용하는 바가 다 공적영지의 자성에 부합이 될 것이니, 이것이 이른바 대승선大乘禪이요, 삼학을 병진하는 공부법이니라.

그러므로, 경經에 이르시되 "응하여도 주한 바 없이 그 마음을 내라." 하시었나니, 이는 곧 천만 경계 중에서 동하지 않는 행을 닦는 대법이라, 이 법이 심히 어려운 것 같으나 닦는 법만 자상히 알고 보면 괭이를 든 농부도 선을 할 수 있고, 마치를 든 공장工匠도 선을 할 수 있으며, 주판을 든 점원도 선을 할 수 있고, 정사를 잡은 관리도 선을 할 수 있으며, 내왕하면서도 선을 할 수 있고, 집에서도 선을 할 수 있나니 어찌 구차히 처소를 택하며 동정을 말하리요.

그러나 처음으로 선을 닦는 사람은 마음이 마음대로 잘 되지 아니하여 마치 저 소 길들이기와 흡사하나니 잠깐이라도 마음의 고삐를 놓고 보면 곧 도심을 상하게 되나니라. 그러므로 아무리 욕심나는 경계를 대할지라도 끝까지 싸우는 정신을 놓지 아니하고 힘써 행한즉 마음이 차차 조숙調熟되어 마음을 마음대로 하는 지경에 이르나니, 경계를 대할 때마다 공부할 때가 돌아온 것을 염두에 잊지 말고 항상 끌리고 안 끌리는 대중만 잡아 갈지니라.

그리하여 마음을 마음대로 하는 건수가 차차 늘어 가는 거동이 있은즉 시시로 평소에 심히 좋아하고 싫어하는 경계에 놓아 맡겨 보되 만일 마음이 여전히 동하면 이는 도심이 미숙한 것이요, 동하지 아니하면 이는 도심이 익어 가는 증거인 줄로 알라. 그러나 마음이 동하지 아니한다 하여 즉시에 방심은 하지 말라. 이는 심력을 써서 동하지 아니한 것이요, 자연히 동하지 않은 것이 아니니, 놓아도 동하지 아니하여야 길이 잘 든 것이니라.

사람이 만일 오래오래 선을 계속하여 모든 번뇌를 끊고 마음의 자유를 얻은즉, 철주의 중심이 되고 석벽의 외면이 되어 부귀영화도 능히 그 마음을 달래어 가지 못하고 무기와 권세로도 능히 그 마음을 굽히지 못하며, 일체 법을 행하되 걸리고 막히는 바가 없고, 진세塵世에 처하되 항상 백천 삼매를 얻을지라, 이 지경에 이른즉 진대지盡大地가 일진 법계一眞法界로 화하여 시비선악과 염정제법染淨諸法이 다 제호醍醐의 일미一味를 이루리니 이것이 이른바 불이문不二門이라 생사 자유와 윤회 해탈과 정토 극락이 다 이 문으로부터 나오나니라.

근래에 선을 닦는 무리가 선을 대단히 어렵게 생각하여 처자가 있어도 못할 것이요, 직업을 가져도 못할 것이라 하여, 산중에 들어가 조용히 앉아야만 선을 할 수 있다는 주견을 가진 사람이 많나니, 이것은 제법이 둘 아닌 대법을 모르는 연고라, 만일 앉아야만 선을 하는 것일진대 서는 때는 선을 못 하게 될 것이니, 앉아서만 하고 서서 못하는 선은 병든 선이라 어찌 중생을 건지는 대법이 되리요. 뿐만 아니라, 성품의 자체가 한갓 공적에만 그친 것이 아니니, 만일 무정물과 같은 선을 닦을진대 이것은 성품을 단련하는 선공부가 아니요, 무용한 병신을 만드는 일이니라. 그러므로 시끄러운 데 처해도 마음이 요란하지 아니하고 욕심 경계를 대하여도 마음이 동하지 아니하여야 이것이 참 선이요, 참 정이니, 다시 이 무시선의 강령을 들어 말하면 아래와 같나니라.

　"육근六根이 무사無事하면 잡념을 제거하고 일심을 양성하며, 육근
이 유사하면 불의를 제거하고 정의를 양성하라."

　대부분의 사람들은 먹고사는 데 바쁘고 어느 정도 먹고살 만하면 무
료해서 그런지 일을 저지르기 일쑤다. 하여튼 정신없이 바쁘게 살지만
인생의 뒤안길에 다다라서 되돌아볼 때는 마음 허전한 일상만이 휑하
니 남는 경우가 허다하다.

　일이 생기면 정신없이 일을 좇아가다가 조금 지나면 이 일이 언제
끝나나 볼멘소리를 해댄다. 그 일이 해결되면 또 무료해서 견디기 힘
들어하다가 또 일을 찾아 나선다. 그러다 또 일을 발견하면 눈을 반짝
이며 정신없이 좇는다. 그 주기가 길든 짧든 이런 형태가 인생 내내 순
환·반복된다.

　하지만 인간은 사유할 수 있는 고등동물이기에 근본적으로 영적인
가치를 추구하게 되어 있다. 인간은 영적으로 보면 우주에 숨을 불어
넣는 존재이다. 이런 존재인 인간이 동물적 종족 번식만을 위해 살아
가기에는 인생이 너무나 아깝다. 인간은 진리를 벗하며 살아가는 존재
이기에 삶의 중심에 영적 계발이 있어야만 인생의 가치를 다한다. 인
간으로 살며 공부심만 놓지 않는다면 조금 더딜지 몰라도 언젠가는 진
리적 삶에 이르고 만다. 하지만 마음을 챙겨서 성품에서부터 체계적으
로 발현시켜 가면 진리가 내 삶 속으로 이내 들어온다.

영적 계발을 해 가는 데 무시선만큼 좋은 수행법이 드물다. 여기서 말하는 무시선은 좌선과 생활선을 아우른 본질적 의미의 무시선을 일컫는다. 이 무시선은 미래의 수행이자 진리적이고 사실적이며 살아 숨쉬는 수행이다.

이 무시선법은 원불교 『정전』 속의 한 경문으로 자리 잡고 있을 정도로 원불교 수행의 중요한 근간이 되고 있다. 하지만 정전 속의 무시선법은 간결하게 그려져 있어 초심자들이 이해하고 실제 적용해 가기에는 무리가 있다. 이에 이 글에서는 무시선의 개념과 내용을 초심자들도 보다 쉽게 접할 수 있도록 예화를 곁들여 풀어 본다.

> "선禪이라 함은 원래에 분별 주착이 없는 각자의 성품을 오득하여 마음의 자유를 얻게 하는 공부인 바……."

선은 마음의 자유를 얻게 하는 공부

선의 목적은 마음의 자유에 있고 자유에 이르는 길로써 성품을 깨달아 얻는 데 있다. 모든 존재는 자유를 염원한다. 영적으로 존재하든 인간으로 존재하든 자유에 대한 갈구는 본능이다. 모든 영적 존재는 인식의 범주 안에서 움직이게 되어 있고, 인식의 범주가 열렸다 해도 지고한 경지에 이르려면 그에 따른 에너지와 파장이 없어서는 안 된다.

자유를 얻기 위해서라면 지혜도 있고 생활의 힘도 있어야 하지만 대부분의 사람들은 관념과 욕심 그리고 습관대로 살아간다. 그러나 성품을 단련해서 마음이 발현되는 순서에 따라 발현시키기만 하면 진리의 삶을 살 수 있다. 성품은 구분하거나 좋고 싫음이 나타나기 이전의 마음인데 일반적으로 이해하기에는 꿈도 없이 깊이 잠자는 상태라고보면 된다. 성품을 단련하면 마음이 맑아지고 힘이 생기며 안정되기도 하지만 근본지혜가 솟아나 저절로 알아지는 것이 있다. 성품은 마음의 근본인데 이 성품에서 무궁한 조화를 일으키기에 여의주라고도부른다.

자유는 해탈과 같은 개념으로 쓰기도 하지만 엄밀한 의미에서 해탈이 진리의 발현되는 순서에 따라 마음을 쓰는 순응이라면 자유는 때로는 진리를 거슬러서 은혜를 창출해 낼 수 있는 마음이다. 자유에는 해탈보다 자비에 따른 창의성과 우직한 힘이 더 있다.

마음을 진정으로 자유롭게 쓴다는 것은 시에 있어 운율과 형식이 정해진 정형시와, 운율과 형식이 자유로운 자유시를 아울러 쓰는 것과같다. 마음을 자유롭게 쓴다는 것도 사람으로서 지켜야 할 덕목을 지킬 줄도 알고 또는 삶의 본질에 바탕하여 그 시대의 관념적 윤리를 넘어서 은혜를 창출할 수도 있어야 함을 의미한다.

시대와 지역과 단체마다 그 나름의 법이 있지만 좀 더 인지가 열린사람은 진리의 흐름을 따라 인간의 삶을 해석할 줄도 안다. 인지가 열렸다고 해서 그곳의 법을 무시하는 게 아니다. 법이 하열하더라도 지켜 줄 수 있는 아량과 마음의 힘이 있어야 하고, 그곳 사람들의 인심의 정도가 진리를 받아들일 정도로 성장할 때 진리의 흐름에 따라 마음껏 열어 펼칠 수 있어야 마음의 자유를 얻었다고 말할 수 있다.

종교에서 계문과 도량상규*를 지키면서 수행 적공하라는 것은 지켜 가는 과정에서 힘이 생기고 성장하기 때문이다. 그 대체를 지켜 가는 과정 속에서 자신을 어거할 뿐 아니라 인격도 성숙해진다. 이러한 수행이 세속에 찌든 분별과 주착하는 마음의 때를 벗기고 되는 대로 길들여진 행동을 존절하게 길들이는 것이라면, 이와는 달리 마음의 근본에서부터 발현시켜 가는 수행도 있다. 이는 성품의 근본 이치에 따라 발현시켜서 활달하게 펼쳐갈 수 있도록 함으로써 마음의 자유에 다가서게 한다.

마음의 자유를 얻는 데는 성품을 회복하거나 발현시켜서 살아가는 것만큼 확실하고 힘 있는 것도 찾기 힘들다.

마음의 자유를 얻기까지는 성품의 발현에서부터 통찰을 넘어선 지혜, 삶의 깊은 이해와 포용, 의식의 넓은 폭, 은혜 창출, 예술적 승화, 넓고 고준한 인식영계의 세계, 결정보**, 임의 자재 등이 하나의 삶으로 이어져야 한다. 이 모두를 간결하게 내포한 것이 삼학 수행으로 나타난 안정감, 통찰력, 정성심이고, 사은 보은을 통한 포용력과 은혜 창출이다. 이는 영적 성숙의 잣대이기도 하다.

---

*도량상규道場常規 : 수행자들이 함께 수행하며 법을 나누는 장소에서 함께 배려하고 지켜 갈 최소한의 규칙.

**결정보決定報 : 영적 성장을 위해서 스스로가 업을 설정해서 살아가는 것.

사람으로서 마음의 자유를 얻어 가는 것이 영혼만으로 존재하여 자유자재하는 것보다 훨씬 힘이 있다. 수영을 즐기기 위해서는 갑옷보다 가벼운 수영복이 낫지만 운동의 강도를 높이기 위해서는 수영복보다 갑옷이 나을 수 있다. 이처럼 영혼이 사람의 몸을 이끌고 인간 세상에서 살아가는 것은 갑옷을 입고 수영하는 것처럼 어렵고 척박하지만 영혼을 단련하는 데에는 더없이 좋다. 사람의 몸으로 세상과 어울려 사는 것이 영혼만으로 존재하는 것에 비할 바가 아니다.

> "참다운 선을 닦고자 할진대 먼저 마땅히 진공眞空으로 체를 삼고 묘유妙有로 용을 삼아······."

진공으로 체를 삼고 묘유로 용을 삼아

무시선의 모습은 텅 비어 고요함으로 본체를 삼고 오묘하게 나타나는 것으로 활용을 삼는다. 이것은 진리를 품은 모습이자 각자 자신의 근원을 일깨워 살아가는 모습이다.

삶을 있는 그대로 보기

인간은 사회의 한 구성체로서 맡은 바 일이 있다. 자신이 원해서 하는 사람도 있으나 대부분은 먹고살려다 보니 어쩔 수 없이 한다. 그 외에는 주위에서 권하거나 남의 이목에 이끌려서 하기도 하지만 체면에 의해서 아무것도 못하는 사람도 있다.

진리는 각자에게 재능을 주었다. 그 재능은 살아가면서 찾게 되는데 그 찾는 과정에서 재능을 발휘할 수 있는 힘이 생긴다. 사회 속에서 일할 때 보면 일을 주도하는 사람과 돕는 역할을 하는 사람으로 크게 나뉜다. 이 두 부류의 사람은 진리적으로나 더불어 살아가는 데 모두 중요한 역할을 하고 있다. 그런데 이것을 모르면 경쟁과 멸시 그리고 열등감과 소외로 이어져 사회 자체가 활력을 잃는다.

세상의 모든 일은 이 세상을 살아가는 사람들 가운데 누군가는 해야 한다. 하다못해 사회적 활력을 위해 누군가가 필요악의 역할을 맡는 경우도 있다. 욕심이나 심통으로 그럴 수 있지만 어쩔 수 없는 상황에 빠져들거나 자기도 모르게 하게 되는 상황도 없지 않다. 범죄가 사회를 긴장하게 만듦으로써 깨어 있게 하는 작용처럼 사람에게 적당한 스트레스가 건강을 유지하는 데 도움이 된다. 그렇다고 범죄가 바람직하다는 것은 아니다.

자신의 삶이 허술하면 주위 사람이나 삶의 경계가 자신에게 자극을 주어 일깨우지만, 이런 긴장은 자신의 의지와 상관없이 상황에 이끌려서 이루어지는 것이라 달갑지 않다. 의식이 깨어 있는 사람이라면 경계가 올 것을 대비하는 마음으로 자신을 일깨워서 대처하기도 하지만 상황을 자신이 생각하는 방향으로 이끌어 간다. 이처럼 사회도 스스로 깨어날 수 있는 의식이 있다면 범죄의 역할은 그만큼 줄어든다.

세상은 참으로 오묘한 시스템으로 짜여 있어서 자신이 준비하든 자연적 관계 속에서 삶을 유지하든 어느 정도의 삶은 유지하게 만든다.

자신의 역할을 아는 것이 지혜이고 해낼 수 있는 것이 의지력이다. 뭔가 할 때 어쩔 수 없이 하기보다는 삶의 균형 속에서 자신의 재능을 고려하여 일을 선택하여 즐기는 삶이 필요하다. 삶을 즐기되 동물의 범주를 벗어나 영적으로 깨어 있어야 한다. 성실한 삶이라도 영혼의 울림이 없다면 괜찮은 동물에 지나지 않는다. 성실했던 삶이 사람이라는 동물로 이바지한 삶이자 세상의 머슴 역할에 그친 삶에 불과하다는 것을 자각한 사람은 진리에 관심을 가질 수밖에 없다.

진리의 근원과 마음의 근원은 모두 텅 비었다. 사람도 진리의 한 단면에 지나지 않다. 그러나 사람들 대부분이 이 빈 마음을 근원해서 살지 못한다. 관념과 욕심, 오랜 세월 길들여진 습관에 따라 살아갈 뿐이다.

사람을 볼 때도 있는 그대로 보는 것이 아니라 집적된 자료에 의한 관념덩어리로 투영하여 본다. 여기에 시기 질투마저 섞여 범벅이 되면 누군가가 새롭게 달라졌어도 상관없고 잘해도 상관없이 관념대로 본다. 여러 명이 이런 마음으로 얼키설키 오가며 주고받는다면 자신이 아무리 잘한다 할지라도 어찌할 수 없는 혼돈 속에 빠져들고 만다.

그러나 진리적인 삶에 충실한 시각으로 세상을 바라보면 다양하고 굴곡 있는 삶의 모습들이 역동적이면서도 균형과 조화를 이루는 자연스런 모습으로 다가온다. 한 치 앞도 보이지 않거나 힘든 일상도 그대로가 너그럽게 보일 정도로 마음이 여유로워진다. 이처럼 진리적인 안목은 폭넓은 시각과 이해로 세상과 자신을 바라보게 할 뿐 아니라 수행의 큰 토대가 된다.

진리적 존재로서의 삶

인간이 사회적으로 아무리 잘산다고 하여도 동물적 범주를 벗어날 수는 없으며 단지 종족 번식을 위한 동물적 행위에 지나지 않는다. 삶에 필요할 뿐 아니라 아주 강한 에너지를 지닌 생명, 성, 사랑 등이 모두 종족 번식을 위한 기본 요소들이기 때문이다. 사람들 대부분은 이 에너지에 이끌려서 살아간다.

그런데 동물적 삶을 넘어서서 영적인 가치관으로 살아가는 사람들이 있다. 영적인 삶을 사는 사람들에게는 관념, 시기, 질투, 기득권, 몸사림, 모사 등이 필요 없다. 이 모든 것이 자기의 영적 성장에 그다지 도움이 되지 못한다는 것을 안다. 설사 기득권을 쥐고 있을지라도 마찬가지이다. 동물들의 아귀다툼에서 밥그릇 하나 더 차지한 것처럼 보잘것없게 느낀다.

사람은 동물이기도 하지만 영적 가치관으로 살아가는 존재이기도 하다. 사람은 먹고살기에 급급한 면이 있으나 영성을 계발하면 한 동물로서의 삶에서 벗어나 영계나 인간계를 아울러 조망하고 진리적인 존재로 살아가기도 한다.

진리적 존재로서의 삶을 살아가는 시작점이 바로 비움, 즉 진공이다. 진공은 비움에서 나타날 수 있는 멍함을 경계한 말로 마음을 비우되 상쾌하게 깨어 있는 상태를 일컫는다. 이 상태에서는 마음의 에너지가 생생약동한다. 이 약동하는 마음을 사람들은 열정이라 부르는데 이 열정이 아우른 비움에는 멍함이 없다.

　마음을 비운 사람들의 기운은 평온하다. 이 평온함으로 내 마음이 비워졌는지 거꾸로 알기도 한다. 마음의 근본을 알아차리기보다는 마음 근본에서 나타나는 기운을 느끼는 것이 알아차리기에 더 쉽다.

비움의 오묘한 발현

　마음을 놓으면 흔적조차 없는데 마음가짐 하나로 세상을 움직이기도 한다. 이처럼 빈 마음에 오묘하게 나타나는 것이 묘유이다. 사람의 마음뿐 아니라 우주와 만물의 근원을 살펴보아도 그 묘유는 다르지 않다.

　물질의 근원을 파헤쳐 들어가면 그 성질과 요소마저 없는데 그곳에서 만물의 모습이 잉태되어 나타난다. 오묘하게 펼쳐진 묘유의 세계는 다양하지만 각각의 구성체로 조화를 이루고 있다. 동물들을 보아도 각각의 특성을 지니며 서로 조화롭게 어우러진다. 먹이사슬의 관계로 개체 수가 조절되며 균형이 맞춰지기까지 하면서 말이다.

　식물의 세계도 다르지 않다. 동물이 약육강식으로 먹고 먹히는 관계라면 식물은 성장과 도태의 형태를 띤다. 동물과 식물의 세계를 넘어서 우주의 이치마저 이러하지만 우리의 마음도 이처럼 한 세상을 이루고 있다.

　진공묘유, 즉 빈 마음에서 오묘하게 발현되는 첫 경로는 그대로 인식함이다. 빈 마음이란 꿈도 없이 깊이 잠을 자고 나서 심신이 개운할 때의 마음 정도로 생각하면 이해하기 쉽다. 잠자고 일어나서 사물을 처음 보면 사물을 그대로 인식하게 된다. 벽, 천장, 창문, 시계 등이 눈에 들어와도 구분되기 이전에 하나의 현상이 한 덩어리처럼 보인다. 그러다 하나씩 구분되기 시작하는데 구분된다는 것은 내 마음에 분별을 짓는 습관이 자리하고 있음을 의미한다.

이러한 인식의 과정이 지나면 이름을 지어 구분함으로써 원활한 소통을 해 간다. 이름은 구분을 짓기 위한 방법일 뿐 진실 여부와는 무관하다. 이름은 그저 구분을 위한 약속일 뿐인데 진실 여부로 치달을 때는 안타깝다.

도화지에 작은 동그라미 두 개가 있는데 다른 사람에게 설명하려다 보니 색에 대한 약속이 필요해서 하나는 하얀색 또 하나는 검은색이라고 이름 지었다. 사실 이름이란 그 단체나 지역에서 통용하는 약속에 지나지 않는다. 만약 같은 언어권이라 하여도 한 지역에서는 물의 빛깔을 검은색이라 하고 또 다른 곳에서는 하얀색이라 할 수 있다.

어느 날, 각기 다른 지역 사람이 모인 자리에서 하얀색 동그라미와 검은색 동그라미를 가리키며 어떤 색이 물의 본질적인 색이냐고 묻자, 한 사람은 검은색을 또 다른 사람은 하얀색을 가리키며 서로 자기가 옳다고 주장한다. 서로가 주장을 굽히지 않게 되자 급기야 다툼으로 번졌다.

하얀색이라고 한 사람은 두메산골의 냇가가 있는 곳에 사는데 늘 보던 물이 돌에 부서지며 하얗게 물보라가 일어나기 때문에 하얀색이라고 한 것이고, 또 다른 사람은 바닷가에 사는데 바다 밑 깊은 곳에 들어가 보면 검게 보여 물의 근원은 검은색이라고 했다.

그렇다면 누가 옳은 것인가? 문화적 관점이 서로 다른 데에서 생긴 충돌이라 누구의 잘못도 아니다.

이름은 구분을 짓기 위한 약속에 불과하기에 서로의 의견을 모아 언제든지 바꿀 수 있다. 고정관념에 사로잡혀서 한 가지만을 고집해서도 안 되고 이름이라는 약속을 진실의 잣대로 삼아서도 안 된다.

잠자고 일어나 주변 사물을 인식하고 이름 지어 구분하다 보면 선호 하는 게 생긴다. 물건, 삶의 양식, 가치관 등 선호하는 것에 더 많은 시간을 생각하고 함께하며 생활에 적용하게 되는데 이것이 선택이다. 선택에 의한 생활이 반복되면서 습관을 형성한다. 선택은 인생의 방향을 정하는 만큼 굉장히 중요하다.

인생에 있어서 크고 작은 선택을 해야만 하는 과정은 끊임없으나 가장 중요한 선택은 물질적 가치를 중시하느냐 정신적 가치를 중시하느냐에 따라 갈린다. 삶의 질이 크게 달라지기 때문이다.

인간 자체가 동물적이기도 하지만 영적이기도 하다. 동물적 가치에 기반을 두면 동물적인 삶을 넘어설 수 없다. 동물로서의 사람은 생명에 따른 목숨, 종족 번식에 따른 성, 새끼를 키우는 데 필요한 애정, 후손에 물려 줄 삶의 환경 조성의 범주를 넘어서기가 여간 어려운 게 아니다.

반면 정신적 가치로서의 삶은 인생을 사는 것 자체가 영적 성장에 필요한 정서와 지혜 그리고 실현의 힘과 포용심에 초점을 맞춘다. 설사 먹고사는 데 치열함이 있다 하더라도 그 중심엔 언제나 영적인 가치가 우선한다.

삶의 의미가 영적 성장에 있어도 그 기본 마음은 항상 진공이 기본 바탕이고 묘유가 삶의 활용이다. 그러나 삶에서는 급하게 선택하고 집중해야 할 일이 많다. 기본 위에 활용으로 이어지는 게 발현되는 경로이나 때로는 활용을 중심으로 기본을 채워 가야 할 때도 있다. 기본 위에 활용은 일이 없을 때의 표준이고 활용을 중심으로 기본을 채워 가는 것은 일이 있을 때의 표준이 된다.

진정한 수행자라면 삶에서 진리를 품고 영적으로 성장하며 행복하기를 원한다. 이 가운데 영적 성장의 과정 그 자체를 행복하게 느끼고 누릴 수 있는 사람은 삶의 행복지수가 질적으로 아주 높다. 이런 사람은 어려움 속에서도 삶의 묘미와 영적 성장의 계기를 찾아서 행복으로 가꿔 간다. 그 행복은 진공과 묘유가 조화 된 삶에서 온다.

겨울 어느 날 한 제자가 스승을 찾아갔다. 때마침 스승은 뜰을 거닐고 있었다. "스승님 저 왔습니다." 하고 인사를 하니, "너 요즘 행복하냐?" "아니요. 살기 어렵습니다. 마음을 비우니 멍청해지는 것 같고 반대로 잘살기 위해 열심히 노력하며 다른 사람들과의 경쟁에서도 이기려니까 영악해지는 것 같습니다. 어떻게 살아야 할지 모르겠습니다." 스승은 그 말에 대꾸는 않고 "너 오늘 가냐?" "아니요, 하룻밤 묵고 가려고요." "그럼 저길에 쌓인 눈이 보이지?" "네!" "저기 창고에 있는 넉가래와 빗자루로 눈좀 치우고 와라." 제자는 눈을 넉가래로 밀어서 사람들이 다닐 수 있도록 길을 내고는 빗자루로 쓸었다.

스승께 눈을 다 치웠다고 아뢰자 스승은 제자가 눈 치운 길을 향해 걸어갔다. "잘 치웠다. 어떤 마음으로 치웠냐?" "이 길을 걷는 사람들이 불편함을 느끼지 않도록 해야겠다는 마음으로 치웠습니다.""눈을 치울 때 행복했나?""눈을 치우는 데만 마음이 있어서 행복을 돌아볼 수 없었습니다.""눈을 치울 때 너도 없었구나. 그래도 너는 눈 치울 때 세상의 반을 가질 수 있었다. 이제 숙소에 가 보거라." 제자는 스승의 말이 무슨 뜻인지 몰라 다시 여쭙고 싶었지만 가 보라는 말에 돌아설 수밖에 없었다.

아침 식사 시간, 제자가 스승 곁에 앉아서 물었다. "스승님! 세상의 전부를 가질 수 있는 방법에는 어떤 것이 있나요?""세상 전부를 가지고 싶나?""네.""그럼 세상을 전부 잃는다." 어제는 세상의 반을 가질 수 있다고 해서 오늘은 세상 전부를 가지고 싶다고 하는데 오히려 세상을 전부 잃는다고 한다. 도무지 이해가 되지 않아 몹시 궁금했다.

집에 돌아와서도 스승의 그 말이 이해가 되지 않아 마음 한 켠이 막힌 듯 답답했다. 그러던 어느 날 초등학생 딸이 학교에 가기 싫다고 한다. 그 이유를 물으니 왜 사는지 모르겠단다. 어이가 없었다. 세상을 뭘 안다고⋯⋯. 입가에 미소를 머금고 딸에게 왜 그런 생각을 하게 됐냐고 물었다. "해야 될 것 열심히 하고 엄마 말도 잘 듣잖아요. 그런데 이게 잘사는 거예요?"라며 딸이 볼멘소리를 한다. 대답이 궁해 "그럼 잘사는 거지."라고 했지만 딸은 입을 삐죽대며 현관문을 나섰다. 제자 자신도 더욱 궁금해져서 주말에 스승을 찾아보기로 마음먹었다. 이윽고 주말이 되자 길을 나섰다.

스승을 뵙고 큰절로 인사를 드리고 앉았다. "스승님! 딸아이가 요즘 삶에 회의가 드나 봐요. 열심히 사는 게 잘사는 거냐고 물어요." "그래서 뭐라고 했어?" "잘사는 거라고 했어요." "자네다운 답이네. 하지만 딸이 법기法器야 세상을 전부 가지겠어!" "전에 말씀하신 것도 그렇고 잘 모르겠습니다."

"자네 왜 사나?" "영혼을 진급시키려고 산다지만 마음 깊은 곳에서는 식구들이 심신 간 어려움 없이 잘 먹고 잘 살았으면 좋겠어요." "자넨 부모님 열반하시면 천도재薦度齋* 지내드릴 건가?" "네, 그래야지요." "뭐라고 축원할 건데?" "내생에 사람 몸 받아 정법회상에서 진리공부와 진리의 삶을 사시라고요." "효자다. 그런데 딸에게는 훌륭한 아빠가 아니야! 딸에게 학업 못지않게 진리공부와 진리의 삶에 대해 이야기한 적 있나?" "아니요." "왜 그렇게 하지 못했지?" "딸이 이해하지 못할 것 같기도 하지만 크면 알아서 할 것 같아서요."

"학업보다 중요한 게 진리야! 집에서 진리에 대한 이야기를 편하게 나누다 보면 아이는 머리로 이해하는 게 아니라 온몸으로 받아들인다네. 그리고 궁금하면 질문도 하지. 그럼 아이에 맞는 진리의 언어가 나오지 않겠나? 밝은 시대라 요즘 아이들은 알아듣는 속도가 빨라." "왜 딸은 세상을 전부 가질 수 있다고 하셨어요?" "딸은 자네를 닮아서 착하고 성실해. 그리고 다른 사람을 배려하는 마음도 지녔어. 그러니 이미 세상의 반을 가졌어. 그런데 삶의 의미마저 물어 왔어. 이것을 알면 세상을 다 가질 수 있거든." "아! 나머지 반도 다 갖는다는 거군요?"

---

*천도재 : 사람이 죽으면 영혼이 갈 길을 못가고 49일 정도 허공에 머무는데 이때 세상에 대한 착심을 놓고 진리 공부를 할 수 있는 곳으로 가라고 일주일에 한 번씩 7주간 기원하는 의식.

"아냐! 그것은 아니지." "반을 가질 수 있는 사람은 항상 반만 가질 수 있어." "진리는 온통 삼켜야 하는 것이지 반을 갖고 나머지 반을 가질 수는 없어. 진리는 물질의 개념이 아니기 때문이지." "그럼 성실하게 사는 것이 왜 세상의 반만 가지는 것인가요?"

"그것은 인간이 동물의 세계를 가진 것이라 그래. 영성의 삶을 가지면 다 가지게 되는데 아직 가지지 못했어. 그런데 자네 딸은 영성의 삶에 질문을 던졌지. 마음속에서 진리의 싹이 움트고 있어." "이때 영성의 삶은 어떤 것인가요?" "그건 자네가 생각해 보게. 그리고 다음에 그 답을 들려주게나."

제자는 이제 뭔가 생각이 구체적일 수 있어서 고민이 한층 얇아진 느낌이 들었다. 의문은 처음으로 돌아가 영성의 삶을 알면 비움에 따른 멍청함과 열심히 살다 보면 생겨날 수 있는 영악함에서도 벗어날 수도 있다는 뜻으로 받아들였다. 그러니 의문을 해결할 수 있는 열쇠는 영성의 삶이 무엇인지 알아내는 것이라 생각했다. 그런데 다시 일상으로 돌아와 생활하다 보니 영성의 삶을 알아내려는 생각조차 잊고 살았다.

그러던 어느 날 강원도에 출장 갈 일이 있었다. 마침 친구가 있는 곳이기도 하고 이모가 있는 곳이라 이모 댁에서 친구와 만나다가 그곳에서 하룻밤 자고 오겠다는 계획을 세웠다.

지역 공무원인 친구가 일 때문에 늦는다고 하여 그동안 딱히 할 것도 없어서 냇가에 가서 물고기나 잡을까 싶었다. 이모께 밤에 물고기 잡는 데에 필요한 도구를 모두 받았는데 다만 건전지가 달아서 쓸 수 없게 된 손전등 대신 둘레에 바람막이가 있는 호롱불을 받게 되었다. 한 손엔 호롱불을 또 다른 손에는 족대와 지렛대가 담긴 양동이를 들고 고기잡이에 나섰다.

긴 막대 끝에 달린 호롱불이라 조금만 방심하면 엎지를 수 있어 조심히 살펴서 걸어야 했다. 냇가로 향하는데 잡초 섞인 울퉁불퉁한 길이라 조심스럽게 발걸음을 내디뎠다. 냇가에 다다른 곳에는 크고 작은 돌이 널려 있다. 흔들리고 미끄러운 돌을 피해 조심히 디디면서도 호롱불을 엎지르지 않도록 중심을 잘 잡아야만 했다.

드디어 도착하여 약간 높은 바위 위에 호롱불을 놓았다. 이제는 돌 밑에서 잠자는 물고기를 잡으려고 족대를 한 곳에 대고 돌을 지렛대로 움직이니 놀란 물고기가 족대로 들어갔다. 이렇게 잡은 물고기의 양이 탕을 끓일 정도가 되자 되돌아가기로 마음먹었다.

그런데 돌아오는 도중, 흔들리는 돌을 밟아 미끄러지는 바람에 균형을 잃고 넘어졌다. 호롱불에 담긴 기름이 쏟아지며 불도 꺼져 버렸다. 순간 갈 일을 생각하니 발목에 상처가 난 것 같은데 걸을 만해서 상처쯤은 괘념치 않았다. 다행히 상현달이 구름 사이로 간간이 나와 주위를 비춰 주어 길을 찾아 걸을 수 있었다. 간신히 이모 댁에 도착하여 잡아온 물고기를 이모에게 내밀며 매운탕을 끓여 달라고 했다. 불에 올린 매운탕이 끓기 시작하자 친구가 왔다.

식사와 함께 소주를 곁들여 마시며 친구와 이런저런 이야기를 나누기 시작했다. 이야기의 소재는 주로 신변잡기에 가까운 것들이었다. 친구와 오랜만에 만나 이야기를 나누어도 무언가 허전한 마음이 들었다. 공감되지 않는 이야기로 시간이 흐르고 있었다. 밤늦게 친구는 돌아가고 다음날 아침 집으로 출발했다.

차의 시동을 거는데 어제 다친 발이 쓰라렸다. 그 순간 문득 머리를 스치는 생각이 있었다. '아, 그거다!' 제자는 기뻐서 어쩔 줄 몰랐다. 세상을 모두 얻은 듯한 기분이었다. 그리고 자기도 모르게 "스승님 감사합니다." 하며 실실 웃었다. 자꾸만 웃음이 났다. 집에 도착해서도 아내에게 실실 웃으며 잘 있었냐고 하니 아내가 무슨 좋은 일이 있었냐고 물었다. "응, 세상을 낚았어."

제자는 이후부터 혼잣말로 "그래, 마음에 호롱불을 켜야지!"라고 하거나 "그래, 세상의 울퉁불퉁한 돌을 살피고 느끼며 걷는 거야!"라며 즐거운 웃음을 머금게 되었다.

제자는 주말이 다가오기만 기다렸다. '얼른 가서 스승님을 뵈면 좋겠다.'는 일념뿐이었다. 내일이면 토요일! 이제 곧 스승을 볼 수 있다는 생각에 밤잠을 설쳤지만 그래도 기분은 좋았다.

스승이 거처하는 곳에 이르니 스승은 뜰 앞의 나무 주변을 손보고 있었다. "스승님, 안녕하셨어요?" 스승은 말없이 한참을 지그시 바라보더니 "네가 세상을 얻었구나!" 하며 싱긋 웃어 보였다. 그리고는 "제대로 얻었는지 모르지……." 하며 하던 일을 계속했다. 제자는 스승 곁을 떠나지 않고 "스승님! 비움으로 깨어, 온 마음으로 살아가면 되겠습니까?" 제자의 눈을 다시 쳐다보며 "음, 그렇지."라고 웃음 짓는다. 제자는 아주 편안하고 맑은 기운이 온몸을 감싸 안는 느낌이었다. 시골에서 서울로 가며 느끼던 스스로의 마음 기운은 이 기운에 비하면 아주 작은 호롱불에 지나지 않았다. 스승의 거대하고 상서로운 기운이 강렬하게 다가오는데 황홀한 지경이었다.

스승은 한참 있다가 "그 마음이 익어 영글면 그 안에서 또 하나가 나오지. 그러면 진리를 얻어! 한번 해 보게."라고 일러 주었다. 나직한 목소리로 "네!"라 대답하고 잠시 생각에 잠겼다. 언젠가 수행마저 경지에 이른 학자가 "스승님은 마음을 낳아 주기도 합니다."라고 했던 말이 떠올랐다. 머리가 아닌 온몸으로 느껴야만 알 것 같았다.

하얀 눈을 쓸 때 열심히 쓴다는 것은 주어진 삶을 성실하게 살 수 있다는 의미가 있다. 그러나 열심히 하는 것에 그치면 시대의 머슴밖에 되지 못한다. 마음속에 진리를 품어야 세상 전부를 얻고 그 마음에서 근본에 깨어 나타나는 삶이어야 진리로 싱그럽게 존재할 수 있다. 제자는 그 호롱불이 자기의 본래 마음이자 진공이었고 울퉁불퉁한 돌을 살피며 걷는 것이 삶이자 묘유였다. 본래 마음에 깨어 있으면서 세상을 온 마음으로 살아가는 것, 그것이 진공으로 체를 삼고 묘유로 용을 삼는 것이었다.

언제 어디서나 비움을 바탕 삼아 온 마음으로 하는 것

비움으로 깨어 있을 때 자신이 영혼으로서 숨을 쉰다. 살기 위해서도 아니고, 다른 사람으로부터의 나도 아닌, 온전한 나의 마음으로 살아갈 수 있다. 마음을 비우면 세상과 나와 일이 함께 존재하지만 그렇지 않으면 기껏해야 일을 잘하는 정도에 그친다. 일을 잘하면 굶지는 않겠지만 동물 수준에서 벗어나지 못한 삶에 지나지 않는다.

이 정도는 알고 있다 해도 마음 깊은 곳에서는 여전히 재색명리를 떠나지 못한다. 또한 마음을 비우면 멍청해질 것 같아서 제대로 비우려는 노력을 하지 않는 경우도 있다. 귀로 들어서 아는 정도이기에 그렇다. 하지만 살아있는 사람에게는 기본적으로 열정이 있다. 수행하며 이 열정마저 비우는 오류를 범하지 않는다면 이 열정은 언젠가 비움의 통로를 따라 저항이나 왜곡 없이 그 경계마다 지닌 특성에 투영되어 다양하고 균형 있게 각각의 존재로 발현된다. 이 발현됨을 은혜라고도 부른다. 끝까지 수행 줄을 놓지만 않는다면 열정이 그 줄을 따라 솟아오른다.

비움으로 존재함은 진리와 더불어 존재함을 의미한다. 진리의 근본으로 존재할 뿐 아니라 진리의 나타난 모습들과도 어울려 존재함으로써 온전하다. 하지만 진리와의 호흡만으로 창의적인 리듬을 탈 수는 없다. 비움에서 발현되는 숨결 따라 마음을 드리울 수 있어야 한다. 비움으로부터 발현시킬 수 있다고 하여도 세상에서 살아가며 비움을 이어 가는 것을 처음부터 잘하기는 어렵다. 시간의 제약을 받지 않는 상황이라면 어느 정도 가능하겠지만 촉박한 일에서는 일에 대한 목적을 먼저 생각하는 게 좋다.

바쁜 일을 해 내느라 집안 정리가 제대로 되어 있지 못한데 갑자기 귀한 손님이 온다고 한다. 있는 그대로의 모습을 보여 주는 것도 좋지만 손님을 배려하는 차원에서 청소하는 것을 대부분의 사람들은 예의쯤으로 여긴다.

이때 손님이 도착하기까지 청소할 수 있는 규모와 수준을 먼저 정하고 자신이 청소할 수 있는 속도도 대략 계산해 둔다. 이때 몸은 일의 상황에 따라 순서 있게 기민하고 정확히 움직이되 마음 평온함을 놓치지 않도록 한다. 일을 전개하는 과정에서도 계획에 따른 순서와 상황 전개에 깨어 있어서 혹 놓치는 것은 없는지 검토하며 이루어 간다. 즉 일을 우선으로 하되 마음가짐을 놓쳐서는 안 된다.

일이 복잡하지 않으면 그 하나의 일에 몰입하는 것이 좋다. 조금 복잡한 정도라면 일의 익숙함에 따라 본능적인 반응으로 할 수 있는 정도에서 또한 몰입이 가능하다. 하지만 변화가 다양하고 위험한 일이라면 그 일에 긴장을 놓지 않고 의식을 열어 오롯한 마음으로 임해야 한다. 그런데 대부분 그 일에 몰입하는 것으로 무시선의 표준을 삼는 경우가 많다. 그 일에 몰입함으로써 그 일만이 존재할 뿐 내가 사라졌다는 것이다. 물론 몰입하여 내가 없다는 것은 삼매에 이른 선의 경지이니만큼 좋을 수도 있다.

하지만 이것이 선의 바람직한 모습은 아니다. 선의 표준을 이렇게 잡으면 그 일을 열심히 함으로써 다른 일이 생각나지 않을 정도로 하는 것이 선의 일반화가 된다. 이것이 지나치면 어떤 한 일에만 무섭게 매달린다. 시간만 나면 일하는 것은 어느 정도 괜찮지만 몸을 혹사하다시피 일하며 자신을 잊는다고 하는데 이 또한 선이 될 수 없다. 이것은 자신에 대한 폭력이다. 이런 사람이 있으면 단체나 회사가 발전하는 면이 있지만 미화할 일은 아니다. 회사를 발전시킬 수는 있어도 개인적으로는 자신을 피폐시키는 행위가 되기 때문이다.

이렇게 일함으로써 형성된 성격은 폭력적일 뿐 아니라 단체의 중심에 있을 때는 자기의 방식을 남에게도 요구하는 등 자신과 남을 모두 힘든 상황으로 만들 수 있다.

골프의 황제라 불리었던 세계적인 선수가 있었다. 골프공을 칠 때면 공만 있을 뿐 자신이 사라진다고 한다. 골프하는 데 몰입하여 자신이 사라지니 긴장 없이 그동안 연습했던 것보다도 더 좋은 효과를 낼 수 있다. 어느 스포츠 선수라도 최고의 경기를 할 때는 이런 마음이 된다. 그런데 그 선수가 부적절한 남녀 관계로 스캔들을 일으키고 세상의 웃음거리가 되었다. 골프에서는 황제라고 하지만 한 인간으로서는 내면에 공허함을 채울 수 없었기에 개인적 고뇌가 일탈로 이어진 것이다. 많은 사람들이 그 선수처럼 자신의 꿈을 이미 이루고 나면 이와 비슷한 일이 많이 일어나게 된다. 영혼의 힘이 없는 사람에게는 아직도 꿈을 좇아가는 것이 오히려 다행일 수 있다.

골프 경기는 잘할 수 있었지만 그 골프에 인생을 담지 못한 아쉬움이 표출된 한 사례이다. 그가 골프에 인생을 담았더라면 골프에 자신을 가두다가 일탈로 폭발하는 어처구니없는 일이 생기지 않았으리라 여긴다.

무시선이란 무슨 일을 하든지 언제 어디서나 비움으로 바탕을 삼아서 온 마음으로 하는 것을 의미한다. 골프를 할 때 비움으로 깨어 있었더라면 골프뿐 아니라 삶을 품을 수 있었다.

골프에 국한되어 골프공을 잘 칠 수 있다면 빼어난 선수는 될지언정 훌륭한 인간이 되기는 어렵다. 골프란 것도 삶의 한 단면이다. 선수로서만 존재할 것이 아니라 골프장의 환경과 진행자 그리고 캐디와 관중까지도 마음속에 품는 연습을 하면 좀 더 원숙한 인성을 지니게 된다.

마음을 비우면 최소한 내 관심의 범위 안에 삶이 들어와 조화를 이루려는 마음을 가지게 된다. 더불어 원숙한 인격의 소유자가 옆에 있다면 골프에 담긴 삶의 단면을 배울 수도 있다. 물론 고뇌의 시간도 필요하다. 그 골프 선수가 이런 일련의 과정을 겪으며 성장했다면 그런 터무니없는 일로 마음고생을 하지 않았을 텐데 말이다.

그가 안타깝고 측은해 보였다. 골프에 천재적인 재능을 지니다 보니 칭찬으로 삶이 가려져 하나만 보고 살아온 듯 느껴졌기 때문이다. 한 남자로서의 내면에서 꿈틀거리는 수많은 것들에 대해 무엇을 배우고 알아 가며 인생을 연습해 봤겠는가 싶었다. 나이 많은 아이처럼 여겨졌다. 젊어서 하나만을 쫓아 한 방면에만 매진하다 삶의 저변을 놓친 운동선수와 예술인 그리고 제도라는 테두리 속에서 살아가는 종교가에서도 이런 모습은 어렵지 않게 눈에 뜨인다.

한 원불교 수행자의 이야기이다. 그는 수행 초기에는 단전에만 마음을 두는 방법으로 좌선을 하였다. 자주 드는 것은 아니지만 한번 정에 들면 깊이 들었다.

어려서부터 수학, 미술, 운동 등에 재능의 여부를 떠나 즐기다 보니 집중력이 좋다. 그 바탕에 망념마저 별로 없어서 그런지 단전에 마음만 두어도 선정에 드는 것이 그리 어렵지 않았다. 하지만 정서적인 면에서 보면 마음에 힘은 있지만 편안하고 고요한 편이 아니었다. 마음의 힘으로 정서적인 중심을 이루고 있는 것이 늠름해 보였지만 가까이 하기에는 부담감이 느껴질 정도였다.

마음에 힘이 있으면 웬만한 경계에는 그리 끌려다니지 않아서 그런지 자신감이 넘쳤다. 그런 그의 검은 눈동자는 또렷하고 빛이 나는데 매서웠다. 다른 사람이 그의 눈을 제대로 바라보지 못할 정도였다. 그 즈음에 그의 큰 매형이 "수행자의 눈이 왜 그렇게 무섭냐?"고 했다. 그는 그 말을 자신을 돌아보는 계기로 삼았다.

그는 누군가를 미워하거나 이겨 먹으려는 마음이 없는데도 그러니 수행의 전반을 되짚어 훑어 내려갈 수밖에 없었다. 수행의 안목이 깊지 않아서 그런지 생각해 보기도 했지만 그리 위험하거나 급한 것도 아니어서 그냥 화두로 남기고 천천히 해결해 가기로 마음먹었다.

그는 아침저녁으로 세수하고는 거울 앞에서 자기 눈을 지켜봤다. 그리고 마음가짐에 따른 변화까지 살폈다. 그러기를 계속하자 일상에서 마음 비움이 되면 선정에 드는 느낌이 예전과 달랐다. 힘은 덜하지만 마음의 바탕이 편안하고 고요해지기 시작하면서 차츰 그 반짝이고 힘이 가득한 눈이 부드러워졌다. 이때부터 주위에서 눈이 무섭다는 말이 없어졌다.

하지만 눈은 여전히 반짝였다. 이제는 되었다 싶었는데 원로 수행자가 지나가듯 내뱉은 이야기가 다시 한 번 가슴에 꽂혔다. "한 번 더 꺾어야 해." 이 말이 수행자에게는 비수와 같이 들렸다. 일반인들이야 이런 맑은 눈과 기운이 좋다고 모여들지만 원로 수행자의 눈에는 익지 않은 모습에 불과했던 것이다.

또 거울을 보며 마음도 함께 살다. 마음 바탕에서 욕심의 미진이 가시고 따뜻한 기운이 솟는 것을 느끼기 시작하였다. 그 눈빛마저 고요해지는 느낌이 들 때쯤 한 도반이 그를 표현했다. "큰 스승의 눈을 가졌네."

좌선할 때 마음을 단전에만 집중하여 선정에 드는 것과 마음 비움을 바탕 삼아서 단전에 머물다 선정에 드는 것에는 차이가 있다. 단전에 집중하여 선정에 드는 것이 힘도 있고 깊이 들 수 있지만 출정에서는 편안하지 않다. 젊어서는 단전에 집중하는 것으로 선정에 들어 진리 세계를 웬만큼 구경하고, 조금 더 연륜이 쌓이면 비움에 의한 선정에 드는 것을 권하고 싶다. 이렇게 되기까지 비움으로 존재하는 연습_{단전}을 먼저 할 수 있으면 좋다._{주선}

깨어 있는 비움

수행 초기의 젊은 시기에는 마음 비움을 위해 좌선 중이든 일상이든 그리 중요치 않은 것에서부터 마음과 기운을 놓아 간다. 생각과 느낌이 오르면 알아차림만으로도 웬만한 잡념은 이미 놓아졌기에 놓는 것은 그리 어렵지 않다. 쉽게 놓아지지 않는 것은 삶에서 내가 그것을 얼마만큼 비중 있게 생각 하느냐에 따라 차이가 난다. 그 시기에는 이 성에 대한 호기심이 많을 때지만 결혼도 잠시 판단을 보류하고 비워 내면 비움에도 힘이 있다. 이렇게 하면 마음은 편안하여 좋지만 생각이 둔 해지는 느낌을 받기도 한다. 순간의 판단이나 아이디어를 얻는 데에는 둔하지만 긴 호흡으로 세상을 바라보는 것이나 중요한 판단을 할 때 그 핵심을 짚어가는 데에는 오히려 적실하다.

마음 비움으로 쉴 때 맑은 하늘에 구름 몇 개가 둥실둥실 떠다니듯 생각이 스쳐 가는 정도가 좋은 상태이다. 혹 창작 예술을 하는 작곡가나 미술가 그리고 글로써 작품을 쓰는 사람이라면 선하기에 앞서 메모지를 항상 옆에 두는 게 좋다. 마음이 고요한 가운데 아주 좋은 생각이 떠오르기 때문이다. 이때는 제목이나 요약만 뽑아 놓고 잊으면 나중에 그 글만 봐도 모두 생각난다.

그런데 비우면 맑아지는 게 아니라 멍해지는 경우가 있다. 그것은 본질에 깨어 있지 못한 경우이다. 마음 비움이 모든 것을 놓고 쉬는 것만을 의미하는 게 아니다. 깨어 있는 비움을 말한다. 즉 비움으로 존재함이다. 그러기 위해서는 면밀하게 깨어 있어야 하지만 유지하는 것도 중요하므로 마음의 힘도 필요하다. 생각과 감정의 일체를 놓고 비움을 유지할 수 있는 힘 말이다.

이 감각을 잃어버리지 않을 정도로 수행하여 놓으면 힘쓰지 않고도 존재할 수 있지만 그 마음이 머물러 살 수 있을 정도는 되어야 한다. 단전에서 빈 마음으로 산다면 건강에도 좋으니 일거양득이다. 하지만 수행자는 이 정도로 만족하지 못하고 선정에 이르기를 바란다.

단전에서 마음이 전일하여 숙성되면 선정에는 저절로 든다. 단전에서 기운의 핵에 마음을 오롯하게 꿰어 존재하는 코드만 알아내면 선정에 드는 것은 그리 어렵지 않다. 선정의 마음이 다시 일상으로 깨어 있을 수만 있다면 마음의 토대가 되어 비움으로 존재한다. 몇 시간의 선정과도 비견할 수 없을 만큼 존귀한 마음이다. 이렇게 되면 이 마음은 한때의 망념에 흐를지라도 오염되지 않는다.

비움에도 일 없을 때와 있을 때가 다르다.

일 없을 때 비움의 경지는 깊이가 있어야 한다. 하지만 그 기본은 영혼의 휴식이다. 그동안의 삶을 열심히 살았다면 반드시 휴식이 필요하다. 전문가의 견해 없이도 삶에서의 긴장과 이완의 균형이 저절로 될 때 몸과 마음이 건강한 것만 보아도 알 수 있다.

삼동연수원에서는 새벽 좌선을 2시간씩 하는데 일주일에 서너 번은 좌선 말미에 요가를 한다. 주로 눕거나 엎드려서 하는 기본동작으로 온몸을 전후좌우로 움직이나 그 흐름은 반드시 긴장과 이완의 교차를 이룬다. 하고 나면 몸이 개운할 뿐 아니라 감기의 초기 증상은 떨어낼 정도로 효과가 좋다.

영혼의 휴식이 어느 정도 이루어지면 심력을 쌓기 위해 단전 기운에 마음을 전일하게 가져간다. 온갖 생각과 감정을 놓고 단전 기운에서 한 마음이 될수록 마음의 힘은 더욱 더 쌓인다.

마음의 힘 속에는 놓는 마음과 드리우는 마음이 아울러 있다. 전일한 마음으로 하다가 힘에 부치게 되면 마음을 이내 내려놓고 쉬는 것이 낫다. 충분히 쉬면 마음가짐이 필요할 때 다시 전일하게 가져가는 것은 어렵지 않다. 자칫 수행을 한다며 까닭 없이 마음을 전일하게 모으는 데에만 집중하면 모진 마음을 기를 수 있으니 이것은 조심할 일이다.

수행자가 독하다는 이야기를 듣는 것은 의식의 폭이 좁다는 것을 의미한다. 이런 마음의 힘은 선정에 들면서 순화의 실마리가 풀려가지만 당장 되는 게 아니다. 그 이유는 선정에 들어 마음의 심연에 마음과 몸의 기운이 담겨 순화되고 에너지가 샘물처럼 싱그럽게 움튼다 해도, 진리와 삶에 대한 이해와 발현이 아직 서툴기 때문이다. 진리가 내면화된 삶으로 나타나기까지는 마음이 심연에 머무는 것은 물론이고 진리와 삶에 대한 깊은 이해와 폭넓은 마음으로 살아가는 과정의 반복이 필요하다.

일 있을 때는 비움보다 그 일에 마음이 먼저 있어야 한다. 사람이란 살아 있음을 전제로 활동하여야 기본적인 가치와 의미가 있다. 그런데 사람으로 태어나서 별다른 이유 없이 돌과 나무처럼 산다면 삶에 의미가 없다. 삶에는 반드시 목적과 의미가 담겨 있다. 그런데 넋 놓고 마음과 몸의 욕구에 끌려가듯 산다는 것은 목적과 의미를 모르거나 놓쳐서 그렇다. 일이 있을 때는 그 일의 목적과 의미를 먼저 생각하고 목적에 따른 행동 양식으로 의미 있게 움직여 간다.

일 있을 때 마음가짐의 표준은 평상심平常心이다. 평상심은 공평하고 꾸준한 정서와 마음가짐을 뜻하나, 평상심의 첫 덕목은 그리 거창하지 않다. 평소에 지닌 마음을 중요하거나 다급한 일에서도 유지할 수 있나는 것이다.

수많은 운동선수가 이 마음을 지니려고 담력 훈련이나 이미지 훈련, 나아가 명상을 한다. 이 가운데 가장 근원적이고 영향력이 있는 것은 빈 마음이다. 그러나 이 빈 마음을 일상으로 그대로 끌어들여 중요한 일에서도 어떠한 다른 영향을 받지 않으려면 평상시에 집중력 있는 수행이 필요하다.

익숙하지 않은 환경에서 처음으로 접하는 일을 하든, 생명을 위협받게 되든, 혹은 금전적으로나 권력 그리고 명예에 크게 불이익을 가져오는 상황에서 평상심을 갖기란 쉽지 않다. 이런 상황에서 평상심을 유지할 수 있다면 기질적으로나 심성적으로 상당한 수양의 경지에 이른 사람이다.

한국이 어느 정도 살 만하다 보니 경제의 논리가 삶의 중심으로 작용하는 데 이르렀다. 신성해야 할 종교마저도 경제적 논리 앞에서 양심마저 저버리는 일이 비일비재하다. 입장료, 연등, 시주, 십일조, 각종 기도, 천도재 등 종교의 본질적 의미와는 거리가 먼 방편들을 돈을 위해 행하다 보니 종교의 권위가 무너지고 있다. 그 달콤함 때문에 알면서도 근절하지 못하고 있다.

앞으로는 수행이 종교에만 있지 않다. 까닭을 지닌 일반인 속으로 스며들고 있는 추세이다. 세상이 밝아지기 위해서는 수행의 중심이 일반의 삶으로 이동되는 것이 어떤 면에서는 바람직하다. 종교가 무너지는 현상은 오히려 일반 세상으로 수행이 이동하는 데 한몫을 한다. 그것이 가능한 것은 수행의 고급 정보나 수행의 방법을 일반에서도 접하고 공유할 수 있는 기회가 많아지고 있기 때문이다.

꼭 종교 수행자가 아니어도 누구나 선의 마음으로 생활한다면 그가 수행자이고 세상의 중심이다.

지난날에는 스승이란 개념이 다른 사람을 지도할 수 있는 수승한 한 개인이었다면 앞으로는 서로가 스승이 되어 함께 가르치고 배우는 시대로 열려 간다. 앞으로의 세상은 밝은 시대라 정보가 없어 못하지는 않는다. 고급 정보는 아직 전문 수행자에게 있겠지만 조만간 일반에게 전해져 전문 수행자의 반열에 올라선 일반인도 수행 지도자가 되는 쪽으로 변한다.

수행이 일반인에게 공유될 때 영적인 것도 신비를 벗어나 일상이 되고 수행의 정도를 동작 하나에서 알아차릴 정도로 일반화되고 객관화된다.

은혜를 창출할 수 있는 바탕

일 있을 때 비움의 기준은 순수성이고 이 순수성이 수행의 바탕이다. 회의를 해 보면 순수성의 여부가 여실히 드러난다. 회의는 목적에 따른 방법을 도출하고 의지를 다져 가면 된다. 그런데 이미 나온 이야기를 또 한다든지, 아니면 주제와 상관없는 내용을 늘어놓거나 괜한 반대 등으로 존재감을 나타내려는 사람이 있다. 이렇듯 선문답을 하지 않아도 삶에서 지켜보면 그 사람의 공부가 더욱 여실히 드러난다. 목적과 대의 앞에 자신을 비울 수 있는 사람이 실질적인 수행을 하는 사람이다.

교단 초기에 한 정녀貞女* 교무가 사무를 보는데 회계가 정확했다. 그 시기는 교단은 물론 나라 살림 전체가 아주 어려웠다. 개인 생활에 필요한 돈마저 쓰기 어려울 때였지만 그 정녀교무가 살림을 알뜰히 하는 덕에 교단은 큰 어려움 없이 꾸려 갈 수 있었다.

하루는 사무실에 선배 교무가 찾아와서 이웃 아주머니가 아기를 낳았는데 살림살이가 어려워 미역국조차 끓여 먹을 수 없으니 공금이지만 좀 융통해 줄 수 없겠냐고 요청했다. 그런데 그 정녀 교무는 그럴 수는 없다고 딱 잘라 거절했다. 개인 돈이라면 모르지만 공금이라 어쩔 수 없다는 것이 그 이유였다. 공금을 사적으로 쓰는 것을 큰 죄악으로 여겨 크게 경계하는 교단의 분위기라 마음 한번 가짐조차 소스라치게 놀랄 지경이었다. 이웃 아주머니를 돕고 싶었던 교무는 측은한 마음과 공중사公衆事 사이에서 해결의 실마리를 찾을 길이 없어 한숨만 내쉬며 발길을 되돌려야 했다.

그 회계를 담당했던 정녀는 오늘날 큰 법력을 갖춰 대중의 존경을 받지만 "일생에서 가장 마음에 걸리는 것이 무엇입니까?"라는 제자의 질문에 그때 어려움에 처한 산모를 도와주지 못한 것이라고 한다. 그러

---

*정녀 : 결혼을 하지 않고 일생을 신앙과 수행의 삶으로 살아가는 원불교 여성 성직자.

면서 지금 그 같은 일이 있다면 어디에서 돈을 꾸어서라도 도와주겠다고 한다.

우리가 일하는 것은 세상을 은혜롭게 하자는 데 있다. 은혜를 저버리고 그 일만 잘하는 것은 일하는 근본 목적을 잃은 것과 같다.

일 없을 때의 비움은 순수함만으로는 부족하다. 순수함은 표면적 비움에도 미치지 못하기에 깊은 비움이 필요하다. 하지만 일 있을 때 비움의 표준은 순수성만으로도 훌륭하다. 다만 근본 목적을 잃으면 안 된다. 이것을 잃으면 순수할 수는 있어도 멍청함에 그칠 수 있다. 바람직한 것이라면 근본 목적을 잃지 않는 순수성으로 그 일에 온 마음으로 깨어 살고 일을 마쳤을 때는 도로써 되돌아 살펴 고쳐 가는 삶이다. 일이 없으면 마음을 쉬고 심연에 들어 비운다. 그리고 마음의 힘을 기르며 근본지혜를 일으킬 뿐 아니라 일 있을 때를 준비해 간다.

진공으로 체를 삼고 묘유로 용을 삼는다는 것은 비움으로 바탕을 삼고 마음다함으로 활용의 표준을 삼는다는 것을 의미한다. 무슨 일에서나 비움을 저버리지 않고 마음을 다하여 존재할 수 있음이 무시선이다.

어두운 밤에 호롱불을 꺼트리지 않고 자갈길을 잘 다녀올 수 있는 것처럼 내 마음에 비움의 호롱불을 꺼뜨리지 않아야 한다. 이 마음을 바탕 삼아 마음다함으로 존재하여 자갈길과 함께 어우러진 숲 속의 어두움을 느낄 수 있다면, 그 순간 그는 또 다른 충만한 행복감을 맛본다.

무시선은 익숙한 것에 존재함을 넘어서 낯선 환경에서의 사람과 일에서도 어울림으로 존재하는 삶이다. 이런 수행을 하는 사람은, 어렵고 나를 괴롭히는 일에서도 선심으로 존재하고, 수월하고 즐거운 일에서는 행복으로 존재한다. 어렵고 괴로운 일에서는 이해와 배움이 있고, 수월하고 즐거운 일에서는 행복과 절제의 묘미가 있다.

비운 마음은 텅 비어 고요하나 상쾌하듯, 공적영지空寂靈知로 깨어 있음을 일컫는다. 모든 일을 해 나가는 데 있어서 내면에 공적영지가 바탕을 이루는 것이 선이다.

마음에 공적영지가 바탕을 이루면 일을 해 가는 데 있어서도 맑음과 창의성에 의한 정성이 그 일의 본질을 흐리지 않는다. 이것은 또 일에 생명력을 갖고 끊임없이 움직여 은혜를 창출할 수 있는 바탕이 된다. 만약 공적영지로 깨어 있지 못한 채 일을 하면 그 일을 하면 할수록 더욱 욕심, 관념, 잘못된 습관에 경직되어 오히려 폐해를 끼친다.

'선이란 공적영지가 나타나는 것'이라고 소태산이 정의한 것처럼 선 하는 사람이라면 그 중심을 잃지 않아야 한다. 일에는 본말선후本末先後가 있어서 일의 성질에 따라 근원과 나타나는 게 있고 먼저와 나중에 할 것이 있다. 일 없을 때는 본말에 따라 비움에서부터 나타남이 순서 있게 발현되도록 하지만, 일 있을 때는 선후로 나타남에 초점을 두고 비움을 저버리지 않도록 늘 깨어 있어야 한다.

"밖으로 천만 경계를 대하되 부동함은 태산과 같이 하고, 안으로 마음을 지키되 청정함은 허공과 같이 하여……."

경계를 대하는 마음, 부동심과 청정심

음악가가 자기가 하고 싶은 음악을 향해 노력하여 어느 정도의 수준에 이르면 다른 사람의 음악과 여러 장르의 음악을 들으며 자기의 음악 세계를 살핀다. 이처럼 마음 씀씀이가 어느 정도 되었다 싶으면 마음을 살펴 가며 무엇에 부족하고 무엇에 넘치는지를 알아서 조절하는 공부가 필요하다.

수행에 자기의 체크포인트가 되는 것이 부동심不動心과 불방심不放心이다. 밖으로 천만 경계를 대하되 부동함은 태산과 같이 하는 부동심은 외부로부터의 경계에 흔들리지 않는지 되돌아보면 자신의 부족한 수행과 해야 할 수행이 보인다.

일 있을 경우에는 목적에 따른 행동 양식과 심리적인 것도 아울러 따라야 한다. 일 있을 때 마음가짐의 표준은 평상심平常心이다. 평상심은 공평하고 꾸준한 정서와 마음가짐을 뜻하나, 평상심의 첫 덕목은 그리 거창하지 않다. 평소에 지닌 마음을 아주 급하고 중요한 일을 할 때도 유지할 수 있냐는 데 있다.

운동선수들은 실생활에서 그 같은 상황이 닥치기 전에 미리 대비하기 위해 이미지 트레이닝 등을 많이 한다. 수행도 운동선수들이 실전에 임하기 전에 연습하는 것과 유사하다. 운동은 신체를 중심으로 심신을 건강하게 하는 놀이라면 수행은 영적 성장을 중심으로 하는 삶의 놀이이다.

이어서 수행자를 축구선수에 빗대어 마음을 밝혀 본다.

연습하듯 수행하기

- 실전 경기에서 즐기는 것을 염두에 두고 연습하듯, 삶을 즐기는 상황을 염두에 두고 수행한다.
- 항상 실전에 마음을 두고 자신과 상대 그리고 경기 스타일을 생각하며 연습하듯, 수행은 항상 삶에 두고 자신과 세상의 특성을 고려하여 은혜로 어울리도록 한다.
- 훌륭한 선수는 경기에서 이기는 것도 중요하지만 최고의 수준으로 경기하고자 하듯, 잘 먹고 잘사는 것도 중요하지만 영적 가치관에 입각해 최고의 영적 품위를 지니도록 노력한다.
- 선수끼리는 동업자의 정신을 갖고 배려하는 것을 잊지 않듯, 본래는 너와 내가 하나의 삶이라는 것을 알고 배려하는 마음을 잊지 않는다.
- 경기는 선수와 팀 그리고 운영자와 관중 모두의 함수 관계를 생각하고 함께 어울림으로 상생이 되도록 풀어 가듯, 삶을 이루는 함수 관계를 생각하여 사람, 동물, 자연, 사회, 국가 등에 균형과 조화를 이루며 자리이타가 되게 한다.
- 자신이 최고의 선수라 생각하고 최고의 기술을 터득하는 데 게으르지 않듯, 자신이 진리적 존재임을 알고 진리적인 인품으로 살아가고자 노력을 아끼지 않는다.
- 프로라면 공을 찰 때 어떤 자세에서든지 내가 원하는 곳으로 80% 이상을 일정한 속도와 궤도로 보낼 수 있도록 연습하여 몸에 배게 만들 듯, 진리적인 인품이 체화된 감각이 되도록 수행을 한다.

- 축구 경기에서 자기 에너지의 80% 정도만 가지고 공을 차거나 뛸 수 있도록 체력을 키우듯, 아주 중요하고 급한 일을 당하여 해결하는 데 80%의 에너지만으로도 될 수 있도록 심신의 힘을 키운다.
- 팀원과 유대 관계를 돈독히 하며 전체의 흐름 속에 동료와 연계하는 데 신경 쓰듯, 세상과 호흡하며 함께 오래 행복할 수 있는 세상을 만들어 가고자 한다.
- 상대가 취하는 행동을 관찰하고 또 연상하며 그에 따른 자세와 기술을 연마하듯, 세상의 흐름과 인심에 따른 학문적 지식과 기술을 익혀 가며 진리적 삶을 풀어 간다.
- 다치지 않고 오래 즐길 수 있도록 몸을 만들고 경기에서도 다양한 사람들의 유형에 따라 부상 예방을 위한 연습을 하듯, 그 사회의 인심에 따라 마음의 면역성을 기르고 필요에 따라 보은할 수 있는 건강을 챙긴다.
- 자신이 잘했을 때의 감각에 연계하여 기술력, 신체 능력, 정신력 등에 좋은 컨디션과 리듬을 유지하는 데 노력하듯, 자신의 안정_{수양}, 통찰_{연구}, 정성_{취사}, 포용_{보은} 등을 지니는 데 노력하고 일상에서 좋은 리듬을 유지하도록 노력한다.

삶의 실전에 적용하기

- 내가 잘했을 때의 느낌을 가지고 경기장에 들어가듯, 진리적 감각을 가지고 삶에 임한다.
- 공을 차거나 뛸 때는 자기가 쓸 수 있는 힘의 80%를 넘어서지 않아

야 여유가 있어서 마지막에 발목의 힘을 짧고 강하면서도 세밀한 감각을 유지하듯, 수행하거나 일할 때 온 힘을 다 쓰기보다는 자기 에너지의 80%를 넘어서지 않도록 하여야 여유가 있어서 미세한 조절과 예기치 않은 상황에 대처할 수 있다.

- 연습할 때만큼만 한다는 마음가짐으로 풀어 가듯, 자신의 수행을 믿는 마음으로 욕심을 놓고 해야 할 것만 할 뿐이다.
- 최고의 기량으로 존재하고자 하듯, 진리적 존재로서 삶에 임한다.
- 최고의 정신력과 기술로 대중에 화답하듯, 최고의 인품과 불공으로 세상에 드리운다.
- 나와 상대를 또 다른 내가 함께 바라보며 전체 속에 있듯, 하는 나와 세상을 바라보는 내가 열림으로 전체와 하나 되어 살아간다.
- 경기를 즐기듯, 심각하지 않으나 진중하게 도를 즐긴다.
- 그동안 연습해 온 노력을 믿고 체화된 감각에 맡기듯, 일을 당하여 나의 수행과 기운과 능력을 믿고 삶에 맡긴다.
- 때로는 경기에 온 힘을 다 쏟아 내듯, 삶의 일에서도 때로는 모든 역량을 이끌어 내어 맡은 일을 해낸다.
- 오직 경기에만 집중하듯 그 일에 평온함과 마음다함으로 한다.

일 없는 경계에서 수행으로 길들여 온 심신을 일상의 삶에서 그대로 운용한다면 아주 훌륭한 수행자라고 할 수 있다. 그래서 수행자들이 일상의 삶에서 평상심을 가지려고 그렇게 노력한다. 이 가운데 가장 근원적이고 영향력이 큰 것은 명상의 바탕인 빈 마음이다. 마음 비움이 되었어도 일상에 영향을 끼칠 수 있기까지는 많은 시간과 노력이 필요하다.

안으로 마음을 지키되 청정함은 허공과 같이 하라는 뜻의 불방심은 안에서 솟아나 밖으로 나가는 욕심에 끌리는 마음을 놓으라는 의미이다. 그 욕심으로 생명, 식욕, 색정, 수면, 재물, 권력, 명예 등이 있다. 갈망과 욕심은 필요 이상으로 치성해도 고통스럽고, 반대로 원하는 대로 할 수 없게 되어도 괴롭다. 이 모든 것은 바라는 마음에서 비롯되는 만큼 바라는 마음을 놓으면 사라진다.

우선 마음을 비우는 방법으로는 일 없을 때에 하는 염불이나 좌선이 있다. 마음이 치성하면 염불로 없애는 것이 좋고 마음이 어느 정도 가라앉으면 좌선이 좋다. 그러나 사람의 특성상 자기가 선호하는 방법과 효율성이 다를 수 있으니 자기에게 맞는 방법을 찾아서 하면 된다. 좌선 외에도 와선, 입선, 행선이 있는데 성격이 활달한 사람은 행선을 자주 하는 것이 좋다. 행선은 좌선과 무시선을 이어 주는 가교적 역 할을 하지만, 사람의 특성을 떠나서 수행자라면 언젠가는 반드시 해야 하는 수행이기도 하다.

일 있을 때 비우는 방법은 참음, 멈춤, 놓음, 비움의 순서로 깊이를 더해 가는 것이 좋으나 의식을 비워 가는 것도 좋다. 『단전주선』 비워 바라보기 참조

마음을 비워 가는 데는 연령대에 따라 그 치성함도 다르다. 어려서는 먹을 것, 청년기에는 색정, 청·장년기에는 재물, 장년기에는 권력과 명예, 노년기에는 장생에 마음이 쏠리기 쉽다.

한편 영적 가치관에서 보면 어려서는 학습하고 청년기에 삶의 뜻

을 세우고, 장년기에는 도리를 알아 세상의 어떤 일에도 홀리지 않고, 장·노년기에는 하늘의 이치와 삶에 해탈을 얻으며 노년기에는 법도에 어긋나지 않는다.

수행의 관점에서 보면, 최소한 나이 서른에는 삶의 방향이 진리로 향해 명확해야 한다. 마흔에 이르러는 진리의 소식이 명확하나 재색명리에 대한 미진이 해결되지 않은 만큼 해결하려고 몸부림을 치다가 쉰에 이르러서야 미혹됨이 없어지는 것을 느낀다. 진리에 대한 뜻을 놓지 않고 수행을 게을리하지 않았다면, 쉰 살 즈음에는 수행이 마음과 몸에 스며들기 때문이다. 이 정도가 되면 동물로서의 삶에서 벗어나 진리의 삶인 영적 가치를 중심으로 살아간다.

재색명리에 가슴이 뛰지 않고 담담하면 '석벽의 외면'이 되었다고 할 수 있다. 또 고속도로에서 차가 예기치 않은 브레이크 고장으로 멈추지 못할 때도 마음을 차분하게 가라앉히고 대처할 수 있거나, 다른 차에 생명의 위협을 느낄 때도 당황하지 않고 그 순간 상황 전체를 읽어 헤아릴 수 있다면 '철주의 중심'이 되었다고 해도 손색이 없다.

"동하여도 동하는 바가 없고 정하여도 정하는 바가 없이 그 마음을 작용하라."

머무는 바 없이 그 마음을 작용하라

머무는 바 없이 쓰는 마음, 그 마음에는 어떠한 상도 머물지 않고 존재할 뿐이다. 하려는 마음에 나태가 내 마음을 잡아당기지도 않고 욕속심이 내 마음의 목줄을 걸고 끌고 다니지도 않는다. 어디에도 묶이지 않는 마음이 되어 마땅히 해야 할 일에 존재하는 것이 이미 마음과 행동에 습관이 되었음을 뜻한다. 이것은 마음의 바탕이 비었기 때문에 가능하다. 마음 바탕이 비면 흔적이 없고 반대로 마음이 크면 '있고 없고'의 의미마저 사라진다.

수행을 열심히 하여 주위에서 마음공부를 잘한다는 학생이 교리와 수행에 깊이가 있다는 교무를 찾아갔다. '교무님께 가서 그동안의 공부를 점검도 받고 한 수 배울 수도 있겠다.'는 막연한 생각으로 찾아왔다. 우선 대법당에 가서 인사를 드리고는 생활관으로 찾아갔다. 생활관에 들어서니 교도 한 사람이 물러나고 있었다.

"교무님 안녕하세요. 저는 원불교대학원 학생입니다."

"어서 오게, 마침 차를 마시고 있는데 이리 와서 함께 마시자."

교무는 그동안 마시던 녹차를 다관에서 덜어 내고 새 녹차를 넣었다. 녹차를 우려내서 건네는 일련의 모습에서 어떤 격식이 있는 것처럼 보이지 않지만 여유 있는 몸동작 하나하나에도 흐름과 절도가 있어 보였다. 그 모습을 보는 것만으로도 마음이 평온했다.

"얼마 전 『금강경』을 배우는데 새삼 응무소주 이생기심應無所住 以生其心이 마음에 걸렸습니다. 어디에도 머무른 데 없이 그 마음을 내라는데 그 말이 진정 무슨 뜻인지 궁금합니다.”

 “학생이 그 뜻을 몰라 묻는 것은 아닐 테고…… 무엇이 자네 마음에 그렇게 걸렸어?”

 “그 일을 할 때 어떤 생각에도 사로잡히지 말라고 배웠습니다. 그동안 공부하며 실천해 보려는 노력도 나름대로 해 봤고요. 요즘 들어 여러 스승님을 찾아뵙고 공부에 대해 이런저런 이야기를 들려 드리면 잘한다고만 해 주십니다. 그 말씀을 들으면 기분은 좋은데 뭔가 허전한 마음이 들어 고민 끝에 이렇게 찾아뵙게 되었습니다.”

 교무가 학생의 이야기에 귀 기울이며 비워진 찻잔에 녹차를 따라 채우자, 학생의 말도 끝났다. 교무는 입가에 미소를 머금은 채 “나도 자네 마음이 궁금하네.”라고 학생의 눈을 지그시 바라보았다.

 “최근에 시골에 다녀왔습니다. 그곳에 있다 보니 땔감을 수시로 마련해야 함을 느껴, 점심 식사 후 산에 가서 나뭇가지를 주워 오기로 했어요. 그런데 하려는 그 마음속에 하기 싫은 마음도 함께 있는 게 보이는 거예요. 그 마음이 왜 보였는지 몰라서 생각하다가 생각에 빠지면 그날 오후가 하릴없이 그대로 흐를 것 같아 생각을 멈추었습니다. 우선하기 싫은 마음만 놓으려고 하니까 생각이 멈춰지고 평온해졌습니다.”

 “그렇게 하면 이내 멈추어져?”

 “아니요. 멈추려 해도 멈춰지지가 않아서 이내 판단중지를 했습니다. 그런데 하기 싫은 마음과 해야겠다는 마음도 함께 없어지는 게 순간 느껴지는 겁니다. 잠시 공허해지는 느낌이었지만 해야 할 일을 하고자 하는 마음이 마음 깊은 곳에 자리하고 있어서 그런지, 자리를 박차고 일어나는 데에는 어렵지 않았습니다."

교무가 웃음 띤 목소리로 말했다.

"네가 마음공부 하는 데 무진 애를 쓴다!"

"그래도 하기 싫어서 뒤척이는 것보다 해야 할 일을 한다고 생각하니 마음과 몸도 한결 가벼웠습니다. 산 위로 올라가 보니 여기저기 나무가 보이는데 그중 지름이 15cm쯤 되는 가장 큰 나무 위에다가 작은 나무들을 얹어서 끌고 내려가면 될 것 같았습니다. 큰 나무를 길목에 놓고 그 나무의 3분의 1쯤 되어 보이는 나무와 주위에 널려 있는 잔가지도 그 위에 놓았어요. 또 조금 더 가니 지름이 한 뼘보다 조금 크지만 길이가 짧은 나무가 보이는 거예요. 양손에 나눠 잡아끌고 가서는 먼저 주은 나무 위에 얹었습니다. 얹고 보니 나무의 양이 보잘것없어 더 주우려다 나무 밑동에 걸려 넘어지면서 손바닥과 무릎에 상처가 났습니다. 나무를 빨리 줍고 내려가서 쉬려는 마음에, 서두르다가 그렇게 된 걸 알고 이내 조급함을 놓았어요."

"마음을 잘 보네. 그때도 마음이 잘 놓아져?"

"네, 지켜보니 없어졌어요. 이후부터는 마음도 편안해져서 그저 무심히 나무를 좀 더 줍고 내려왔어요."

"잘했다. 아주 훌륭해. 그런데 너는 왜 그 일을 했어?"

"땔감이 필요해서요."

"땔감이 무엇을 위해 필요한 것이지? 따뜻하게 지내고 싶어서 그랬다면 그것도 욕심에 기댄 것에 지나지 않은 마음일 텐데?"

"그것은 옷을 여름엔 시원하게 입고 겨울엔 따뜻하게 입으려는 자연스런 마음처럼 진리의 흐름에 같이 할 뿐이라 생각합니다."

"옷도 적당하게 입어서 여름엔 좀 덥고 겨울엔 추우면 안 될까?"

"개도 여름에는 털이 성글다가 겨울엔 털이 촘촘하게 납니다. 털이 없는 사람은 계절에 따라 옷을 갈아입는 것이 지혜라 여깁니다."

"한마디로 그냥 동물로 살기 위해서 아등바등하는 것과 뭐가 다르지? 그렇다면 편안하게 살기 위해서 도를 닦는 거네. 그럼 마음을 주한 데 없이 쓰나 되는 대로 사나 별 차이도 없을 텐데, 뭐 그렇게 폼 잡고 노력을 해. 심심해서 그러는 건가. 자네가 생각하는 궁극의 삶과 살아가는 형태는 어떤 것이지?"

학생은 잠시 생각해 보더니,

"잘 모르겠습니다."

"잘하긴 했어! 괜한 트집을 부린 거야. 그만큼도 아주 훌륭해! 진심이다. 그런데 좀 더 까닭을 갖고 해 보란 거니 실망하지는 말아라."

학생은 딱히 칭찬을 받으려고 교무를 찾아간 것은 아니지만 이내 새롭게 받아든 화두 보따리가 무거워 제정신이 아니었다. 그곳에서 하루를 지내고 다시 대학원 기숙사로 향했다. 그해 겨울을 지내고 이듬해 여름 방학이 되어 다시 그 교무를 찾았다.

"휴학을 해야 할 것 같습니다."

"왜 하려고?"

"제가 왜 사는지 왜 수행을 하는지에 답을 못 얻었습니다. 그렇다 보니 마음을 멈추고 판단을 중지하거나 마음만 바라보아도 마음이 비었던 것도 이제는 비워지지도 않습니다. 그동안 제 수행에 거품이 있었다는 것을 알겠지만 뭐가 잘못되었는지 뭐부터 해야 할지도 모르겠습니다. 답답합니다."

"글쎄다……."

교무는 말없이 생각에 잠긴 듯 하다가 이내 말을 이어 갔다.

"세상 사람들의 삶은 워낙 복잡해서 매 순간 생각과 감정을 비우고 사는 것만 해도 나름대로 가치가 있지. 때문에 그 순간에 깨어 있기 위해 무진 애를 쓰며 살아간다.

그런데 이 또한 다른 사람이 보면 사치야. 이렇게 사는 사람의 대부분은 노후 생활이 어느 정도 해결되는 사람들이거든. 그러니 마음만 편하면 살맛이 나겠지. 그렇지만 이것이 과연 이 시대의 화두가 될 수 있을까?

좀 더 환상에 젖으면 그것이 우주와 하나가 되었다며 호들갑을 떨지. 여기에서 한발 더 나아가면 자기가 신이라고도 해. 비약이 좀 심하지? 물론 아주 터무니없는 얘기는 아니야. 신의 관점에서 보면 신이 아닌 게 없거든. 돌, 나무, 동물, 자동차, 집들도 모두 신이니 말이다. 모두 신의 개체들인 동시에 신이 내재해 있기 때문이지. 원불교에서는 곳곳이 부처라고 하는데 그 부처가 여기서 이야기하는 신과 다르지 않아. 곳곳이 신이야. 신 아닌 게 없지.

하지만 여기서 신은 진리적인 개념이야. 자유영혼이 있고 진화의 개념에서는 모두가 신이라는 개념 속에서 다시 여래와 중생으로 나눠져. 이것은 진화하라는 수행적 개념에서 출발한 나눔이지. 인간은 좀 더 특별해. 자유영혼으로서 마음에 힘이 있어. 마음만 잘 알아서 사용하면 우주를 자기 마음대로 할 수 있을 정도야. 그래서 진리의 인격을 얻은 만큼 신이 되지.

그런데 이런 신은 많지가 않아. 대부분은 생각과 감정이 비워지고 그 순간 깨어 있으면 신이라고 우겨대. 이런 신은 목석과 다름없는데 말이야. 혼도 없고 힘도 없는데 그걸 수행이라고 수선을 피워? 창피한 일이지."

"사람이 우주를 자기 마음대로 할 수가 있어요?"

"소태산이란 큰 스승은 '자네의 조물주를 자네'라고 했는데 이 말을 무엇이라 이해했어?"

"모든 복은 자기가 지어서 자기가 받는다는 것으로요."

"그렇기는 해. 그것은 아주 일부분이고 또 하열한 근기들에게 설한 말일 뿐일세. 그걸 표준으로 삼으면 아쉬움이 많지."

학생은 이 말이 맘에 들지 않았는지 표정이 이내 굳어졌다.

"제가 하열하여 그렇게 받아들일 수밖에 없었던 건가요?"

"허허, 자넨 하열해 보이지 않아. 아직 공부가 깊지도 않고 넓지도 않아서 그런 것일 뿐이야. 하면 돼! 지금도 잘해 가고 있거든. 고물 자동차를 고치려고 하는 작업과 새 차를 조립하는 작업이 다른 것처럼 말일세. 자네는 조립해 가는 과정이야."

"고치는 것과 조립의 차이점은 나이에 있나요?"

"아냐. 그 사람의 의식에 있어. 습관 하나 고치는 것과 진리의 인격을 얻으려고 훈련하는 것이 다른 것처럼 말이지."

"그럼 제가 우주를 움직일 수 있어요? 할 수만 있다면 매력이 있어요.

가슴이 뜁니다."

"자네의 생각이 바뀌면 세상이 그로 인해서 재편이 돼. 한번 돌이켜 생각해 봐. 자네의 생각이 바뀌어 생활도 바뀌었을 때 예전의 사람들과 지금의 사람들이 자기도 모르게 언제부터인가 바뀌었을 거야. 그리고 바뀔 수 없는 인연관계의 사람들을 보면 또 다르게 변해 있기도 하고……"

학생은 곰곰이 생각해 보더니 눈을 반짝이며 질문을 이어 갔다.

"그런 거 같습니다. 그런데 어떤 원리로 변하는지는 모르겠습니다."

"때로는 같은 기운이 도는 사람과 함께하고, 때로는 나와 양극성을 띠는 사람과도 함께하지. 나머지는 그 사이에 있는 사람들인데, 이들보다는 가벼운 관계야. 하지만 내 삶을 풍요롭게 해 가는 데 필요한 사람들이지. 물론 그 모든 주체는 나이고 나로부터 모든 것이 변해. 여기에 정답은 없어. 모든 것은 자네가 만들어 가며 역사를 쓰지. 그래서 자네가 자네의 조물주이자 세상의 조물주야."

"자기가 조물주라면, 모든 사람이 부자가 되고 싶은데 모두 부자가 되지 않는 것은 왜죠?"

"표면적인 생각과 마음 깊은 곳에서 우러나는 생각은 달라. 그들은 진정으로 부자가 되고 싶어 하지 않아. 마음 깊은 곳에서 말이야. 이것은 수행자도 마찬가지이다. 수행자들은 모두 여래가 되고 싶다고 생각할 것 같지? 그렇지가 않아. 말은 여래가 되고 싶다고 해도 마음 깊은 곳에서는 원하지를 않아. 그래서 여래가 될 수 없어."

"이해가 될 듯하면서도 이해가 되지 않아요."

"너는 여래가 되고 싶냐. 그렇다면 왜 그런데?"

"마음의 자유를 얻고 싶어서요."

"마음의 자유를 얻어서 무엇 하려고?"

한참 뜸들이더니,

"자유를 얻으면 마음을 마음대로 사용하니 고통이 없잖아요."

"고통을 없애기 위해 마음의 자유를 얻겠다고? 마음의 자유를 얻고
자 하는 노력에서 오는 고통이 자유를 얻지 못한 사람들의 고통에 비
해 그 무게가 어떨까? 사람마다 다르겠지만 일반적으로 볼 때 결코 수
행의 고통이 더 작다고는 볼 수 없는데 말이야."

"그래야 된다고 여겼어요. 수없이 그렇게 배워서 그렇게 원하지 않
으면 왠지 불량학생처럼 여겨질 것 같아서 두려웠는지도 모르겠어요."

"누가 그렇게 여길까 두려웠는데?"

"다른 사람이 그렇게 볼까도 두렵고, 제 스스로가 맘에 들지 않을까
두려워한 듯싶어요."

"사람은 영적 존재야. 영적 존재가 사람으로 살기는 그리 녹록치 않
아. 동물로서의 삶과 영적 존재로서의 삶이 공존하다 보니 여기에서
괴리감이 커. 우주 개체로서의 동물적 삶의 방향은 생존, 번식, 지킴,
진화에 있어. 인간이 살아가는 모습 속에 이 범주를 넘어서는 경우가
아주 드물지. 그런데 이 범주에 살면서 마음을 마음대로 사용하고 싶
어서 수행을 한다면 무슨 의미가 있을까? 동물적인 한계에 함몰되지
않고 영적 존재로 깨어 있다면 동물적인 삶이 영적인 단련을 위해 도
움이 되지. 이럴 경우에는 마음의 자유를 얻고자 하는 노력이 의미를

지니게 돼."

"영적 존재로 인간의 삶을 살며 마음의 자유를 얻는 것이 결국 무엇을 하자는 겁니까?"

"영적 존재로서의 인간도 하나의 삶의 형태이지 궁극적인 삶의 모습이 아니야. 영혼으로의 삶도 있고 동물로 몸을 받아서 사는 삶도 있어. 영혼으로만 존재하는 것보다 동물 중에 최고로 영명한 인간으로 살면서 수행한다면 그 효과가 수백 배에 이를 수도 있기 때문이지."

"그렇게 수행의 효과를 얻어서 무엇을 하려고요?"

"삶의 형태를 내가 넘나들 수도 있고 우주에 필요한 일을 할 수도 있지. 그런데 가장 갈구하는 것은 자유 그 자체야. 어린아이가 6세 전후에 어른이 되고 싶다고 말할 때가 있어. 그때 왜 어른이 되려고 하는지 물으면 돈을 벌어서 내가 먹고 싶은 과자도 사 먹고, 옷도 사 입고, 컴퓨터 게임도 맘대로 할 거래. 어린아이도 자기의 삶이 답답하니 자유를 얻고 싶은 게지. 영혼도 안정감과 지혜 그리고 힘이 없으면 자기의식의 범주 안에서 움직일 수밖에 없어. 영혼은 그 의식의 테두리가 인간보다 더 명확하여 의식의 범주를 넘어서 있는 곳은 꿈조차 꿀 수가 없거든."

"수행자가 왜 여래를 진정으로 원하지 않는지는 이야기해 주지 않으셨어요.

"원하는 것이 뭔지는 모르지만 죽을 만큼의 에너지로 확실하게 원하지 않았거나 충분한 이해로 가슴이 요동치지 않아서 그래. 돈과 명예를 뒤로 하고 수행을 원할 정도가 되면 여래가 될 수 있지. 부자가 되려는 것도 같아. 어떤 복잡한 어려움이 있어도 이겨 내고 부자가 되려는 사람은 반드시 그렇게 되지. 하지만 부자가 될 확률과 어려운 일 사이에서 저울질하다가 마음 깊은 곳에서부터 포기하고 말아."

"이건 다른 질문인데요. 제가 판단중지와 바라보는 것만으로도 마음이 비워졌던 것이 지금은 왜 비워지지 않는 건가요?"

"비움은 번뇌에 반비례하지. 번뇌가 크면 알아차림이나 판단중지로는 되지 않을 수 있어. 거친번뇌는 염불로 없애는 것이 좋고, 미세 번뇌는 좌선으로도 없앨 수 있어. 번뇌를 없애는 것에는 깊이를 더해 가며 참음, 멈춤, 놓음, 비움이 있고 비움도 깊이를 더해 가며 표면적 비움, 잠재의식 비움, 무의식 비움이 있는 거야. 표면적 비움은 '비움 바라보기'로도 가능하나 잠재의식은 깊은 이해를 필요로 하고, 무의식은 좌선으로 비우는 것이 보다 효과적이야."

"감사합니다. 이미 제 마음이 어느 정도 가벼워졌습니다."

수행자는 마음 비움의 한계를 빨리 알아차려야 수행길을 걷는 데 허송세월을 하지 않는다. 그저 비움만으로 진리와 함께할 수는 없다. 진리와 함께하는 비움을 이루고자 한다면 깊은 선정에 잠겨서 성리를 깨고 나와야만 가능하다. 물론 다른 방법이 있을 수도 있다. 확실한 것은 진리에 대한 안목 그리고 인생과 영혼의 이해로 삶을 균형 있게 바라볼 수 있느냐는 것이다. 이것만 가능하다면 방법이 그렇게 중요하지는 않다.

이때부터는 어떤 종교, 어떤 수행 단체이냐가 중요한 것이 아니라 내게 맞는 것이 무엇인지만 남는다. 나아가 진리적으로 균형 잡힌 안목에서 어떻게 수행을 하여 진리적인 인격을 갖추느냐는 안목과 더불어 아주 중요한 인생의 덕목과 가치의 향방에 좌우된다.

상대와 양극성을 떠난 크고 빈 마음

동하여도 동하는 바가 없다는 것은 일이 있을 때 일을 한다는 생각에 사로잡히지 않는 마음이고, 정하여도 정하는 바가 없다는 것은 일이 없을 때 일이 없다는 것에 사로잡히지 않는 마음이다. 또한 "동하여도 동하는 바가 없고 정하여도 정하는 바가 없이 그 마음을 작용하라."는 것은 일이 있느냐 없느냐에 묶이지 말라는 것에 국한된 게 아니라 상대를 떠난 마음을 의미하기도 한다.

인간 세상의 대부분은 상대가 있다. 동물과 식물에도 수컷과 암컷이 있듯이 말이다. 인간의 삶을 보아도 사람마다 양극성이 있어서 양극성에 의해 유전자의 발달과 인식의 향상을 도모하게 된다. 남녀가 만나는 대부분의 형태는 체형, 생김새, 성격 등의 양극성에 이끌려 결혼하여 산다. 삶 속에서 유전자가 발달되기도 하지만 삶을 이해하면서 마음도 깊어지고 커 간다.

하지만 이런 양극성은 업의 순환적 고리로 작용하여 조금의 성장으로는 그 범주에서 벗어나지 못한다. 작고 통통한 사람이 키 크고 날씬한 사람에 이끌려 결혼해서 살아 보면 그 또한 별게 아니라고 느낀다. 그러니 그 다음엔 외모보다는 성격이나 경제적 능력에 관심이 간다.

그러면 다음 생에 그런 사람을 만날 확률이 높다. 이런 흐름이 엎치락
뒤치락대며 업의 굴레로 작용한다.

　동하여도 동하는 바가 없고 정하여도 정하는 바가 없이 그 마음을 작
용하라는 것은 우선 이런 양극성에서 벗어나라는 것을 의미한다.
　양극성에서 벗어나는 것은 본질과 전체이다. 본래 마음에는 선악도
없고 동정도 없다. 또한 전체 속에 양극성이 있다 하여도 두루 아울러
수용하기 때문에 어느 한곳에 치우치지 않는다. 그래서 동정 없는 마
음은 비워서 되기도 하고 키워서 되기도 한다. 달리 표현하면 빈 마음
이 되어 널리 이롭고자 함이다. 그래서 대공심大空心과 대공심大公心의
뜻인, 즉 크게 빈 마음과 크게 공변된 마음이 수행자의 마음의 표준이
된다.

　마음이 크게 비면 해야 하는 일에 저항이 없고 밑살이 빠져 있어서
하고 나서도 상相이 없다.
　마음이 비면 저항이 없다는 것은 관념, 욕심, 잘못된 습관에 의한 저
항이 없다는 뜻이다. 이렇게 빈 마음은 과정에 집착하지도 않고 미래
에 대한 욕속심이나 두려움 없이 그 일에 순일하게 깨어 있을 수 있다.
또한 일을 하거나 사람을 만나고 나서도 흔적이 없다. 마치 밑 빠진 독
에 물을 부으면 물이 새 나가 흔적 없듯이 말이다. 이렇게 되려면 현재
하는 그 일에 대한 마음도 놓아야 한다. 그러면 해야 할 일을 할 뿐이게
된다. 사람을 미워하는 법도 없고 마음의 흔적도 남지 않는다.
　그럼 다른 사람의 충고나 역사적 교훈 그리고 자료마저 흔적이 없으

면 어떻게 되냐고 염려스러울 수도 있다. 사람에 대한 미움이 없다는 뜻이지 기억해야 할 것마저 저버린다는 뜻은 아니다. 이것마저 저버린다면 얼빠진 사람이 되고 만다. 일이 잘못될 경우 그 일을 미워하지 사람을 미워하지 않는 것은 어느 정도 수행을 한 사람이라면 그리 어렵지 않다. 즉 과거와 미래에 집착하지 않고 현재에도 집착하지 않아서 오직 그 일을 할 뿐이게 된다.

일 없는 심정으로 그 일을 할 수 있음에 감사하면 그 일에 집착하는 마음이 저절로 없어진다. 또한 마음을 키워 세상을 주인의 심정으로 정성껏 살아가다 보면 자신에게 집착하는 마음도 없어지면서 세상이 은혜롭게 변한다.

하지만 동할 때 한 생각이 남아서 묶이면 그 마음이 집착의 구심점이 되어 내가 일한다는 상을 만들어 낸다. 일에 집착하면 일을 지나치게 열심히 하여 몸이 상할 정도가 되거나 일이라면 치를 떠는 극단적인 상황으로 번진다. 그 정도는 아니라도 수행에 게으른 자신을 일하는 모습으로 적당히 합리화하려는 데 이를 수도 있다.

삶에 영적 가치가 빠져서 남에게 보이기 위한 삶을 산다면 일을 해도 문제이고 일을 하지 않아도 문제이다. 일이 있는데 보는 사람이 없으면 쉬려고만 하거나 일에 대한 주변 상황에 늘 불평과 불만이 많게 된다. 반대로 일 없는 상황이 전개되면 허전하여 일을 찾아다니는 데 조바심을 내다가 지치면 무기력에 빠진 나머지 세상을 원망하는 데에 이른다.

일 없을 때에는 일 있을 때의 심정을 지닌다. 일 있을 때를 대비하기 위해서는 여유를 갖고 명상, 휴식, 운동, 예술, 여행 등을 하여 편안한 마음과 마음의 힘을 얻어 안정된 정서를 지니고자 노력하는 것이 좋다. 또한 독서, 사색, 토론, 경험 등을 더하여 삶의 본질과 세상을 바라보고 조화와 균형으로 삶을 디자인할 수 있는 의식 수준을 높여 가는 기회로 삼는다. 그리고 삶의 흐름을 따라 자신의 영성을 키우는 동시에 세상의 행복에 필요한 일을 준비한다.

이런 심정으로 준비하는 사람은 어느 곳에 있든 그곳을 은혜롭게 하는 데에 의심의 여지가 없다. 어떤 방면에 수준 있는 전문가로 인정을 받지 못할지라도 어떤 일을 하든지 세상을 이롭게 할 사람이다.

비워서 착 없는 마음이 아이의 마음과 같다면 키워서 착 없음은 여래의 마음과 같다. 여래는 일 없을 때 아이의 마음이 되지만 일 있을 때는 우주도 움직인다. 마음에서 관념, 욕심, 습관을 덜어서 비우는 것보다 마음을 키워서 비우는 것이 훨씬 쉽고도 힘이 있다. 하지만 마음을 키워서 비운다 해도 마음에 미진이 있기 마련이다. 이때는 이 미진만 없애면 되기 때문에 수행이 간결해질 뿐 아니라 깊이 닦아 가는 데에도 어렵지 않다.

수승한 심법을 지닌 사람들을 보면 마음과 생활에 힘이 있다. 수행담을 들어 보면 수행의 대부분은 키워서 비우다가 마저 비우지 못한 부분만 선 수행으로 비웠기 때문이다.

마음을 키우려면 공변된 의식을 지니려는 노력을 해 보는 것이 좋다.

정산鼎山*은 "세상은 한 이치 속에 한 기운으로 이어졌고 한 살림이다." 라고 했다. 이것을 가슴속에 품고 몸에 스며들도록 생활하다 보면 마음이 점점 크게 자라서 공변된 마음이 된다. 때로는 조석으로 기도를 할 때, 땅 마음이 되어 만물을 다 실어 주고 하늘 마음이 되어 만물을 다 덮어 줄 수 있도록 염원하면 어느덧 그 마음도 되어 간다.

동정 간에 성품을 여의지 않는 마음

동하여도 동하는 바가 없고 정하여도 정하는 바가 없이 그 마음을 작용하라는 것은 동하여도 착이 없고 정하여도 절도에 맞는 삶과 다르지 않다. 이것이 동과 정이 한결같다는 의미의 동정일여動靜一如인데 동정 간에 성품을 여의지 않고 그 마음을 나타냄을 일컫는다.

성품을 여의지 않았다는 것은 마음의 바탕이 비었다는 것이고, 그 마음을 낼 때에도 마음에 상대가 없는 성리의 삶을 사는 것을 말한다. 이 삶은 마땅히 해야 할 일을 할 따름이지, 어떤 사람이나 행동 그리고 환경에 따라 자신의 마음과 행동이 달라지는 것이 아니다. 즉 외부로부터의 조건이 붙지 않고 다만 존재할 뿐이게 된다.

존재의 삶은 그 존재가 진리적으로 해야 하는 일이거나 행복한 것이라면 하지 않을 이유가 없다. 마음의 바탕이 항상 비어서 존재하고, 비어서 바라보고, 해야 하는 것을 할 뿐 그 이상의 이유나 핑계가 붙지 않기에 둘이 아닌 하나라는 뜻에서 성리의 삶을 무소의 뿔에 비유하기도 한다.

---

*정산(1900~1962) : 원불교 2대 종법사를 지낸 송규의 호. 소태산이 진리와 법과 회상의 골수를 남겼다면 정산은 그 골격을 완성했다고 평가를 받는다.

"이같이 한즉, 모든 분별이 항상 정을 여의지 아니하여 육근을 작용하는 바가 다 공적영지의 자성에 부합이 될 것이니, 이것이 이른바 대승선大乘禪이요, 삼학을 병진하는 공부법이니라."

자성에 부합하는 삼학병진 공부법

모든 생각이 빈 마음을 바탕 삼고 있어서 생활의 어떤 일 어떤 상황에서도 그 마음 바탕은 항상 텅 비어 고요하되 상쾌함을 유지하고 있다. 이것은 사람이라면 누구나 할 수 있는 선이고 수양, 연구, 취사를 아울러 닦고 활용해 가는 공부의 방법이다.

삼학을 병진하는 공부로 일 없을 때는 좌선, 염불, 기도로 정신수양을 하고 경전, 강연, 회화, 의두, 성리, 정기일기로 사리연구를 하며, 상시일기, 주의, 조행의 작업취사를 한다. 이것은 일 없을 때의 공부이지만 공부의 목적이 실생활에서 활용하는 데 있는 만큼 일 있을 때의 심정으로 해야 실제의 경계에서 실효를 거둔다.

일 있을 때는 일 없을 때의 공부를 바탕으로 온전한 생각으로 취사를 하는 데 초점을 둔다. 일의 목적을 이루어 가는 방향에서 마음을 온전한 상태를 유지하고 그 일과 이치에 따라 일을 판단하여서 해야 할 일이라면 정성껏 하면 된다. 그 일이 익숙하지 않거나 습관이 되어 있지 않아서 서툴지라도 나의 모든 역량을 끄집어내어 온 마음으로 그 일을 이루고자 한다.

일은 사회와 결부되어 있는 경우가 많아서 사회의 잘못된 관습을 뚫고 나가거나 새로운 인식 체계를 적용할 때의 저항 그리고 경제적 여건, 인적 환경을 생각하면 더욱 어렵기 마련이다. 담배 하나 끊으려고 해도 죽을 듯이 해야 겨우 끊을 수 있듯이 습관 하나 고치는 데에도 죽을 듯이 하지 않으면 고칠 수 없다.

일에는 항상 일정한 순서가 있어야만 하는 것은 아니다. 온전한 생각으로 취사하는 것은 어느 정도 시간적 여유가 있을 때 가능하다. 일이 긴박하게 돌아갈 때는, 삼학으로 얻은 삼대력을 서로 맞물리게 하여 감각적으로 쓰지 않으면 안 된다. 즉 삼학이 동시同時에 이루어지는 것이다.

이 삼학을 온전, 생각, 취사로 활용하지만 공부가 순숙되면 빈 마음으로 공변되어 가슴속에 품은 의식과 행동으로 드러난다. 이 수행은 어떤 구분도 필요 없이 누구나 마음만 내면 할 수 있는 공부이다. 법타원法陀圓*은 "이 수행은 상근기도 하지 않으면 이룰 수 없지만 하근기도 하면 이룰 수 있다."라고 했다.

한 수행자가 도반을 찾아갔다.

"여보게 수행하면 마음이 비어서 편안하지? 그런데 그게 안 돼. 마음

---

*법타원(1930~2013) : 원불교 김이현 교무의 법호. 필자의 추천 교무이자 지도 교무. 삶 자체가 법이었다는 평을 들었다.

이 비어서 일체 망념이 끊어질 정도가 되어야 하는데 말이야."

"마음 바탕이 비었다고 망념 일체가 끊어지는 게 아닐세. 마음 바탕이 비면 망념은 맑은 하늘에 구름 몇 개가 떠다니듯 해도 그 마음을 오염시키지 못하지. 오히려 망념 몇 개가 있는 듯 없는 듯할 때가 오히려 마음 기운이 편안해. 난 그러네."

"그럼 자네는 마음 바탕이 비었나?"

"나도 잘 모르지만 어느덧 그리 된 것 같아."

"그럼 마음속에 재색명리도 끊어졌나?"

"그러네. 재색명리에 가슴이 뛰지 않아. 그것을 아무도 몰래 누군가가 선물을 해 주든지 빼앗아 가든지 해도 말이야. 꿈에서도 편안해."

"사랑하는 사람도 없고 사랑을 나누지도 않아?"

"허허, 그게 궁금해? 그거와는 상관없어."

"이해가 되지 않는데?"

"거꾸로 생각을 해 봐. 사랑을 나누지 않는 사람은 마음이 비었나? 그렇지 않아 오히려 더 묶이는 경우도 있네. 한 여학생이 평생 독신으로 사는 스승에게 '스승님! 저는 남자와 사랑을 나누고 싶어요. 그게 고민이어요. 스승님은 그런 적 없나요?' 그러니까 스승은 소스라치며 '아니 난 그런 적 없다!'고 하는데 얼굴은 아주 빨개졌어. 아주 맑고 힘 있는 분인데 자신을 환경에 가둬서 맑은 것이지 바탕이 비워지지 못했다는 것을 느꼈지. 마음의 바탕이 비면 갈구하지 않지만 소스라치지도 않아. 왜냐하면 의식이 동물적인 삶에서는 이미 벗어났거든."

"어떻게 수행을 했기에 그 경지에 이르렀나?"

"나도 잘 모른다고 했잖아. 왜냐하면 어느 날 갑자기 그렇게 된 게 아니라서 말이야."

"그럼 어떻게 해서 그런 건데. 동지 좋은 게 뭔가?"

"좌선을 하고 경전을 의두, 성리로 연마했네. 그리고 교법대로 살려는 노력을 했지. 다만 선정에 이르고 영적인 세계에 대한 이해가 바탕이 되었어. 나아가 표면적 비움이 심신에 스며들면서 이루어진 것 같아."

"언제부터 그랬는데?"

"마흔에 눈치를 채서 가슴속으로는 내려왔는데 아직 소화가 덜 된 상태였고 몸으로는 조금 스며드는 정도였지. 그래서 많은 발버둥을 쳤어. 그러다가 쉰이 넘어서며 몸에 스며든 것을 느꼈어."

수행은 자성에 기반한 온전한 생각으로 취사를 하여야 삼학의 힘인 삼대력이 온전하다. 자성의 삼학이라야 손실이 없고 오롯할 수 있으며 삼대력으로 세상을 위하고 나서도 흔적이 없다.

처음에는 삶의 필요에 따라 수양, 연구, 취사의 힘을 채워 가다가 어느 때에 이르러서는 삼학을 고루 공부한다. 이렇게 해서 힘을 얻게 되면 그때부터는 삶에서 성품이 발현되는 순서에 따라 사용해 본다. 이것에도 어느 정도 힘을 얻으면 일에 활용하여 수행에 생명력을 불어넣는다.

삼학이 심신에 스며들어 삼대력이 되면 삶에서 노닐 듯 그 상황에 알맞게 요리한다. 어떤 때는 수양과 연구를 중심으로, 어떤 때는 취사를 중심으로 밀어붙이고 때에 따라서는 놓는다. 나아가 예술적으로 승화시키고 은혜를 창출해 간다.

"경經에 이르시되, '응하여도 주한 바 없이 그 마음을 내라.' 하시었나니, 이는 곧 천만 경계 중에서 동하지 않는 행을 닦는 대법이라, 이 법이 심히 어려운 것 같으나 닦는 법만 자상히 알고 보면 괭이를 든 농부도 선을 할 수 있고, 마치를 든 공장工匠도 선을 할 수 있으며, 주판을 든 점원도 선을 할 수 있고, 정사를 잡은 관리도 선을 할 수 있으며, 내왕하면서도 선을 할 수 있고, 집에서도 선을 할 수 있나니 어찌 구차히 처소를 택하며 동정을 말하리요."

누구든지 할 수 있는 수행법

무시선은 닦는 법만 자세히 알면 누구든지 할 수 있는 수행 방법이다. 새벽 좌선을 잘하려면 새벽에 시간을 낼 수 있어야 하는데 낼 수 있는 직업을 가진 사람은 얼마 되지 않는다. 그런데 시간을 낼 수 있다 해도 실제로 좌선을 잘하기가 쉽지 않다. 좌선이란 것이 흥미를 유발하는 게 아니라서 남다른 의지 없이 꾸준히 하기는 어렵다. 자세를 잡는 것도 힘들지만 잠을 견뎌 가며 하루하루 이어 갈지라도 전날 술자리라도 갖게 되면 다음날 새벽에 일어나 좌선하기란 거의 불가능에 가깝다.

수행을 좌선이나 시간과 공간으로 국한시킬 게 아니라 생활 속에서 이루어 가게 해야 실효를 거둘 수 있다. 선의 실효적인 면에서는 무시선이 좌선이나 염불보다 낫다. 물론 특성은 다르다. 보편적으로 좌선을 하지 않는 무시선은 깊이가 없고, 좌선만 하고 무시선을 하지 않으면 폭이 좁을 뿐 아니라 쓸모도 없다. 수행을 잘하려면 접근이 용이한 것부터 하는 것이 요령이다. 이런 관점에서 본다면 무시선으로 접근하는 게 바람직하다.

　무시선은 각자 처한 곳에서부터 하는 것이 좋다. 경영을 하거나 행정을 보는 사람, 연구하는 사람, 농사짓는 사람, 공장에서 일하는 사람, 판매하는 사람, 집에서 살림하는 사람 등등 각자가 맡은 일을 해 가며 선을 하면 된다.

　무시선은 그 일 그 일을 일심으로 하는 수행이다. 일심은 성품을 여의지 않고 그 일에 깨어 있음을 일컫는다. 그러나 그 일에서 성품을 여의지 않는다고 성품에 깨어 있는 게 아니다. 성품에서부터 발현되는 결을 따라 길들여야만 면밀하게 체득해 갈 수 있다.

　성품의 발현은 성품에서부터 분별, 차별의 순서로 이어지나 좀 더 세분해서 보면 성품, 인식, 구분, 이름, 좋음, 습관, 인격, 인생으로 이어진다. 인식, 구분, 이름까지가 분별이고 좋음은 차별이다. 성품에서 발현되는 첫머리는 그저 알 뿐이고, 그 다음도 구분에서 그친다. 구분된 것을 이름지어 기억하여 저장하고, 자기 특성에 더하여 친근한 것과 수월한 것으로 각별하게 좋음이 생긴다. 좋아하는 것을 하다 보면 습관이 되고, 그 습관이 쌓여 결국 인격을 형성한다. 그 인격에 의해 인생의 질이 좌우되는 만큼 성품에서 올곧게 발현된다면 좋은 인격으로 행복한 인생을 살아갈 수 있다.

주어진 일에서 평온함과 마음다함으로 무시선을 할 때 처음에는 쉽고 단순한 일부터 해 간다. 또한 자신뿐 아니라 다른 사람들에게 어느 정도 영향력을 줄 수 있는 일이라면 금상첨화이다. 그런 일로는 직업적인 업무보다는 청소, 설거지, 요리, 신발 닦기, 책상 정리, 손 빨래 등의 집안일이 좋다. 이런 일들은 쉬우면서도 재미를 붙일 수 있기 때문이다. 남자들이 집에서 할 수 있는 최적의 일은 화장실 청소이다. 마하트마 간디가 화장실 청소는 항상 하는 일 가운데 하나라고 했듯이, 무시선 수행을 처음으로 접하는 사람들이 연습해 가는 일로는 화장실 청소만한 게 없다.

　여러 가지 일을 해야 할지라도 처음에는 그 가운데 하나만 정해서 무시선 수행으로 삼는 것이 좋다. 일 하나를 정해서 얼마 만큼 챙겼는지, 즉 유념과 무념의 순간들을 확인하는 것이 좋은 데 이런 수행 방법을 원불교에서는 '유무념 평떼기'라고 한다.

　유념공부과 무념공부를 아울러 표현한 것이 유무념공부이다. 유념은 챙길 자리에서 챙기는 마음이고, 무념은 챙길 자리에서 챙기지 못한 마음이다. 이 유무념공부는 나쁜 습관을 떼거나 좋은 습관을 길들이는 데 효과적이다.

　교단 초기에는 글을 모르는 사람이 있어서 유무념 주머니를 만들어서 유념마음을 챙기거나 잘된 것은 흰 콩, 무념마음을 놓치거나 잘못된 것은 검은 콩을 넣어서 표시했다. 유무념공부를 처음으로 할 때는 우선 마음 챙기는 것으로 기준 삼고, 그 다음에는 잘되었는지를 기준으로 체크해 간다.

　그런데 좀 불명확한 경우가 있는데 바로 무념할 자리에서 무념하였을 때이다. 누군가에게 선행을 베풀고서 베풀었다는 생각_{자랑, 허세 등}을 없애는 것이 무념할 자리에서의 무념이다. 이때도 무념할 때 무념을 했으면 잘했으니 유념이 되고 무념할 때 유념_{자랑, 허세 등}을 했다면 무념이 된다. 어려운 사람을 도와줄 때 마땅히 도울 뿐 그 공을 잊으니 상을 낼 것도 없다면 마음을 잘 챙긴 것이니 유념이고, 돕고 생색을 내거나 몰라 준다고 원망을 하면 무념이다.

유무념공부는 평떼기로 하는 것이 효과가 크다. 평떼기란 내가 청소해야 할 곳이 600m²인데 이것을 넷으로 나누어 오늘은 1/4만 청소 구역으로 정하는 등 한꺼번에 하기 힘든 일을 나누어하는 것을 말한다. 무시선 공부를 할 때도 한꺼번에 다 할 수 없을 때에는 그중 한 부분을 정해서 유무념 평떼기로 수행의 폭을 좁혀서 하면 무시선 수행에 효과적이면서도 재미가 붙는다. 지금 당장, 집에서 할 수 있는 일 가운데 하나를 정해서 유무념 평떼기로 무시선 수행을 해 보자. 시작이 반이라고 하지 않던가.

"그러나 처음으로 선을 닦는 사람은 마음이 마음대로 잘되지 아니하여 마치 저 소 길들이기와 흡사하나니 잠깐이라도 마음의 고삐를 놓고 보면 곧 도심을 상하게 되나니라. 그러므로 아무리 욕심나는 경계를 대할지라도 끝까지 싸우는 정신을 놓지 아니하고 힘써 행한즉 마음이 차차 조숙_{調熟}되어 마음을 마음대로 하는 지경에 이르나니, 경계를 대할 때마다 공부할 때가 돌아온 것을 염두에 잊지 말고 항상 끌리고 안 끌리는 대중만 잡아 갈지니라.

(중략)

사람이 만일 오래오래 선을 계속하여 모든 번뇌를 끊고 마음의 자유를 얻은즉, 철주의 중심이 되고 석벽의 외면이 되어 부귀영화도 능히 그 마음을 달래어 가지 못하고 무기와 권세로도 능히 그 마음을 굽히지 못하며, 일체 법을 행하되 걸리고 막히는 바가 없고, 진세塵世에 처하되 항상 백천 삼매를 얻을지라, 이 지경에 이른즉 진대지盡大地가 일진법계一眞法界로 화하여 시비선악과 염정제법染淨諸法이 다 제호醍醐의 일미一味를 이루리니 이것이 이른바 불이문不二門이라, 생사 자유와 윤회 해탈과 정토 극락이 다 이 문으로부터 나오나니라."

소를 길들이는 것처럼 수행하기

마음 길들이기의 방법은 그동안 어떻게 살아왔느냐에 따라 그 방법이 다르고, 공부의 목표에 도달하고자 하는 기간을 어떻게 잡느냐에 따라서도 다르다.

의지가 있는 사람이 몇 년 안에 목표한 공부에 도달하려면 소 길들이

기처럼 수행하는 것이 바람직하다. 이러한 방법은 그동안 불교 수행법으로 전해지고 있는데『목우십도송牧牛十圖頌*』이 대표적이다.

　목우십도송은 ① 미목未牧 : 길들기 전 ② 초조初調 : 길들기 시작하다 ③ 수제受制 : 차츰 길들어 가다 ④ 회수回首 : 머리를 돌이키다 ⑤ 순복馴伏 : 길들었다 ⑥ 무애無碍 : 걸리거나 막힘이 없다 ⑦ 임운任運 : 자유롭다 ⑧ 상망相忘 : 주관과 객관이 서로 잊었다 ⑨ 독조獨照 : 홀로 찬란히 비친다 ⑩ 쌍민雙泯 : 일원상만 뚜렷이 나타났다의 10가지 단계로 마음 길들이는 과정이 그려져 있는데 길들지 않은 검은 소가 차차 길이 잘든 흰 소로 변해 가다가 마침내 일원상이 나타나는 경지까지를 그림과 노래로써 엮어 선禪수행에 대조하도록 했다. 여기에서 소는 우리의 마음을 의미하며, 목우는 마음을 찾아 길들이고 닦아 간다는 뜻이다.

　정산이『수심정경』**의 강령을 말하면서 능심이 빠진 집심, 관심, 무심으로 무시선의 수행 과정을 설명하고 있는데 이 목우십도송의 마음 길들이기 내용과 맥락이 같다.

　정산은 "자기 마음을 닦는 공부로 첫째는 집심執心공부니, 염불 좌선을 할 때와 일체 때에 마음을 잘 붙잡아 외경에 흘러가지 않게 하기를 소 길들이는 이가 고삐를 잡고 놓지 않듯 하는 것이요, 둘째는 관심觀心공부니, 집심공부가 잘되면 마음을 놓아 자적自適하면서 다만 마음 가는 것을 보아 그 망념만 제재하기를 소 길들이는 이가 고삐는 놓고 소가 가는 것만 제재하듯 하는 것이요, 셋째는 무심無心공부니, 관심공부가 순숙하면 본다는 상도 놓아서 관하되 관하는 바가 없기를 소 길들

---

*「목우십도송」 : 중국 명나라 때 보명 화상이 지은 게송 형식의 선서禪書이자 수양서.

**「수심정경」 : 교단 초기에 많이 사용되었던 참고 경전의 하나. 강증산의 비전으로 추정하고 있는데 그 내용은 정신수양의 원리와 방법을 밝힌 것으로 불교 · 유교 · 도교 · 천도교 등의 정신이 혼합되어 있다.

이는 이가 사람과 소가 둘 아닌 지경에 들어가 동과 정이 한결같이 하는 것이라, 한 마음이 청정하면 백천 외경이 다 청정하여 경계와 내가 사이가 없이 한가지 정토를 이루리라."*라고 했다.

그런데 이 목우십도송과 비슷한 내용으로 곽암사원廓庵師遠 선사의 『십우도十牛圖』 또는 『심우도尋牛圖』가 있다. 원불교에서는 목우십도송을 주로 많이 공부하고 있으나 불교 선원에서는 십우도가 더 많이 알려졌다. 십우도는 ① 심우尋牛 : 소를 찾아간다 ② 견적見跡 : 소의 자취를 발견했다 ③ 견우見牛 : 소의 모양을 보았다 ④ 득우得牛 : 소를 붙잡았다 ⑤ 목우牧牛 : 소를 길들여 간다 ⑥ 기우귀가騎牛歸家 : 소를 타고 고향으로 돌아온다 ⑦ 망우존인忘牛存人 : 소는 잊어버리고 사람만이 남았다 ⑧ 인우구망人牛俱忘 : 사람도 소도 함께 다 잊어버렸다 ⑨ 반본환원返本還源 : 다시 현실 세계로 되돌아온다 ⑩ 입전수수入廛垂手 : 시장바닥 같은 현실 세계 속에 들어가 중생을 제도한다이다.

목우십도송이나 십우도는 다 같이 풍류적이면서도 예술과 종교의 깊은 경지를 잘 나타내고 있어 수행인의 길잡이로 손색이 없다.** 이 가운데 십우도에는 중생제도라는 의미의 능심까지 밝혀져 있다. 정산이 "마음을 지나치게 묶으려 하지 말고 간단없는 공부로써 서서히 공부하며 집심과 관심, 무심을 번갈아 하되, 처음 공부는 집심을 주로 하고 조금 익숙하면 관심을 주로 하고 좀 더 익숙하면 무심을 주로 하며 궁극에 가서는 능심에 이르러야 한다."***라고 하였듯이 여기에서는 십우도와 같은 맥락을 이룬다. 이처럼 원불교에서는 목우십도송뿐 아니라

---

* 『정산종사법어』 경의편 65장.

** 『원불교 용어사전』 손정윤 편저, 원불교출판사, 1993.

*** 『정산종사 법어』 권도편 48장.

십우도까지 아울러 수용한다.

소 길들이기처럼 수행하는 것은 수행의 과정에 따른 상태라 스스로 수행 방법을 찾아서 그런 경지에 이를 것을 의미하고 있다.

수행 방법이 구체적이지 않으면 단지 의지로 모든 난관을 뚫고 나가야 한다. 이것은 의지가 강한 사람만이 할 수 있다. 마치 유격훈련처럼 자신을 단련하는 것인데 이루기만 하면 힘 있는 경지에 이른다. 이런 수행으로 경지에 이르면 부드러운 수행자가 되기보다는 군 사령관 같은 카리스마 있는 수행자가 되기 쉽다.

이와는 달리, 시간을 넉넉하게 갖고 수행의 순서에 따라 성품에 머무는 마음이 늘어나면서 관념과 욕심 그리고 잘못된 습관을 녹여내는 방법도 있다. 성품에서 발현되어 가는 순서에 따라 집심, 관심, 무심, 능심으로 길러 가는데 한 번에 길들여 가기보다는 공부 거리를 작게 잡아서 하면 누구나 할 수 있을 정도로 어렵지 않다.

사람은 누구나 하고자 하는 마음이 있으나 생활의 복합적인 상황과 우선 처리해야 할 급한 일 그리고 나태심 등이 수행을 가로막기 십상이다. 이런 모든 상황을 고려하여 챙기는 마음을 놓지 않는 방법으로 유무념공부를 해 가는 것이 좋다. 우선 흥미를 가질 수 있으면서도 단순한 가운데 주위 사람에게 도움이 될 만한 일부터 잡아서 성품의 발현으로 마음 다해 간다. 평떼기로써 길들여 가면 누구나 수행에 깊이가 생기고 삶 전체가 무시선이 된다.

이런 방법으로는 시간이 오래 걸릴 수 있지만 경지에 이르기만 하면 맑고 부드러운 특성을 지닌다. 하지만 두 가지 방법을 아우른 경우도 없지는 않다. 처음에는 자신을 혹독하게 단련하다가 어느 정도 순숙되면 성품으로 자신의 미숙하고 거친 모습을 녹여 가며 길들여 가는 방법이다. 이와 달리 성품의 발현으로 길들여 가다가 목적에 따른 기질을 단련하는 것도 괜찮다. 사람의 모습이 제각각이듯 특성을 이룬 모습도 조금씩 다르다. 그러나 결국 경지에 이르러서는 서로 같고 수행을 해 가며 닦아 가는 길의 대체도 같다.

경지에 이른 수행자들은 한결같이 상서로운 기운과 아름다운 인품을 지녔다. 좀 더 구체적으로 살펴보면 마음에 맑은 힘이 있어 안정되고, 영계와 인간계를 아우른 통찰력이 있다. 그리고 간단없는 정성스러운 모습과 포용심을 느끼게 한다. 이 가운데 일상에서 쉽게 느낄 수 있는 것은 미움이 없고 애착심도 없어서 그런지 모든 것이 자연스럽다. 게다가 행동은 간결하고 세련되기까지 하다.
특성에 따라 수행길이 다르나 결국에는 하나이듯이, 자신과 다른 특성을 지닌 사람의 수행길을 되돌아보면 도그마에 빠졌는지 아니면 제대로 가고 있는지를 안다. 그 경지마다 특성은 달라도 덕목은 같기 때문이다.

　　"근래에 선을 닦는 무리가 선을 대단히 어렵게 생각하여 처
　자가 있어도 못할 것이요, 직업을 가져도 못할 것이라 하여,

산중에 들어가 조용히 앉아야만 선을 할 수 있다는 주견을 가진 사람이 많나니, 이것은 제법이 둘 아닌 대법을 모르는 연고라 만일 앉아야만 선을 하는 것일진대 서는 때는 선을 못하게 될 것이니, 앉아서만 하고 서서 못 하는 선은 병든 선이라 어찌 중생을 건지는 대법이 되리요. 뿐만 아니라, 성품의 자체가 한갓 공적에만 그친 것이 아니니, 만일 무정물과 같은 선을 닦을진대 이것은 성품을 단련하는 선공부가 아니요, 무용한 병신을 만드는 일이니라. 그러므로 시끄러운 데 처해도 마음이 요란하지 아니하고 욕심 경계를 대하여도 마음이 동하지 아니하여야 이것이 참 선이요 참 정이니, 다시 이 무시선의 강령을 들어 말하면 아래와 같나니라.

"육근六根이 무사無事하면 잡념을 제거하고 일심을 양성하며, 육근이 유사하면 불의를 제거하고 정의를 양성하라."

성품이 그대로 발현되면 선이자 정의

소태산은 "참다운 도를 닦고자 할진대 오직 천만 경계 가운데에 마음을 길들여야 할 것이니 그래야만 천만 경계에 마음이 흔들리지 않는 큰 힘을 얻을 수 있다. 만일 경계 없는 곳에서만 마음을 단련한 사람은 경계 중에 나오면 그 마음이 바로 흔들린다. 이는 마치 그늘에서 자란 버섯이 태양을 만나면 바로 시드는 것과 같다."라고 설하면서 말미에는 『유마경維摩詰所說經』의 내용을 인거하며 "보살은 시끄러운 데 있으나 마음은 온전하고, 외도는 조용한 곳에 있으나 마음은 번잡하다. 이는 오직 공부가 마음 대중에 달린 것이요, 바깥 경계에 있지 않다."라고 했다.

언제 어디서 무엇을 하든지 선의 마음이 되어야 무시선이다. 선의 마음이라고 하면 요란한 경계에서도 흔들리지 않고 욕심의 경계에서도 마음이 물들지 않을 정도가 되어야 한다. 이런 마음이 되기 위해서는 "일 없을 때는 잡념을 제거하고 일심을 양성하며, 일 있을 때는 불의를 제거하고 정의를 양성하라."라는 소태산의 법문이 무시선을 수행해 가는 데 근본이 되는 줄거리가 된다.

원불교 수행의 특징은 무시선이라고 말하는 사람이 많다. 그래서 "무시선을 어떻게 하냐."라고 물으면 "그 일 그 일에 일심으로 하는 것이다."라고 말한다. 다시 "일심이 무엇이냐."라고 물으면 "그 일에 집중함으로써 다른 생각을 하지 않는 것이다."라고 대답을 한다.

법문에 "일심이 동하면 정의가 된다고 하는데 무슨 일이든 집중해서 하면 정의가 되냐."라고 하면 머뭇거려서 다시 "도둑질도 집중해서 하면 정의가 될 수 있냐."라고 물으니 "그것은 아닌 것 같다."라고 조심스럽게 입을 연다.

일심은 집중이나 온전한 마음을 일컫는다. 여기에서 온전한 마음이란 성품이 어디에도 물들지 않은 본연 그대로의 마음을 뜻하기도 하고, 또는 그 상황에 알맞게 쓰는 마음을 뜻한다. 그러나 보편적인 면에서는 후자의 뜻으로만 알기 쉬운데 본질적인 의미로는 성품을 여의지 않은 마음이다.

정산은 일심에 대해 '동정 간動靜間 자성을 떠나지 아니하는 일심공부'*라고 했고 '동정 간에 일심을 여의지 않는 것이 곧 입정이다.'**라고 밝혔다. 이렇듯 일심이란 자성을 여의지 않음을 말한다.

이어서 '우리의 성품은 원래 청정하나 경계를 따라 그 성품에서 순하게 발하면 선이 되고 거슬러 발하면 악이 되니 이것이 선악의 분기점이요, 바르게 발하면 정正이 되고 굽게 발하면 사邪가 되니 이것이 정사의 분기점이요, 가리움을 받으면 어둠이 되고 참이 나타나면 밝아지니 이것이 지우智愚의 분기점이다.'***라고 구분 지었다.

즉 본래 마음인 자성 또는 성품이 발현되는 순서에 따라 공적영지의 마음을 그대로 발현시켜 갈 때 바른 은혜가 나타난다. 이것을 정의라고도 부른다. 그래서 일심이 동하면 정의가 되는 것이 성립된다.

반대로 잡념이 동하면 불의가 된다는 말은 성품이 발현되는 순서에 따라 마음이 그대로 나타나는 것이 아니라 관념, 욕심, 잘못된 습관에 의해 왜곡되어서 나타나는 것을 뜻한다. 일심이란 성품을 여의지 않는 마음이라 그대로 발현시키면 정의가 되는데 성품이 발현될 때 잡념으로 인하여 왜곡이 생기면 불의가 된다.

일 없을 때의 수행은, 잡념을 놓고 근본에 깨어 있는 마음인 일심을 기르면 되는 것이다. 성품에 깨어 있고자 하나 잡념이 떠오르면 이때는 바

---

*『정산종사 법어』 경의편 13장.

**『정산종사 법어』 응기편 29장.

***『정산종사 법어』 원리편 10장.

라보기만 하여도 물러난다. 바라보아도 물러나지 않을 때는 거친 번뇌이
니만큼 그 번뇌에 대한 깊은 이해가 필요하다. 이것도 깊은 이해를 통해
없어지는 게 있는가 하면 미처 없어지지 않는 것도 있다. 이런 번뇌는 무
의식 깊이 깔려 있어서 좌선, 염불 등으로 훑어낼 때 점차 없어진다.

일 있을 때는 해야 하는 일에 깨어 있으면 되는데 관념과 욕심 그리
고 잘못 길들여진 습관이 가로막는다. 이 또한 바라보면 대부분 없어
진다. 물론 없어지지 않을 수도 있다. 마음 깊은 곳에서 원하는 것이 짙
게 깔려 있으면 바라본다고 하여도 없어지지 않기 때문이다.

불의의 근본은 잡념이다. 이 잡념의 근원을 파헤쳐 없애는 것은 일
없을 때의 작업으로 남겨 두고 정해진 시간 안에 처리해야 하는 일부
터 해 나아간다. 살아가는 데 해서는 안 되는 일이 자신을 자꾸 유혹하
고, 하던 일이 힘에 버거워 그만두고 싶은 마음이 일어날 수도 있다. 그
러나 선택하고 실행해야 할 단계에서 '해서는 안 되는 일과 나약한 마
음이 왜 드는지'를 분석하고만 있어서는 안 된다.

그때는 정신과 육신으로 병들거나 고장이 나지 않을 정도라면 자신
의 모든 역량을 동원하여 그 일을 해내고 봐야 한다. 좀 더 잘하기 위해
서는 일 없을 때를 기다려 깊이 비워야 할 것은 비우고 준비해야 할 것
은 준비해 간다. 이것이 무시선 수행을 하는 데 필요한 기본적인 심신
의 힘이자 바탕을 이루어 준다.

마음의 습관 길들이기

일할 때에 마땅히 해야 할 일을 하느냐 아니면 해서는 안 되는 일을

하느냐를 선택하는 것은 그 사람의 의식 수준에 따라 다르다. 의식의 수준이 사회적 수준에 따를 수도 있고 또는 그 이상과 이하일 수도 있다. 성현 수준과 범죄자 수준이 아니라도 일반적인 범위 안에서 폐를 끼치는 정도와 배려 사이가 존재한다.

설사 일반적인 범위에 있다 하여도 어떻게든 할 수 있는 마음의 힘만큼은 기본적으로 있어야 한다. 이런 힘은 어느 날 갑자기 생기지는 않는다. 청소년 시절부터 자기 통제력과 원하는 일을 반드시 해내고자 하는 성취력을 기르는 것이 필요하다. 어른이 되어서 하려면 몇 배의 힘이 들기 때문이다.

잘못된 습관은 아이뿐 아니라 어른이 되어서도 들 수 있다. 습관은 반복을 통해서 생긴다. 습관을 없애는 것도 생기는 원리와 같이 반복으로 이루어진다. 습관은 편안하거나 좋아하는 것에서 자연스럽게 생기는 만큼, 없애려고 할 때도 없애는 것을 좋아하면 어렵지 않게 없앨 수 있다. 습관을 고치는 것은 습관을 들이는 것보다 곱절의 노력이 필요하다. 이렇다 보니 수행자가 아니더라도 습관들이는 것은 신중하게 접근해야 나중에 힘들지 않다.

출가 수행자는 일반 사회 속에서처럼 치열하게 부딪치는 일이 드물다. 그렇기 때문에 마음의 습관을 들이기가 일반인보다 유리하다. 출가 수행자는 주로 이미지 트레이닝과 아침저녁으로 진리와 진리의 화신인 법신불 사은法身佛 四恩*을 향해 심고 올리는 것으로 마음의 습관을

---

*법신불 사은 : 원불교 신앙의 명호. 법신불은 진리의 근원으로서 우주의 영혼을 말하고, 사은은 천지, 부모, 동포, 법률 즉 우주 만물을 말한다.

길들여 간다. 그런데 꼭 출가 수행자가 아니라도 조석으로 심고를 올리면 마음의 습관을 들이는 데 큰 힘이 된다. 마음의 습관이 생기기도 하지만 진리의 기운과 주위의 기운을 상서롭게 돌려 일하고 살아가는 데에도 마음이 바라는 대로 길이 열린다.

한 수행자가 연세가 들어 교무의 직무를 놓고 수도원에서 수양을 하며 노후를 보내는 곳에 계신 스승을 찾아가 그동안의 공부와 일을 말씀드렸다.

"제게 욕심이 남아 있는지 경계를 당해 봐야 알겠지만 혹시나 해서 이미지 트레이닝을 합니다. 제가 자동차에 관심이 있어요. 특히 디자인에 관심이 많습니다. 혹시나 욕심에서 비롯되었는지 싶어서 '누군가가 차를 준다며 예 아닌 일에 못 본 체만 해 달라거나 상황이나 분수에 맞지 않은 차를 준다고 할 때 받을 것인지 생각해 봤습니다. 그런데 그런 일이 일어났어요. 외국에 있는 교도가 디자인이 평소에 맘에 들었던 독일제 명차를 준다는 겁니다. 이상하게도 조금도 주저함이 없이 당장 필요한 것도 아니고 설사 받는다 해도 과분한 것이라 생각이 들어 마다했습니다. 그런데 자동차 키를 탁자에 밀며 네 번이나 간곡히 권하는 거예요. 한 번 더 생각해 보다가 결국 거절했는데, 받으면 그 사람에 대해 마음이 쓰일 것 같았기 때문입니다. 마음만 감사하게 받겠다고 하며 사양을 했습니다. 그러고 나서 자신이 너무 예뻐서 칭찬해 주었습니다."

"수행자가 모든 사람을 위하는 것은 당연한 마음인데 마음 쓰일 것을 왜 걱정하지?"

"매일 조석으로 세상 사람들뿐 아니라 전 생령과 생물이 행복하고 바른 수명을 얻으라고 기도를 합니다. 그런데 그 한 사람에게 마음이 묶일 것 같은 느낌이 들었습니다. 이정도의 일로써 묶이고 싶지 않았습니다. 대중을 위하는 일을 하면서 묶인다면 감내할 일이지만 말입니다."

"그래 잘했다."

"그런데 부끄러운 일도 있습니다. 수행을 열심히 하는 분이 가족을 도와준다는 거예요. 그래서 받았는데 마음이 걸립니다. 스승에 대한 고마움으로 도움을 주고자 그렇게 한 것은 알겠는데 그 사람의 마음에 흔적이 보여요. 그래서 그 돈을 쓰지 않고 돈이 꼭 필요한 사람을 돕는 일에 썼습니다. 그 다음부터는 흔적이 있는 돈은 받고 싶지 않아서 웬만하면 받지 않아요. 어쩔 수 없이 받아야 하는 상황이라면 공중사에 씁니다."

"좋은 공부를 했구나! 요즘은 어떤 공부를 하냐?"

"생사해탈에 대해 공부합니다."

"어떻게 하는데?"

"나이 들어 죽어 가는 것은 편안하게 받아들일 것 같습니다. 그 정도는 전혀 염려치 않습니다. 그런데 불현듯 어떤 사람이 나타나서 칼을 들이밀면서 '두 손으로 빌며 목숨을 구걸하면 살려준다'고 할 때 구걸하고 살 것인가 아니면 그 칼을 그대로 받을 수 있냐는 것입니다. 저는 그 칼을 받는 것으로 선택했습니다."

"그렇게 죽는다면 죽음의 의미가 있을까. 그리고 그 칼을 받는 고통이 두렵지 않아?"

"제 영혼을 사랑하는 것으로 의미가 있을 듯싶습니다. 그리고 그 고통은 정말 싫지만 잠시일 거라 여깁니다."

"마음의 유혹에 흔들리지 않을 수 있지만 생명과 고통 앞에서 의연하기도 쉽지 않은 일이다. 넌 할 수 있다는 것에 한 표 던진다."

스승은 그러면서 따뜻한 눈길과 미소를 건네면서 제자에게 한마디 더 건넨다.

"넌 수행을 아주 열심히 했고 지천명에 한참 이르러서도 법열에 차 있다. 그리고 회상의 앞날을 위해서 수행길을 열어 줄 것이라 믿는다. 그런데 네가 품은 꿈과 네가 하고 싶은 일을 그만 접으라면 흔연하게 접겠냐?"

"꿈은 접지 못하겠지만 일은 접을 수 있습니다."

"그래! 꿈은 너를 위한 일이고 일은 회상을 위한 일인데 그렇게 하겠다고? 실망스럽다."

"어려서의 꿈은 진리를 아는 것이고 지금은 수행을 아주 잘하는 것입니다. 그것을 접고 싶지는 않습니다. 회상을 위한 일은 이생이 아니라도 다음에 할 수 있지 않겠습니까? 그런데 제가 수행을 놓는다면 다음 생도 기약할 수 없을 뿐 아니라 그 마음으로 다음 생에 기회가 되어 회상을 위한들 완성도가 떨어지는 보은이 될 것이라 마음에 차지 않습니다. 회상 위하는 일을 접을 수 있는 것은 제가 아니라도 많은 선후배 동지가 있기 때문이고, 제가 아니면 안 된다고 해도 스승께서 접으라면 접겠습니다. 왜냐하면 지금 회상 전체를 위하는 일이 제가 없는 듯 회상의 뒤에서 흔적 없이 도우라는 스승님의 뜻으로 여기기 때문입니다."

스승은 제자의 두 손을 꼭 포개 잡으며

"고맙다. 고마워……! 난 이제 영혼의 여행을 떠나도 되겠다."

성품을 여의지 않는 비움에도 힘과 크기가 다르다. 그저 순수한 정도에 머무는 경우가 있고 어느 외경이 와도 흔들리지 않는 비움이 있다. 심지어 누군가가 모략중상謀略中傷 등으로 자신을 흔들어 놓을지라도 자정할 수 있는 것처럼 비움에도 깊이와 힘의 차이가 존재한다. 자신만 겨우 비울 수 있는가 하면 다른 사람과 세상을 비울 정도로 호대한 비움도 있다. 하루아침에 다 이룰 수는 없지만 하나하나 수행해 가면 어느새 되어지니만큼 공부심을 놓지 않는 것이 수행에서는 무엇보다 중요하다.

공부가 어느 정도 순숙되어 정서적 안정이나 통찰력 그리고 의지력이 있어서 하고자 하는 일에 지장 없이 할 수 있을 만큼의 힘이 생긴다. 이 정도가 되면 일 없을 때는 자성반조自性返照에 의한 목적을 준비하고, 일 있을 때는 목적반조目的返照에 의한 자성반조를 하는 것이 자연스럽다.

일 없을 때는 자성, 즉 성품을 회복하여 목적을 준비하기까지 발현의 순서를 따라 준비하고, 일 있을 때는 일하고자 하는 본의에 충실하되 진행하는 과정에서 혹 착심으로 본질이 흐려지거나 뒤틀리지 않는지 조심하기 위해 자성에 돌이켜 살핀다.

이 수행은 어느 일에서나 할 수 있다. 아주 복잡다단한 일이라도 성품에서 발현시켜 집심, 관심, 무심, 능심으로 이루어 가면 못할 게 없고 은혜로 나타내지 못할 게 없다.

무시선 수행의 경로

무시선 수행의 단계

성품에서 발현시켜 깨어난 마음으로 그 일마다 마음다함으로 하나하나 해 가며 집심執心, 관심觀心, 무심無心, 능심能心으로 단련하다가 미진한 것이 있으면 다시 성품에서 녹여 낸다. 이것을 소 길들이는 방법으로 다시 점검해 보는 것이 수행길에서 놓친 부분을 채울 수가 있어서 수행을 원만하고 튼실하게 하는 데 도움이 된다. 성품에서부터 공부길을 잡아 공부의 단계를 따라 체계적으로 진중하게 하나하나 공부한다면 결코 더디지 않을 것은 물론이고, 자연스럽고 탄탄하게 밟아 올라가 경지에 이를 수 있다.

해야 하는 것을 중심으로 수행하면 마음의 힘은 있으나 거친 느낌이 있고, 성품에서 발현시켜 가면 수행이 좀 더디나 부드럽고 편안한 성향을 지닌다. 어려움을 뚫고 나아가야 할 때는 목적에 따라 길들여 가는 수행이라야 시대를 변화시킬 수 있다. 하지만 요즘처럼 인지가 열려 가는 때에서는 사실적이면서도 세련된 합리적인 사고의 소통이 요구된다. 때문에 성품으로부터 길들여 가는 수행이 시대의 흐름과 같이 간다.

　성품에서부터 발현시켜 가는 흐름을 집심, 관심, 무심, 능심 즉 일심사단一心四段으로 대략 짚어 가지만 그 전에 하고자 하는 마음으로 방향이 설정되어야 수행을 위한 수행에 떨어지지 않는다.
　집심, 관심, 무심, 능심은 모두 일심一心이다. 여기서 일심이라 하는 것은 자성을 여의지 않음을 말한다. 이 자성이 순연하게 발현되면 정의로 나타나는데 만약 자성에서 관념과 욕심 그리고 잘못 길들여진 습관이 잡념이 되어 가리면 왜곡된 발현으로 불의가 나타난다.
　자성에서 순연하게 발현되어 진리의 존재로 은혜를 실현해 갈 수 있기까지 수행의 순서를 잡은 것이 집심, 관심, 무심, 능심이다. 이 네 가지는 자성이 존재하는 형태의 구분이자 수행이 깊어 가는 과정이다. 글의 흐름상 이 일심의 네 단계를 통칭해야 할 때가 있어서 여기에서는 그 의미 그대로 '일심사단'이라 부른다.

　체계적인 단계에 따라 수행을 깊이 가져가야 마음의 자유를 얻어 가는 데 실효를 거둔다. 하지만 수행 방법의 틀이 지나치게 세밀해도 당위성에 묶여 수행을 오히려 저해하는 경우도 있다. 세밀함에 갇히면 예민해지기도 하지만 마음과 기운이 흐르지 않아 병을 불러올 뿐 아니라 수행을 위한 수행에 빠져서 헤어나지 못한다.

수행에는 반드시 그 하나하나에 한계를 정해서 어느 정도가 되면 그 위를 공부해 가야 한다. 학업도 모두 100점을 맞아야 진학하는 것이 아니다. 대체를 이해하고 세밀한 데에서는 80점만 맞아도 우수하다. 진학해서 공부를 하다 보면 미진하고 세밀한 부분은 채워진다. 그런데 100점이 안 된다고 진학을 시키지 않으면 그 나이에서 배워야 할 것을 배우지 못한다. 수행도 마찬가지라 목적에 따른 수행의 대체를 배우다 보면 세밀한 부분은 나중에 채워지기 때문에 세밀한 부분까지 완벽하지 않음을 염려하지 않아도 된다.

수행자는 수행의 의미에 늘 깨어 있어서 삶의 전체와 세밀한 부분에 조화를 이루어 가야 한다. 게다가 이 모든 것이 영적 성장으로 이어져야 수행의 의미가 살고 수행의 실효를 거둘 수 있다.

집심執心

집심은 집중이다. 그런데 자성에서 발현된 집중이라야 한다. 이 집중은 진공을 바탕 삼아 묘유로 나타내는데 이것이 잘되면 그 일에 마음이 평온하고 마음다함으로 할 수 있다.

집심은 동작 하나하나에 평온함과 마음다함으로 깨어 있음을 말한다. 마음 평온함이 잘되면 마음도 점차 비워져서 과거, 현재, 미래에 대한 집착이 없이 허공이 되는 데에 이른다. 마음에 밑살이 빠진 것처럼 마음에 그 어떤 흔적도 없다. 또한 마음다함이 잘되면 날로 마음에 집중과 의지의 힘이 생길 뿐 아니라 그 순간마다 맡은 바 일을 온전하게 이루어 내며 결실로 이끄는 힘도 갖추게 된다.

집심에서 온전하게 오랜 시간 깨어 있으려면 집중에 느낌이 함께해야 한다. 느낌에 몰입하다 보면 깨어 있음은 자연스럽게 이루어진다. 챙김에서 스며드는 쪽으로 옮겨 가는 형태이다.

집심 수행은 아직 익숙하지 않은 과정이므로 해야 하는 일에 마음의 고삐를 잡고 욕심 경계에 끝까지 싸워 이겨내야 한다. 마음을 마음대로 하는 지경에 이르기까지 마음을 놓아서는 안 된다. 그 일에 마음을 잘 붙잡아 외경에 흘러가지 않게 하는 것이 마치 소 길들이는 이가 쇠고삐를 잡고 놓지 않듯 하는 것과 같다. 그러나 마음의 고삐를 잡고 수행으로 길들여 가는 것도 좋지만 여래의 마음을 확장해 가는 것도 아울러 진행하는 것이 좋다. 성품에서 발현시켜 평온함과 마음다함으로 확장해 가면 수행이 재미있고 마음이 활달하여 큰 수행의 기틀이 형성되어 간다.

초심자들도 부분적으로는 여래의 심법을 쓴다. 사람은 본래 진리와 하나이기 때문이다. 자기의 여래성을 믿고 발견해 가며 수행하는 것이 무엇보다 중요하다. 이렇게 하다 보면 때로는 맑히고 때로는 밝히며 여래의 면모를 갖춰 가는 자신을 보며 자신감이 더 생긴다. 그만큼 재미를 갖고 활달하게 키워 갈 수 있다.

관심觀心

관심은 열림이다. 그러나 자성에서 발현된 마음과 기운의 열림이라야 한다. 진공을 바탕으로 묘유를 삼는 데 열림으로 잘되면 그 일에 마음이 평온하고 마음다함이 집심보다 부드럽고 편안하다. 의식의 확장으로 한 단계를 마무리할 때는 '하는 나'와 '보는 나'를 통해서 정리하여 매듭을 지어 간다. 그리고 그 매듭 위에서 한 단계 더 확장하여 가다가 또 '하는 나'와 '보는 나'로 매듭을 짓는다. 이렇게 하는 것을 하나가 되는 경지에 이르기까지 하면 된다. 또한 관심부터는 삶에 이르러 마음을 열기 때문에 일 없을 때와 일 있을 때가 있어서 주종이 다르다. 일 없을 때는 자성에 머무르기를 주로 하다가 일 있을 때를 준비하지만, 일 있을 때는 목적을 위주로 방향을 잡아 가나 자성반조가 아우른다.

관심은 마음을 열어 하나가 되어 가는 수행이다. 그 일에 평온함과 마음다함으로 전일한 것이 집심이라면 관심은 마음의 창을 열고 확장하여 결국에는 하나로 되어 가는 과정이다. 자신과 일과 세상이 열려 대상과 동화되고 확장이 되어 큰 범주 속에 함께한다. 그러다가 대상이 크게 열려 하나가 된다. 하지만 관심의 정도에서 간혹 되는 것이지 아직 자리를 잡지는 못한 단계라는 것을 잊지 않아야 그 자리에서 안주하지 않는다.

관심 수행은 해야 할 일과 하지 않아야 할 일에 끌리고 안 끌리는 데 균형을 잡아 가는 과정이기도 하다. 이 과정을 수행길 따라 성실하게 밟아 가면 경계마다 마음대로 하는 건수가 점점 늘어난다. 어느 정도 순숙되면 좋거나 싫은 경계에 맡겨서 마음이 움직이는지 가늠하여 부족한 부분이 있으면 채워 간다. 이렇게 수행을 하여 세밀한 부분까지 닦아 가면 경계에 마음이 맞닥뜨려서도 흔들리지 않게 된다.

그러나 아직은 심력을 써서 흔들리지 않은 수준에 불과하다. 마음을 놓아도 움직이지 않을 때까지 수행을 놓지 않아야 한다.

이 관심은 전체 일심이 되어 가는 수행이다. 마음을 놓아 자적하면서 다만 마음 가는 것을 보아 그 망념만 제재하는 것이 마치 소 길들이는 이가 고삐는 놓고 소가 가는 데에만 관여하는 것과 같다.

무심無心

무심은 저절로 되는 것이자 합일된 하나의 경지이다. 자성에서 발현된 평온함과 마음다함이 습관으로 되어 나타난다. 진리와 하나가 된 삶이라 마음 바탕이 비었다. 그리고 삶에서도 오직 할 뿐 흔적이 없다. 이미 전체일심이 되어 온전하다.

무심 무시선은 하나가 된 삶이다. 그리고 그 경지는 평온함과 마음다함이 마음의 습관과 행동의 습관으로 자리한 것이라 그 삶이 편안하다. 단순히 편안하기만 한 것이 아니라 진리의 흐름과 함께하는 해탈이기에 자연스럽다.

무심은 진리와 하나 된 삶이다. 몰입으로 하나가 되고, 마음과 기운을 열어서 진리와 하나가 되며, 마음과 행동이 습관이 되어 하나가 된다. 삶에 깊이가 있고 폭이 넓을 뿐 아니라 그 일과 삶에 달관이 되어져서 마음이 역경에 흔들리지 않고 순경에 흘러 나가지 않는다. 자성의 깊은 맛을 안 것도 있지만 삶의 모든 것이 하나의 티끌이고 삶의 다양함이 한 맛이자 자성을 떠나지 않는 극락에 이르렀기 때문이다. 이로써 윤회에 해탈하고 더할 나위 없는 극락을 누린다. 즉 무심은 자연히 동하지 않는 경지이다.

이 무심 수행은 본다는 상相이 놓아져서 관觀하되 관하는 바가 없다. 마치 소와 사람을 둘 아닌 지경에 이르기까지 잘 길들여서 사람의 마음은 진리를 향하고 소는 사람의 마음을 알고 움직이는 것처럼 된다. 즉 마음과 행동에 진리가 스며들어서 나타나는 것이 동動과 정靜에 구애 없이 한결같다. 성품으로의 발현이 마음과 몸의 습관으로 자리 잡혔다.

한 마음이 청정하면 온갖 밖의 경계가 다 청정하여져서 경계와 자신 사이에 간격 없는 한 정토를 이룬다.

능심能心

능심은 자유자재이다. 하나가 되어 균형과 조화를 이룬 은혜의 삶이다. 그리고 은혜와 사랑을 바탕으로 큰 기틀에 따른 나눔과 활용이 있다. 능심의 마음은 그 바탕이 아주 맑고 널리 위함이 있고 자유의 힘까지 갖추어 세상을 자신의 일로 돌본다.

능심의 경지에는 마음을 잡고 놓음을 자유자재로 하나 여유와 맑은 품위가 있고 배려가 있다. 뿐만 아니라 늘 삶의 큰 틀과 긴 안목이 있어서 그런지, 마음의 품이 크고 넓다. 게다가 마음 바탕에서 훈김이 오르는 듯하다. 정제된 승화로 예술처럼 마음에 품위가 있어 그런지 함께 하는 이가 편안하고 잔잔한 미소를 머금을 정도다. 나눔과 은혜에도 품격이 있다.

능심은 마음의 자유를 얻은 경지이다. 게다가 영혼의 자유를 얻을 뿐 아니라 세상의 기운을 움직일 수도 있다. 이 마음의 바탕에는 항상 감사와 배려가 있어서 여기서 우러난 마음은 세상 모두가 진급의 일로에서 길이 행복하기를 바란다.

무심이 세련된 맑음이라면, 능심은 청탁을 병용하여서라도 은혜를 만들어 가는 힘이 있다. 이 힘은 빈 마음의 유연함에서 나온다.

집심, 관심, 무심, 능심의 마음이 각 과정에 한두 번 되었다고 경지에 이른 것이 아니다. 각 과정마다의 심법이 되어 꿈에서도 그 마음으로 이어져야 비로소 그 과정을 이루었다고 말할 수 있다. 그리고 그 마음에 마음이 더한 인격으로 이룬 인품이라야 세상의 인식을 바꿔 가는 은혜로 번진다.

≫ 단전주선과 무시선의 수행 흐름

■ 집심

단전주선에서의 집심은 누워서 단전 만들기, 자기호흡 찾기, 유무념 수식호흡법의 과정과 교리 대체를 아울러 밟아 간다. 그런데 무시선에서의 집심은 그 일 그 일에 평온함으로 마음다함을 챙겨서 수행하는데 그 특성은 집중이다. 집중에서 몰입을 경험하는데 이때 마음에 힘이 생긴다.

■ 관심

단전주선에서의 관심은 미세호흡법, 독야청정, 선정삼매, 자성관조의 과정과 성리연마를 아울러 밟아 가는 단계라면, 무시선에서의 관심은 그 일마다 마음을 열어서 의식을 확장해 가며 평온함과 마음다함으로 하나가 되기까지의 수행 과정이다.

■ 무심

단전주선에서의 무심은 자연호흡법, 천지합일, 만행, 보림함축의 과정과 성리대전이 될 수 있도록 밟아 가는 수행 단계이다. 무시선에서의 무심은 몰입에 의한 삼매로 하나가 되고, 마음과 기운을 열어서 대상과 하나가 된다. 또한 평온함과 마음다함이 체화된 감각으로 자리하여 마음의 습관과 행동의 습관이 되어 저절로 되는 경지를 일컫는다. 극에 이르면 진리와 하나의 존재가 될 뿐, 더하고 덜할 게 없다.

■ 능심

단전주선에서의 능심은 도광산채와 대기대용 그리고 동정일여, 대자대비, 자유자재의 덕목을 지닌다. 그리고 무시선에서는 단전주선의 수행 덕목이 자유 속 은혜와 예술혼으로 함께한다.

수행의 흐름과 경지

'무시선 수행의 단계'가 체계적인 수행법으로 밟아 올라가는 프로그램이라면, '수행의 흐름과 경지'는 수행을 해 감으로써 나타나는 현상과 그에 따라 해 나아가야 하는 과제를 수행하는 과정이다. 단계와 과정이 같이 쓰이는 말이나 수행의 특성상 나누었다.

예를 들면, 허령은 닦아 가야 하는 경지나 덕목이 아니기 때문에 수행으로 밟아 올라가는 단계에는 포함되지 않는다. 하지만 수행의 과정에서 보면 허령이란 빈번하게 나타나기도 하는 현상이다. 그러니 허령이 언제쯤 생기고 이때 어떻게 해야 할지를 알고 헤쳐 나가는 것일 뿐 허령이 수행 과정의 하나로 인식될 수 없다.

'일심사단'이 일 없는 가운데 올곧게 맑히고 쌓아 가는 수행의 단계라면, 이 '수행의 흐름과 경지'는 일상생활에서의 숱한 경계에서 수행해 가는 대체적인 수행의 경지와 과정이다.

일상에서 '일심사단'대로 제대로 수행을 했다면 삶 속에서 이루어 가는 수행의 흐름에 따른 경지에도 대체적으로 부합이 되어야 한다. 그래야 수행길을 제대로 걷고 있다는 것을 뜻하기 때문이다. 이 흐름은 원만한 진리의 인품으로 다져 가는 데에도 도움이 된다.

무시선은 언제 어디서든 마음을 평온하게 갖자는 것에 그치지 않는다. 무시선 수행으로 여래의 인품에 이르러 세상과 함께함을 지향하므로 수행의 과정에 따른 공부와 경지에 이르는 그 모든 여정과 함께한다. 무시선이 곧 수행 경로마다 생기는 심법으로 들어와 자리할 때 그 의미가 살아난다.

수행을 통해서 원만한 인격을 얻어 가는 데에는 자라 온 배경이 어느 정도는 작용한다. 그렇다고 어떤 환경에서 자라는 것이 좋다고 단정지을 수는 없다. 다만 유복한 환경에서 자라면 물질에 집착함이 적어서 수행에 전일할 수 있고 어려운 환경 속에서 자라면 그 만큼 마음의 힘이 큰 경향을 보이는 경우가 없지 않다.

환경보다 더 중요한 것이 자각하는 삶이다. 이 자각은 사회적으로 형성된 삶에 대한 의식과 제도의 기반 위에서, 삶의 본질과 자신이 추구하는 삶 사이에서 끊임없는 사유로 찾아가는 데 있다.

할 수만 있다면 임신기에서 3세까지는 아이가 사랑을 충분하게 느끼도록 하고 유년기까지는 삶을 온몸으로 받아들이려는 때이니만큼 육아를 담당하는 사람의 정서가 편안하고 지혜로워야 한다. 그리고 사회에 바람직한 영향을 미친 전문가나 훌륭한 인격을 지닌 사람과 함께할 수 있는 기회를 자주 가지게 하면 더더욱 좋다.

소년기에는 생각을 다양하게 하고 몸을 활달하게 움직이도록 환경을 조성해 주면 폭넓고 좋은 심성을 지니는 데 보탬이 된다. 아이에게 지시보다는 아이의 이야기를 듣고 스스로 선택하도록 하는 것이 좋다. 믿고 맡기고 용서하며 기다려 주는 마음으로 아이를 대하면 아이는 자신감 있고 세상을 마음에 품는다. 유년기가 사랑이 필요한 때라면 소년기에는 존중과 신뢰를 받는다는 느낌이 필요한 때이다. 정중하게 존중받은 만큼 마음이 큰다.

청소년기에는 집중력과 억제력 그리고 사고력이 필요한 시기이다. 에너지가 넘치는 시기이니만큼 발산할 수 있는 스포츠를 즐기게 하고, 창의성이 구체적으로 드러나는 때라 감수성을 발달시키는 예술 활동을 해 나가도록 한다. 많은 청소년들이 예체능에 관심을 보이다가도 흥미를 잃는 경우는 경쟁을 부추기는 분위기 때문이다. 경쟁보다는 가치관을 확립하는 시기로 정하고 함께 즐겨 가다 보면 예체능으로도 철학적인 삶의 관점이 생긴다. 삶에 대해 고민하기 시작하는 때라 의식 수준이 높은 사람들의 사고와 삶의 모습을 보며 사고의 틀이 생기고 방향도 잡아 간다.

청년기에 들어서부터는 인생의 방향과 삶의 여정이 시작되는 때라 사회와 부딪치며 성장해야 생활의 힘이 생긴다. 사회적 역할을 이해하고 자기의 특성도 고려해야 하지만 세속적 성취만을 좇지 않도록 하는 것이 중요하다.

돈, 권력, 명예가 목적이 되면 영혼을 상하게 된다. 영혼이 상하면 인생 전부를 잃는 셈이다. 삶의 가치관을 정립하는 가운데 사랑, 돈, 권력, 명예가 영적 성장의 도구이자 삶의 기호 정도로 가볍고 상쾌해야 인생이 풍요로울 수 있다. 이 마음이면 사회에 도움이 되는 사람으로 살지, 혼자 잘살겠다고 하지 않는다.

청소년기까지는 가치관을 성립해 갈 시기라 종교와 수행에 대해서도 폭 넓게 경험하고 이해하도록 하자. 수행은 청년기에 맞춰 인생을 설계해 가면서 해도 늦지 않다. 인간으로 살아가는 기본적인 방향 속에서 대체가 맞아 들어가면 자라나는 세대의 감각을 믿어 주고 조금씩 사회의 관념을 열어 주는 것이 사회 발달에도 유용하다. 진리는 기성세대보다 자라나는 세대에게 발전의 씨앗을 심어 놓기 때문이다. 자라나는 세대의 버릇없는 모습은 돼먹지 못해 그런 것이 아니다. 창의성이 아직 성숙치 못해 나타나는 다른 면이니만큼 함께 어울리며 다져지는 쪽으로 모두가 노력해야 한다. 삶의 과제로 여기고 즐기는 마음으로 기다려서 대화하면 개인과 사회가 성숙한 쪽으로 발전해 간다.

사회 분위기는 그 시대의 지식인, 종교인, 정치인 등이 함께 노력하는 쪽으로 발전해 가야 하는데 특히 정치 지도자들이 국민의 정서와 의식의 발달에 관심을 가져야 좋아지는 속도가 빠르다.

정산은 『수심정경』에서 밝힌 피경, 사사, 의법, 다문으로 이어지는 수행 과정을 의미 있게 여겼다. 대산 또한 깨달음의 문과정으로 견문, 사색, 수증, 허령, 지각, 신명을 밝혔다. 다문과 견문은 뜻이 서로 겹친다. 이 과정들은 수행의 기반이 되는 정서의 발달을 넘어서 높고 깊은 수행의 경지로 향하는 단계별 기준이자 점검 지표가 된다.

피경避境

피경은 처음 공부할 때 유혹하는 경계를 멀리 피한다는 뜻이다. 청소년 시기에 유해 도서나 매체 그리고 술, 담배, 성 등에 접근하지 못하도록 하는 것처럼 어른이 되어서도 조심해야 할 것이 있다.

성년이 되면 책임을 전제로 해도 되지만 자신의 특성을 고려해서 억제력의 범위를 넘지 않도록 조절하여 접근하는 것이 슬기로운 모습이다. 이때 삶을 설계하는 방향에서 차근차근 수용하면 마장을 극복하는 데 들이는 시간과 노력을 줄일 수 있다. 그러면 하고자 하는 공부만 남게 되어 공부의 진전이 그만큼 빠르다.

피경은 일반적인 삶뿐 아니라 수행의 초기에 반드시 해야 할 공부이다. 피경을 해야 할 것에는 중독이 될 만한 것, 마음을 산란하게 하는 환경, 나의 심신에 좋지 않은 영향을 미치는 유형의 사람과 장소 등이 있다. 혹독한 경계는 마음과 생활에 힘이 설 때까지 기다렸다가 힘이 어느 정도 실린 다음에 마주하는 것이 바람직하다.

해볼 만한 경계에서는 마주해 보다가 힘에 버거우면 다시 피경을 해야 한다. 경계가 힘거운데도 마주하다가 대경 회복이 불능할 정도로 망가지면 안 된다. 마음과 육신이 병들 것 같거나 남에게 피해 줄 것 같으면 피경을 해야 한다. 수행뿐 아니라 어떤 일을 하거나 사람과 동물과 함께할 때도 마찬가지이다. 그리고 어떤 환경에 처해 있어도 이와 다르지는 않다.

경계를 피해서 해야 할 것들은 충분한 휴식과 적당한 운동 그리고 교리연마와 정신수양이다. 이것은 마음을 건넬 수 있는 동지와 스승의 문답과 감정을 받아 가며 하면 공부가 좀 더 단단해진다. 공부가 어느 정도 되었다 싶을 때 작고 단순한 경계부터 부딪쳐 가며 힘을 키워야 큰 경계를 만나도 무너지지 않는다. 그래야 수행길이 안전할 뿐 아니라 수행의 기초가 튼실하게 된다.

사사捨事

사사는, 너무 번잡한 일이거나 하지 않아도 될 일은 되도록 마음에서 내려놓으라는 뜻이다. 하지 않아도 될 번잡한 일에 신경 쓰거나 의미 없이 흘려보내는 시간을 절약하여 수행할 수 있는 시간을 확보하기 위해서다.

중요하거나 급하지도 않은 일로 마음을 들끓이고 살기에는 시간이 아깝다. 연속극 보기, 게임, 수다 떨기, 술 마시기 등이 삶의 짧은 휴식은 될 수 있지만 생활의 중심으로 자리하게 되면 인생 낭비가 된다.

생활에 도움이 되지 않는 지난 생각이나 미래에 대한 걱정만 놓아도 지금 이 순간의 삶에 깨어 있을 수 있다. 안 해도 될 생각과 행동을 존절히 하여 괜한 참견으로 시비에 들어 마음을 시끄럽게 할 요소를 애초에 두지 않으면 생활이 훨씬 단촐해진다.

사사는 수행에 앞서 꼭 필요한 교통정리이자 수행심이 자리할 수 있는 공간을 확보하는 수행의 기초 작업이다.

마치 불의의 사고를 예방하고 일을 효율적으로 하기 위해서 미리 공구와 주변을 정리하는 것과 같다. 또한 수행을 위한 마당 정리이자 수행의 가장 기본 된 마음 준비이기도 하다. 수행자라면 마음 정리이자 수행의 터 닦기인 사사를 수행에 앞서서 반드시 해야 한다.

의법依法

의법은 진리에 의한 해탈 법문에 의지하여 마음을 안정시킬 뿐 아니라 법에 따른 생활을 함으로써 진리가 마음과 생활에 스며들게 하자는 데 있다.

초심자가 수행이 어려운 것은 생활 리듬 때문이다. 진리와 벗할 수 있는 수행의 리듬 속에 들어와야 진리의 삶으로 살아가는 데 그만큼 수월하다. 원불교에서는 도량상규가 생활 수행의 보편적 리듬에 속한다. 아침저녁으로 수양과 연구를 하고 낮에는 보은 활동을 하는 것인데 이 기본 틀은 '상시응용주의사항'에 둔다.

상시응용주의사항

1조 응용하는 데 온전한 생각으로 취사하기를 주의할 것이요,

2조 응용하기 전에 응용의 형세를 보아 미리 의두 연마하기를 주의할 것이요,

3조 노는 시간이 있고 보면 경전, 법규 연습하기를 주의할 것이요,

4조 경전 법규 연습하기를 대강 마친 사람은 의두 연마하기를
　　주의할 것이요,

5조 저녁식사 후 살림에 대한 일이 있으면 다 마치고 잠자기 전
　　남은 시간이나 또는 새벽에 정신을 수양하기 위하여 염불과
　　좌선하기를 주의할 것이요,

6조 모든 일은 처리한 뒤에 그 처리 건을 생각하여 보되, 하자는
　　조목과 말자는 조목에 실행이 되었는지 못 되었는지 대조하
　　기를 주의할 것이니라.

　생활하는 데 있어서 항상 온전한 마음을 바탕 삼아서 진리에 따른 생
각으로 행동하자는 데 1조의 취지가 들어 있다. 여기에서의 온전함이
란 공적영지 즉 텅 비어 상쾌한 정신으로 깨어 있는 마음을 말한다. 선
심이라 할 수 있는 이 마음으로 진리의 이치인 대소유무大小有無*에 따라
시비이해是非利害**를 건설하자는 것이다. 그리고 일을 당해서는 마음을
다해서 정성스럽게 하라는 뜻이 담겼다. 처음에는 하나하나에 깨어 있
지만 익숙해지면서 세 가지가 하나의 감각으로 이어진다.

　이렇게 하기 위해서는 일에 앞서 준비할 게 있다. 일의 형세를 판단
하고 일의 주체자로서의 심성, 의지, 체력 등에 최상의 컨디션을 유지

---

*대소유무 : 진리의 특성을 구분한 것. 대는 본체와 전체, 소는 현상과 개체, 유무는 변화와 유기체이다.

**시비이해 : 삶을 바라보는 척도. '시'는 옳음, '비'는 그름, '이'는 이로움, '해'는 해로움이다. 대소유무의 순리
　에 의하면 '시'이자 '이'고, 역리에 의하면 '비'이자 '해'가 된다.

하는 것이다.

일상에서 일하고 남는 시간이 있으면 휴식이 필요하지만 그 외에는 운동과 더불어 경전, 법규, 의두를 공부하고, 일상에 있어서는 수양을 새벽이나 저녁의 비교적 한가한 시간에 하라고 했다.

하지만 원불교에서는 현재 새벽에는 좌선을 하고 저녁에는 주로 염불을 하고 나서 일기를 쓴다. 일기에는 상시일기와 정기일기가 있는데 상시일기는 계문을 중심으로 복혜와 일상의 과제를 점검하고 정기일기는 감각과 감상 그리고 심신작용하고 처리한 내용을 글로 적는다.

일반적으로 새벽 좌선과 저녁 염불이 좋으나 사람에 따라서는 맞지 않는 면도 있어서 상시응용주의사항 5조에 기본을 두고 현행 도량상규를 권장사항으로 두는 것이 바람직하다.

일반인을 상대로 적용해 보았을 때에는 더욱 극명하게 나타난다. 규칙을 정해서 그것을 지키지 못하면 덜된 사람처럼 여기는 분위기에서는 설사 잘 지킨다 해도 강박관념을 심어 주게 된다. 강박관념이 있으면 모습만 그럴싸하지 수행의 내용은 좋지 못하다.

처음에는 도량상규가 생활 리듬을 가져가는 데 도움이 되어도 수행의 특성상 마음이 스스로 일어나서 해야 잘되는 것처럼, 도량상규가 나중에는 마장으로 작용할 수도 있다. 물론 대중을 이끌어 가야 하는 대중의 지도자 입장에서는 그럴 수 있다. 하지만 일정 기간이 넘어서면 최소한의 도량상규로 기틀을 잡고 자의적으로 수행하도록 하여야 한다. 나머지는 수행담을 나누는 분위기 속에서 수행이 익어 갈 때 자신은 물론 함께하는 사람 모두가 동반 성장을 이룬다.

다문多聞

법문을 보고 스승의 법설과 문답을 통해 진리의 마음이 되고자 반복하다 보면 자신도 모르게 진리의 마음이 되어 마음이 밝아지고 커지다가 이윽고 진리가 자리한다.

대산의 대각문 육순차六順次*의 머리에 해당하는 견문見聞도 이 다문의 뜻과 같다. 수행 초기에는 많은 법설을 듣고 법문을 보며 문답을 통해서 진리에 대한 감각을 키워 간다. 이 감각은 인생을 살아가는 궁극적인 목적과 경로 그리고 방법의 기틀이 된다. 뿐만 아니라 다문의 과정 자체가 수행의 힘을 기르는 훈련의 과정이기도 하다. 법문을 들을 때 젊은 사람이라면 자유롭게 기록하되 의미 없이 내놓는 말까지 놓치지 않도록 한다. 이런 데에서 이루어지는 법의 교감, 법의 소중함, 집중력 등이 수행의 토대가 된다.

이왕이면 까닭 있게 듣고 보는 것을 권장한다. 그래야만 수행이 튼실할 뿐 아니라 빠른 성장에도 도움이 되기 때문이다. 이것을 연습하기에는 중학생 정도가 좋다. 이 나이의 자녀가 있으면 작은 하나에서도

---

*대각문 육순차 : 대각의 문에 이르는 여섯 가지.견문, 사색, 수증, 허령, 지각, 신명의 길.

까닭 있게 보고 들으면 좋다고 넌지시 말을 던져 보는 것을 권하고 싶다. 어떤 상황에서도 최소한 하나라도 마음속에 의미를 담는다면 그것이 쌓여 성년이 되었을 때는 삶의 큰 토대를 이룬다. 대중의 이야기, 법설, 책, TV, 영화 등 그 어느 것에도 시간이 헛되지 않도록 깨어 있으면 마음속으로 다가오는 내용들이 마음을 풍요롭게 한다.

정산의 경전 보는 법이 있다. 종이로 된 경전인 지묵경전을 보다가 삶의 경전인 생활경전을 보고, 이어서 자신의 마음을 읽어 가며 진리와 대조하는 마음경전을 보는 것이다. 세 경전을 디딤돌 삼으면 언제 어디서나 진리를 보고 마음에 담는 데에 이른다.

수행을 잘하기 위해서는 경전을 보아야 하겠지만 듣는 것도 아주 중요하다. 듣는 것이 말하는 사람의 기운과 동화되어 가슴 깊이 다가오기 때문에 더욱 좋다.

자기 이상의 법력과 지식이나 상식을 지닌 사람 앞에서는 말을 줄이고 될 수 있으면 저 사람의 말과 내용을 허투루 듣지 않는 사람이 있다. 이런 사람 치고 지혜롭지 않은 사람이 없다. 의미 없는 말로 마구 토해 내다가는 저 사람의 깊고 고귀한 의견을 놓치는 어리석음을 범한다. 마음속에서 귀한 것이 무엇인지 모르기 때문이다. 자기 동일시에서 나온 말버릇이라 나이를 불문하고 나중에 철들고 보면 참으로 부끄러운데 그때는 생각이 어려서 잘 모른다. 그래서 지혜로운 사람을 판별할 때는 주로 말을 많이 하려고 하는지 아니면 주로 듣기를 좋아하는지만 보아도 안다. 지혜로운 사람은 듣는 것을 좋아할 뿐 아니라 들어도 귀기울여 듣는다. 잘 듣기만 하여도 공부길은 아주 빠르다. 충고도 이런 마음에서라야 받아들일 수 있는 힘이 생긴다.

사색思索

사색은 깊은 생각이다. 견문에 이어서, 생각이 진리를 따라 들어가 삶으로 나오기를 반복하다 보면 자신과 진리의 본질을 찾아 들게 될 뿐 아니라 진리의 삶에 다다른다.

견문 과정을 충실하게 이행하여 진리에 대해 대체로 알면 이로부터 는 진리의 본질적 의미에 초점을 두고 공부해 간다. 글과 말로써 이르 지 못하는 진리의 현묘한 이치를 알기 위해서 성리와 의두를 공부하여 야 한다. 그래야 글과 말에 속지 않고 그 본의를 알 수 있다.

성리와 의두는 선정에 들어 출정할 때 깨달음의 크기와 깊이를 가늠 하는 잣대가 되기 때문에 수행자라면 반드시 공부해야 할 중요한 과정 중 하나이다.

사색은 경전 가운데『정전』의 의두요목,『대종경』의 성리품과 변의 품,『정산종사 법어』의 원리편부터 공부하는 것으로 기틀을 닦는다. 그 런 다음 교리의 전반을 의두, 성리의 관점에서 바라보면 법문하는 대 상이 보인다. 이때 깊은 생각에 대한 감이 생긴다.

사사물물에서 진리성과 진리의 모습 그리고 진리의 조화와 변화를 읽어 가다 보면, 삶과 마음에 담긴 진리의 의식이 깊어지고 확장되어 간다. 이 모든 것을 공부해 가는 방법으로 정기일기를 쓴다면 수행에 큰 도움이 된다.

정기일기는 수행 일기로서 '감각감상'과 '심신작용처리건'으로 나뉜다. 감각은 몰랐던 것을 새롭게 알게 된 것이라면, 감상은 예전에 알았지만 새롭게 와 닿거나 상기되어 아는 것이다. 이 감각감상은 진리의 본질과 대소유무에 밝아지게 한다.

'심신작용처리건'은 일상의 경계 속에서 마음의 근본과 진리에 기준하여 마음과 몸을 움직인 것을 적고 분석하는 것인데 그 분석은 대소유무에 따른 심신작용이다.

정기일기를 쓰면 지묵경전, 생활경전, 마음경전을 두루 볼 뿐만 아니라 그 깊이가 더해 간다.

의두, 성리 공부의 대체가 잡히면 교리 전체를 한 단어나 짧은 문장으로 축약한다. 축약된 문장을 자기 인생의 일대사에 대입해서 다시 한 문장으로 수정하여 화두로 삼아 마음주머니에 넣고 다닌다. 마치 사랑에 빠져 사랑하는 사람이 가슴속에 늘 담겨 있듯이 화두를 든다. 좌선을 하거나 법문을 들을 때, 또는 생각하고 행동할 때 삶의 전반에 거쳐 화두와 결부되다 보면 어느 덧 깨달음과 수행을 마치게 된다.

대산은 수도인의 마음 창고에는 의심 건이 많아야 하고 그 의심이 뭉쳐야 진리를 깨칠 뿐 아니라 이로써 지혜의 원천수가 솟는다고 했다.

사색은 속 깊은 마음공부인 의두, 성리이다. 진리와 교법과 삶이 하나로 귀결된 화두를 가슴에 품음으로써 깨달음의 씨앗을 잉태한다.

수증은 닦아 증득한다는 뜻이다. 사색을 통해 알았다고 해도 내가 직접 수행하고 생활 속에서 실천하여 알지 않았다면 그것은 지식에 불과하다.

사과에 대해 숱한 말과 글로 배우고 연구를 해도 사과를 직접 보고 만지고 향을 맡으며 입으로 베어 먹어 본만 못하다. 이렇듯 경험을 수반하지 못한 앎은 앎이라고 할 수 없다. 수증은 심신을 통해 진리의 맛을 보는 것과 같다. 진리를 맛보는 것이 수행이고 그 결과물이 깨달음이다.

진리를 깨닫는 길은 보고, 듣고, 생각하고 닦아 가는 데 있지만 선정으로 혜두를 깨쳐야 그 깨침이 크고 깊다. 나아가 생활로 이어져야 깨침에 생명력을 얻는다.

도자기 굽는 방법을 말과 글로 배우고 그 과정을 보았다 하여도 흙을 구해서 도자기를 빚고 유약을 칠해서 가마에 넣어 굽는 일련의 과정을 겪어 보지 않고서는 도자기를 만들 줄 안다고 할 수 없다. 도자기가 구워져 탄생하기까지의 과정에서 흙 하나 고르고 다루는 과정 그 하나만으로도 심오하다. 흙이라고 다 같은 흙이 아니고 흙을 제대로 다루는 과정 하나하나가 만만치 않기 때문이다.

수행도 마찬가지이다. 삶 속에서 궁굴리는 화두라야 힘이 있고, 마음이 맑고 고요한 가운데 터져 나온 숙성된 에너지에서 청정하고 걸림 없는 지혜가 솟는다. 그리고 삶 속에서 앎과 행이 맞닿는 수행이라야 미혹이 없는 편안한 정서를 얻는다.

　대산은 수중으로 알음알이를 얻고 참된 성품을 보면 그 일마다 바른 깨달음을 얻는다고 했다.

　수중은 일상생활에서 마음과 몸을 작용하는 것에서 결과물을 볼 수 있다. 한 스님과 다담을 나누는 가운데 "화두를 깨치고 선문답을 통해 선지자에게 인가를 받았어도 결국에는 같이 생활해 봐야 알겠습디." 라는 이야기를 들었다. 세상이 밝아지다 보니 화두도 문자에서 문답으로, 문답에서 생활 속으로 들어오고 있다.

　수중을 잘한 사람은 진리와 세상이 자기 것이 될 뿐 아니라 온갖 생활 경계에서도 마음이 넓고, 맑고, 지혜롭고, 정성스럽고, 포근하다. 품어 나오는 기운도 맑고 포근하며 안정되었다. 마음공부를 열심히 하였는데 마음과 기운이 위와 같지 않다면 뭔가 잘못된 것이나 다름없다. 원만한 수행길을 원한다면 본질에서 다시 찾아 수행을 해야 한다.

　수중하는 공부 가운데 '심신작용처리건'으로 마음일기를 적어 문답 감정을 받는 마음공부가 원불교에서는 활성화됐다. 이는 수중 초기 공부로 안성맞춤이다.

■ 마음일기로 마음공부하는 법

　마음일기는 상시일기와 정기일기로 나뉜다. 상시일기에는 '상시응용주의사항', '교당내왕시주의사항', '유무념', '혜시 혜수_{은혜를 주고받음}', '계문'이 있고 정기일기는 '감각감상'과 '심신작용처리건'이 있다.

정기일기는 천조天造의 대소유무를 일상에서 밝혀 가는 공부거리로 탁월하기 그지없다. 감각은 새롭게 알아진 것이라면 감상은 전에도 알았지만 새삼스레 와 닿는 것을 일컫는다. 심신작용처리건은 일상의 경계에서 대소유무의 원리에 따라 심신을 작용한 것을 시비이해로 반조하는 일기이다. 이 가운데 대중에게 널리 알려진 마음일기는 심신작용처리건을 적어서 여러 사람과 나누고 문답 감정을 받으며 공부해 가는 것이다.

'일상수행의 요법'은 원불교의 대소유무 등 핵심 교리가 담겨 있어서 마음작용과 행동하는 기준을 삼는 데는 더없이 좋다. 이 '일상수행의 요법'을 주체 삼아 마음을 알아차리는 방법으로는 경계에서 멈춤, 생각, 행동, 되돌아보기가 있다. 이 마음일기 공부법으로 일상의 경계를 습관처럼 까닭 없이 보내던 것을 마음공부의 자료로 삼아 마음을 단련해 간다.

경계란 나와 대상 간의 접촉점인데, 마음에 다가오는 흐름에 따라 역경逆境, 공경空境. 순경順境으로 나뉜다. 역경은 마음에 거슬리거나 뜻대로 되지 않는 것이고, 공경은 일상의 흐름에 별 다를 게 없는 것이며, 순경은 마음에 흡족하거나 순조롭게 잘되는 것을 말한다. 경계를 보편적인 관점에서 구분할 수 있지만 언제나 구분의 한계가 명확한 것은 아니다. 다분히 주관적인 부분이 혼재해 있기 때문이다. 그래서 마음공부의 기준은 어디까지나 자기 마음에 따라 다르다. 이 사람에게는 경계인 것이 저 사람에게는 경계가 아닌 경우가 많다.

일상의 경계에서 마음에 거슬린다 싶으면 마음을 멈추어서 바라보

자. 대부분은 이로써 마음공부의 첫 발걸음을 내딛게 된다.

　처음에는 습관 고치기부터 하는데 '화'라는 사례로 살펴보자. 마음공부를 하지 않으면 화나는 대로 화를 내며 주변 사람들과 자주 좌충우돌하는 경우가 많다. 마음공부에 관심이 있어서 공부 모임에 함께하는 사람은 공부하는 즉시 화를 참지는 못하겠지만 화가 난 것을 나중에는 알고서 반성하는 수준에는 이른다.

　조금 더 공부에 진전이 있으면 화가 날 때 알아차리지만 이 역시도 습관의 힘이 세서 화에 이끌려 화를 내고 만다. 공부에 조금 더 진전이 생겨야 화를 알아차린 즉시 멈출 수 있다. 하지만 마음에서는 한참을 씩씩대며 원불교가 나를 죽인다고 푸념을 늘어놓는 시기이기도 하다. 이것을 넘어서면 화가 나려는 것을 알고 멈출 줄 안다. 이때부터 스스로가 대견하여 자부심도 생길 뿐 아니라 마음공부에도 재미가 붙기 시작한다. 마음공부를 진중하게 한 만큼 알아차림과 멈추는 힘을 갖춘다.

　이제는 알아차림과 멈추는 데에서 생각하는 쪽으로 옮겨 가 보자.
　화가 왜 나는지 살펴보는 기준은 일상수행의 요법 1, 2, 3조이다. '심지는 원래 요란함_{어리석음, 그름}이 없건마는 경계를 따라 있어지나니 그 요란함을 없게 하는 것으로써 자성의 정_{혜, 계}을 세우자.' 마음의 근본에서는 요란함이나 어리석거나 그름이 없는데 그 화는 어디에서부터 일어났는 지를 살핀다.

　화는 바라보기만 하여도 대부분 가라앉는다. 하지만 바라보아도 없어지지 않는 것이 있다. 화의 근원은 욕심이라 욕심을 비우고 있으면

172

바라볼 필요도 없고 화낼 일도 없다. 하지만 이것은 어디까지나 혼자만의 일에 국한된다. 함께 만들어 가야 할 일에 함께하는 사람이 손을 놓고 있으면 일이 잘되지 않으니 화도 난다. 일을 하지 않으면 화낼 것이 없지만 일을 하자니 화도 내게 되는 것이다.

화의 본질은 강한 표현이다. 말로써 충분한 교감이 있는데도 불구하고 약속을 자꾸만 어길 경우에 부득이 사용하는 표현의 도구에 지나지 않는다. 그런데 대부분의 사람은 대화보다는 화를 먼저 내기에 상대가 화를 왜 내는지 몰라서 감정싸움으로 번지게 만든다. 일상의 일을 대화로 충분히 풀어 가면 화낼 일은 그리 많지 않다. 마음을 바라보아서 풀어지지 않는 마음은 깊은 이해로 대부분 풀어진다.

아이 교육에 관한 것이라면 대부분의 한국 부모들은 신경이 예민해지고 열정이 솟는다. 아이 둘이 유치원에 다니는데 남편이 손을 놓고 있어서 아내 혼자 부산하게 움직이는 부부가 있었다. 아내가 전업주부라면 그 상황이 전혀 납득하지 못할 정도는 아니지만 맞벌이라면 사정은 또 다르다.

한 맞벌이 부부는 남편이 일에 손을 놓고 있어서 아내 혼자 분주하다 못해 체력의 한계를 느끼고 있었다. 아내는 화가 스멀스멀 오르지만 애써 참으면서 남편에게 몇 번을 도와달라고 요청해 봤다. 그러나 남편은 그때마다 아주 조금만 도와줄 뿐 여전히 방관자적 태도를 벗어나지 못하고 있었다. 그래서 아내는 참지 못하고 크게 화를 냈다.

그런데 이때 아내가 화가 나서 퍼부었는지 화를 적절한 타이밍에 냈는지는 마음공부에서 아주 중요한 잣대가 된다. 화가 났다면 끌려서 나온 마음이고 화를 냈다면 챙긴 마음인 까닭이다.

화를 내는 것이 무조건 좋지 않은 것은 아니다. 때론 필요할 때도 있다. 화를 참기만 하다가는 화병이 생기기도 하고 쌓아 두었다가 한번에 폭발하면 상황은 걷잡을 수 없이 나빠진다. 그러나 화는 강한 표현이기에 자주 쓸 방법은 아니다. 마음공부의 초심자들은 대부분 내키는 대로 화를 내는데 그것은 좋지 못하다.

화를 잘내려면 자신과 다른 사람에게 고루 은혜로 나타남을 전제로 해야 한다. 화는 독과 같은 것이라 함부로 써서 좋을 수는 없다. 하지만 독을 약으로 써서 병을 고치는 사람이 있다. 이런 의미에서 화로써 세상을 은혜롭게 만들 수 있다면 써도 된다. 그렇지 못하다면 웬만해서는 화를 내지 않는 게 낫다.

그런데 마음을 바라보는 공부의 과정에서 초심자는 사회적 통념으로 바라보거나 바라보기도 전에 해치우니 문제를 야기한다. 주변 상황이 나쁘거나 마음에 아픔이 있으면 바라보기보다는 해치워 없애려고만 하는 경우가 세상에는 너무 많다. 이렇게 해서는 어떤 일도 그동안의 습관으로밖에 할 수 없다.

일반적인 경우 몸에 상처가 나면 약을 먹거나 발라 주며 기다리면 대부분은 서서히 낫는다. '심지는 원래 요란함이 없건마는 경계를 따라 있어지나니,'의 쉼표는 마음을 쉬라는 뜻이다. 없는 자리에서 있어지는 것을 마음이 쉰 채 바라만 보아도 마음의 상처가 치유가 되고 잘못된 것에는 치유해 갈 방향이 보인다.

바라보는 것을 제대로 하지 못하고 결과에 초점을 둔 나머지 초심자에게 '…있어지나니'까지를 성품으로 설명하면 습관적으로 화내는 것을 정당화시켜 주는 격이 되고 만다. 화내는 습관이 있는 사람에게 화도 성품이라고 하면 배우는 사람으로서는 마음이 편안할 수 있다. 그러나 이렇게 배운 사람은 자기의 습관을 고치지 않고 주위 사람에게 폐해를 끼치는 것에 면죄부를 얻은 것처럼 행동하기에 이른다.

이 같이 "진리 아님이 없다. 좋고 나쁜 것이 없다." 등의 이야기로 마치 자기 마음의 국량이 큰 것처럼 보여 인심을 호도하여 가르치면 안된다. 그 공부가 법도가 있는지를 알려면 상식적인 판단에 준하여 반대의 사례로 되짚어만 봐도 허와 실이 명확하게 드러난다. 물론 상식보다 앞설 수 있어서 그 공부가 이해되지 않을 수도 있다. 하지만 이것도 자기와 주변 사람들 모두에게 은혜와 행복으로 작용하는 것을 넘어설 수는 없다. 그래서 공부의 판단 기준이 서지 않을 때는 은혜와 행복으로 기준을 삼아도 괜찮다.

또한 일기에 사례를 적다 보면 식구들의 이야기가 적나라하게 드러난다. 초기에는 마음일기에 등장하는 인물들의 이야기를 걸림 없이 드러내 시비이해의 잣대로 휘두르면 자신의 스트레스가 풀리는 면도 있다. 또한 객관적인 입장에서 자신을 보며 문제를 풀어 가는 힘도 생긴다. 그러나 마음공부라면 식구들의 명예를 최소한은 지켜 줄 수 있어야 한다. 배려가 빠진 마음공부는 영적 성장과 더불어 모두가 길이 행복하자는 공부의 근본 목적을 상실한 것이나 다름없다.

마음공부를 역경 중심으로 하면 좋지 않은 습관을 고칠 수 있지만 부정적인 마음으로 고착이 될 수도 있다.

마음공부를 열심히 하여 주위 사람들에게 칭찬 받는 사람이 있었다. 그런데 이 사람이 친구와 가족 여행을 가서 한참 재미있게 노는 과정에서도 문득문득 역경 속에 놓인 자신을 살피는 것이다. 이런 모습은 공부의 본의를 잊어버린 채 마음 챙김이라는 것과 다른 사람의 잘한다는 것에 속은 행동에 불과하다.

이처럼 순경에서는 즐겁게 지내는 가운데 분수에 지나친 것이 없는지 돌아보서 계획했던 시간을 훌쩍 넘기거나 지나쳐 버릴 것만 조심하면 된다. 순경에서는 그 순간의 좋은 느낌으로 존재하여 충분하게 깨어 있는 것이 오히려 공부를 잘하는 모습이다. 순경에서도 역경을 찾고 있다면 마음공부의 본의에 어긋난다. 마음공부는 마음을 마음대로 사용하는 데 있다. 마음을 역경에 묶어 두어 부정적인 시각을 부추기는 것은 조심해야 한다.

공경은 삶의 흐름이 일상이 되어서 편안한 상태이다. 수행을 잘하면 공경의 폭을 넓혀 역경과 순경을 그 속에 넣어 편안한 행복함으로 생활을 한다. 역경이 역경이 아니고 순경이 순경이 아닌 은은한 행복이 있다.

삼동연수원의 '청소년 마음공부 아카데미'에서 한 아이가 오늘은 마음일기를 쓸 게 없다고 했다. 그 옆에 있던 아이가 "야! 아까 네 어깨를 쟤가 툭 치고 갔잖아! 그것을 소재로 써!"라고 했다. 그런데 그 아이는 "그게 왜 역경이야, 사람이 활동하면서 그 정도는 부딪칠 수 있는 거잖아."라고 대답했다. 이 아이에게는 경계가 경계가 아니다. 마음의 폭이 넓으니 공경으로 역경을 삼켰다.

마음일기를 장황하게 쓰는 것이 마음공부를 잘하는 게 아니다. 자칫하면 마음을 세밀히 살피는 것으로 마음공부를 잘하는 것으로 여길 수 있다. 마음을 잘 살피는 사람이 마음공부를 잘할 수 있기는 하나 마음이 예민한 사람이 작고 사소한 일 하나에도 마음이 걸려서 세밀히 표현하기도 하는 것이니 마음공부를 관찰의 여부에 두어서는 안 된다. 마음공부는 심법을 잘 쓰는 데 있다. 잘 쓰기 위해 마음 관찰도 잘하자는 것이다. 마음을 잘 쓰면 모두가 행복하다.

한 교무가 외부 강의를 하고 들어오니 동료 교무가 "강의 잘했어?"라고 묻는다. "그냥 그랬어." 교무는 씩 웃고는 자기 방으로 들어간다. 며칠 후 동료 교무가 그 외부 강의를 들었던 사람들을 만나니 그 교무의 강의가 너무나 감동적이었다는 것이다. 그래서 그 교무에게 "너 강의 잘했으면서 왜 시큰둥했어?"라고 하니 또 씩 웃고 만다. 그 교무는 그 좋은 반응이 순경이 아니라 일상일 뿐이었다. 공경이 순경을 삼켜서 일상이 된 것이다.

수행자는 공경의 폭을 넓혀서 역경과 순경을 안에 넣고 평온한 행복의 일상으로 만들어 간다. 이런 수행자는 늘 행복하다. 역경의 거슬림에 좌절하지 않고, 공경의 게으름에 빠지지 않으며, 순경의 유혹에 넘어가지 않는다.

오히려 역경을 공부의 기회로 삼고, 공경을 동정 간에 성품으로 깨어남이 한결같게 하며, 순경을 보은의 기회로 삼는다. 세 가지 경계 중에 수행자가 가장 조심할 때가 순경이 돌아올 때이다. 역경이 겨울이라면 순경은 여름과 같다. 겨울에 죽으면 송장이라도 남기지만 여름에 죽으면 금방 썩어 문드러지듯이 사람이 망가지는 것은 역경보다도 순경에서이다.

사람도 돈과 사랑과 명예와 권력이 생길 때가 위험하다. 진리가 사람에게 귀한 것을 줄 때는 빼앗아서 주고, 빼앗을 때는 주어서 빼앗는다. 그러나 진리가 줄 때, 도 있게 받아서 쓰는 사람은 진리도 어찌하지 못한다.

마음공부에 힘이 더 생기면 성리로 산다. 일이 없으면 분별 주착이 없는 자성에서 쉬다가 미래를 준비하고, 일이 있으면 진리를 보아다가 진리의 마음으로 사용한다. 은혜가 되어 돌아와도 일과 자신의 영적 풍요로움에 대한 점검일 뿐이라 그 기준은 항상 자신의 내면에 있다. 그러니 자랑할 것도 없고 겸손할 것도 없이 그냥 그 모습이다. 일하고 나서 흔적을 없애려는 것이 아니라 저절로 없다.

■ 단계별 경계에서 마음을 보는 힘과 깊이

• 일이 지나고 알아차림
• 마음이 일어나는 가운데 알아차림
• 마음이 일어나는 즉시 알아차려 멈춤
• 마음이 일어나려는 것을 알아차려 놓음
• 마음의 기틀을 보아서 일어나지 않게 하거나 일어나도 최소화시키기 위해 노력함

■ 마음 대조

• 상식 역사, 경험, 시대와 대중의 인식 등
• 객관적이고 합리적인 관점
• 법문
• 분별 주착이 없는 마음 자성에 대조, 꾸어서라도 견성
• 비움에 깨어 있음
  - 편안함과 마음다함
  - 일상의 느낌에 존재하기 문 여닫기, 인사, 듣고 말하기 등
  - 잠자는 의식 깨우기 영혼을 일깨우는 사람, 자연, 환경 등
  - 멈추어 생각하고 행동하기 참음, 멈춤, 놓음, 비움, 존재
• 대소유무에 의한 시비이해 건설

■ 실행 유무념, 정성

• 계문과 도량상규
• 성리 평온함과 마음다함
• 보은 포용, 배려, 나눔

■ 반조 돌이켜 비춤

• 자성반조
• 목적반조 영적 성장과 자유, 평온함과 마음다함

• **참회** 좋지 않은 일에 참회, 좋은 일에 감사

일상수행의 요법 세 가지 조목을 신분의성信忿疑誠 믿음, 분발심, 본의를 찾음, 정성으로 하지만 결국에는 감사생활, 자력생활, 배우는 사람, 타자녀교육, 공익심으로 공부가 이어져야 한다. 원불교에서는 마음일기를 통해서 마음공부를 하는 소모임이 활성화되어 있다. 삶 속에서 증득할 수 있는 살아 있는 무시선 공부의 한 방법이다.

허령虛靈

허령은 육안으로는 볼 수 없는 영혼, 전생사, 타인의 마음, 천기, 미래 등을 보는 신통을 말한다. 대산은 "허령이란 주송이나 기도 등으로 일심이 되어 솟아오는 영지인데 허령이 열릴 때 감추고 일생을 참으면 지각이 열리고 신명을 얻을 수 있다. 허령을 얻어 안 쓰기가 돈 벌어 안 쓰는 것만큼 어렵다. 허령으로 보는 것이 맞거나 맞지 않을 수 있어서 이것으로 다른 사람을 지도해서는 안 된다."라고 했다.

영통은 주송이나 기도가 아닌 그 어떤 일도 마음을 집중해서 하면 영묘한 마음의 눈이자 기운의 문인 영문靈門이 열려 생긴다.

서울의 강남에 밭을 가지고 있는 한 할머니가 밭을 맬 때 호미질 한 번 할 때마다 나무아미타불을 했는데 어느 날 영문이 열려서 영혼을 보기 시작했다. 천도재를 지내면 "영혼이 저기에 앉아 있는데 편안하고 좋아한다."라고 말하곤 했다.

영통한 이 할머니의 심법을 볼 때 아주 법 있는 모습은 아니었다. 평범한 가운데 수행을 좋아하는 마음씨 좋고 포근한 사람일 뿐이었다. 영통이 곧 진리를 체득한 것이 아니기 때문이다. 이러한 영문은 열렸다 닫혔다 하다가 많이 쓰거나 욕심이 들면 없어지기 때문에 믿을 것이 못된다. 하지만 영문이 열릴 정도로 마음이 맑고 힘이 생긴 것만은 틀림없다.

영통은 마음이 맑고 힘이 있게 되면서 생긴다. 이 외에 영통으로 알게 된 범위와 수준에 따라서 보이지 않는 세계의 전반을 알 수도 있다. 그러니 영통에 대해 섣불리 속단하는 것도 옳지 않다. 그만한 지견이 열리지 못하면 함부로 얘기할 게 못된다. 모르고 함부로 이야기하다가는 큰코다치거나 괜한 죄만 지을 수 있다.

진중한 수행자는 영문이 열렸어도 대중의 의식 발달에 도움이 되지 않을 것 같으면 이야기를 하지 않지만, 의식의 발달에 필요하면 사회적 관념의 저항에도 불구하고 이야기를 한다.

영통은 수행상 깨달음의 길에 한발 다가섰다는 의미도 지닌다. 수행의 길로 승화시키려면 영통이 열릴 때 스승을 찾아가 지도를 받아야한다. 깊이 있는 지도를 받으며 수행을 해 가면 깨달음에 빨리 이를 수있는 장점도 있다.

필자가 이상한 기틀이 보일 때, 대산은 "잘되려고 하는 것이니 열심히 하라."고 했다. 좋거나 잘한 것도 아닌, 잘되려는 과정에 불과하니까 그것을 대수롭게 여기지 말고 해야 할 수행만 열심히 하라는 뜻이다.

법타원은 그동안의 초월적 수행을 시로 적어 보인 제자에게 "항상 빈 마음이 되는 수행을 해 보라." 하여 신통에 관한 것은 놓고 빈 마음이 되려는 수행으로 관심과 초점을 바꿔 주었다.

허령이 열리면 신통으로 진리의 보이지 않는 세계를 볼 수 있어서 진리인식과 세상의 흐름을 아는 데 도움이 되지만 마치 까치발로 담 너머의 세상을 보는 것과 같다. 신통을 마음에서 놓으면 까치발을 내려놓고 발바닥 전체로 땅을 딛고 있는 것처럼 편안한 느낌이 든다.

지각知覺

대산은 지각을 "생각하고 물어보고 연마해서 얻는 것이다."라고 했다.

지각은 생각 속에 있는 교리 전반을 훑어 중론衆論으로 도출해 내고, 다시 성리와 의두를 통해서 얻은 지혜일뿐 아니라, 선정을 통해 알고 삶 속에서 심법으로 탁마해 얻은 경지이다. 게다가 도반에게 물어 고르고, 스승에 여쭈어 인증을 얻고 보완하여, 다시 삶 속에서 궁굴려 얻어서 다져진 것이니 어느 경계에서도 무너지지 않는다.

이 지각으로는 자신 제도를 마치고 다른 사람을 가르쳐도 그릇되게 인도하지 않을 정도가 된다.

원불교에서는 지각을 얻기 위한 공부로 교리공부가 있는데 성직자 과정을 밟는 학생들에게는 『정전』에 관계된 모든 책을 보고 대의, 요지, 문제점, 토론, 정리 등으로 공부하기를 권장한다. 이렇게 하면 소태산의 진리관에서부터 수행관에 대한 흐름과 교단의 흐름도 함께 파악

할 수 있다.

교리공부의 대체가 끝나면 의두와 성리로 속 깊은 공부를 하고 수행으로 증득토록 한다. 이런 일련의 과정과 함께하는 것이 강연, 회화, 문답이다. 진리가 삶 속으로 스며들기 위해서는 소통이 필요하다. 소통하려는 마음이 선행이 되어야 하겠지만 우선 자기 생각을 정리해서 발표할 수 있어야 상대가 내 이야기를 명료하게 듣고 이해할 수 있다. 이렇게 될 수 있도록 소태산은 수행자들이 강연을 통해 연마와 발표를함으로써 실력을 길러 가도록 했다.

강연으로 기반을 잘 갖추고 나면 격이 없는 가운데 마음속 깊은 데서우러나오는 의견을 자유롭게 나누어 폭 넓고 깊은 지견을 얻도록 했다. 이것을 회화라고 부른다. 이렇게 해서 생긴 의문이나 얻어진 공부를 스승께 여쭈어서 의문을 해결하고 공부에 인증을 받는다. 이것이'교당내왕시주의사항' 훈련이다.

신명神明

신명은 지혜가 솟아서 터득한 것이고 마음이 열려서 진리와 하나가된 것이다.

지각으로서는 대중을 그릇되게 인도하지는 않아도 세상의 영성을일깨우지는 못한다. 인간 세상도 인지가 발전해 가다가 한 단계 올라서서는 한참을 지내며 안정을 꾀한다. 이때는 신명에 이르러도 잘 쓰지 않는다. 하지만 다시 한 단계 올라서야 할 때가 있다.

세상의 인지가 발달되어 가고 있는데 사회적 지식과 법, 통념이 막고 있으면 삶의 가치관에 혼돈을 가져오고 자살하는 사람이 많아진다. 이때 진리를 열어 삶의 길을 터 주어야 한다. 다만 이때 너무 앞서서는 안 된다. 세상의 인식이 흐르는 수준보다는 조금 앞선 정도라야 사회에 혼돈을 야기하지 않는다. 그래야 사람들의 마음이 숨을 쉬며 살 수 있다. 이 길을 열어 주려면 신명에 이른 수행자가 필요하다. 신명에 이르러야 시대의 인심에 따라 새 법을 짤 수 있기 때문이다.

신명은 누가 가르쳐 주어서 되는 게 아니다. 진리적 안목과 깊은 수행을 통해 솟아난 지혜라야 한다. 수행을 하지 않고서는 도저히 얻지 못한다. 만들어진 것이 아니라 낳아야 되는 것이라 어쩔 수 없다.

신명은 진리적 안목과 깊은 수행을 통해 솟아나는 경지이다. 과거의 선방에서처럼 인적이 드문 산속에 앉아서 이루어진 지혜로는 신명을 얻기가 어렵다. 설사 얻었다 해도 힘이 없고 어느 한 부분에만 밝다. 과거에는 인지가 어두워서 그렇게 얻은 정도의 진리만 일러 주어도 만족하게 여겼지만 오늘날에는 세상 사람들의 진리적 안목 자체가 다르다. 보이지 않는 영혼의 세계에서부터 시간과 공간 속에 육신을 갖고 있는 세계까지 하나의 흐름으로 이해하고 이 현실의 삶에서 깨어남으로 함께할 수 있어야 감응을 줄 수 있다.

세상의 인지가 발달하면 눈빛과 느낌 그리고 그 사람의 동작 하나로도 교감을 이룬다. 이런 세상에서는 최소한 그 이상에서 존경받을 만큼은 되어야 마음을 열고 받아들인다.

앞으로는 종교적 제도 속에서 결혼하지 않은 것으로 존경과 보호를 받고, 봉사하는 것으로 기본 권위를 삼아서 감응을 주는 시대는 저물고 있다. 삶 속에서 어울리며 감응을 주는 시대가 도래하는 만큼 세상에서는 참으로 수행하는 사람만이 서게 된다.

미래 수행의 모습은 무시선이다. 생활을 열심히 하는 것에 이름 붙여진 무시선을 일컫는 게 아니다. 구체적인 느낌이 살아서 교감하는 것으로서의 무시선이라 진정으로 수행하지 않으면 수행자로서 자리매김을 할 수 없다.

이 무시선이 세상 사람들의 마음과 생활에서 숨 쉬는 날 소태산의 꿈은 너른 세상에 살아서 움직일 것이다.

≫ 일심사단과 수행의 흐름

일상의 삶에서는 수행을 하되 경계가 버거우면 '피경'을 하고, 수행에 방해되는 일을 놓는 '사사'를 하며 법문과 법설 그리고 스승의 지도를 받는 '의법'을 한다. 나아가 '다문'으로 마음을 진리와 법에 의해 키우고 살찌워 기초를 튼실하게 다진다. 이 모두가 마음을 추슬러서 수행하는 '집심 과정'이다.

일상의 삶에서는 매사에 자성을 돌이켜 바라보고 진리의 본의를 생각하는 성리와 의두 공부로 '사색'을 하고, 그 진리 인식을 닦아서 스스로 증명을 보이는 '수증'이 될 수 있도록 한다. 수증의 과정이 어느 정도 되어 가면 이상한 기틀이 보일 수도 있다. 보이지 않는 세계에 대한 이해가 생기기도 하지만 생뚱맞은 현상이 있기도 하다. 이때 스승을 반드시 찾아서 감정받으며 공부하는 '허령'의 과정이 있다. 여기까지가 마음을 열어 하나 되는 '관심 과정'에서 일어나는 현상이다.

'무심의 과정'에서는 '지각'으로 자리매김을 하여야 한다. 수행을 통해 생각의 습관과 생활의 습관이 자리를 하지만 진리에 대한 완성된 의식이 터를 잡아야 원만한 무심에 이른다. 비로소 다른 사람의 영적 스승이 된다.

진리를 터득하여 솟아오른 '신명'의 경지가 있다. 신명이라야 원만한 '능심'을 이루어 세상의 기틀에 따라 인심을 열어 준다.

무시선 수행의 실제

　무시선은 텅 비어 고요한 마음으로 근본을 삼아 오묘하게 나타난 세상을 살아가는 것이다. 하지만 이런 삶은 나무와 돌에도 그렇게 존재하고 있다. 수행을 한다는 것은 목석처럼 살자는 게 아니다. 영적 존재가 목석처럼 살겠다고 하는 것은 퇴보와 다름없다.

　사람의 영혼은 우주 자연과 달리 자유의지를 지녔다. 이 우주 속에서 가장 역동적인 삶을 사는 존재이다. 이런 사람에게 목석처럼 살라고 한다면 우주의 입장에서도 슬픈 일이 아닐 수 없다. 우주에 자유의지의 영혼을 지닌 존재가 없다면 우주는 생명력을 잃어버린 것처럼 되어버린다.

　영적 존재인 사람으로 살아가는 이유는 '삶에 담긴 영적인 의미'에 달려 있다. 사람이 영적인 의미를 잃어버리면 한갓 동물에 지나지 않게 된다. 사람은 우주에 혼을 불어넣는 존재이다. 사람이 삶에서 의미를 느끼는 것은 삶을 통한 영적 성장에 있지만 그 성장은 또한 삶을 통해서 이루어진다.

　중학생 아들이 방학을 맞아 블록 만들기에 몰두하고 있자 아빠는 아들이 무엇을 만드는지 궁금했다. 아들은 산과 들 그리고 물이 있는 도시를 설계하고 그 속에 집과 건물도 만들어 넣었다. 없는 것은 새로 만들거나 그려서 꾸몄다. 자기 나름대로의 세상을 건설하고 있었던 것이다. 블록 세상을 본 아빠가 "이런 곳에서 뭐하며 살면 죽을 때까지 재미있을까?"라고 넌지시 물으니 아이는 잠시 생각에 잠기는 듯하더니 대답이 없었다.

　그런데 며칠이 지난 저녁, 아들이 아빠한테 다가가서 아빠가 질문했던 것에 대해 이야기했다. 아들은 처음에는 놀이기구를 많이 만들면 되겠다고 생각했는데 예전에 실컷 놀고 나면 좀 허전했던 게 생각이 나서 친구가 많으면 죽을 때까지 재미있고 행복할 것 같다는 것이다.

　아빠는 아들의 생각이 기특했지만 생각을 더 키우기 위해 "세상이 네 친구들로만 가득차면 어떨까?" 하고 되물었다. 한참을 생각하더니 가족과 이웃들도 많이 만들면 되겠단다. 그 사람들이 어떤 사람들이었으면 좋겠냐고 다시 물으니 아이는 "착한 사람이면 좋겠어요."라고 했다. 아빠는 또 다시 "세상 사람 모두가 착하기만 하면 재미있을까?" 하고 물었다. 아이는 또 생각에 잠기는 듯하더니 말이 없었다.

　며칠이 지난 다음 아들이 다시 아빠와 이야기를 나누었다. "아빠, 제가 세상을 생각해 봤는데, 제가 싫어하는 사람들의 유형을 마음으로 빼서 블록 세상 밖으로 내보니까 블록 안이 되게 심심해져요. 그리고 만화를 그린다는 생각으로 등장인물과 배경을 생각해 보니 이 세상 사람들 모두가 필요한 것 같아요. 그래서 지금의 세상이 완벽한 것 아닌가 싶어요." "이런 세상이 완벽하다……. 그럼 이 세상 사람들 모두가 행복하게 살아가고 있나?" "이런저런 사람들이 함께 어울려 살아야 행복한데 그렇지 못한 것은 욕심이 행복을 가려서 그런 것 같아요. 저도 좋아하는 유형의 사람만 생각하니까 세상에 필요한 것보다도 싫어하는 사람을 생각한 나머지 불평불만이 많았던 것처럼 말이에요." 아빠는 예기치 못한 아들의 말에 놀라움과 무한한 가능성에 고무되어 "어떻게 그런 생각을 했어? 이 세상이 완벽한 게 아니라 사회도 그 속의 인간들도 성숙해 가고 있는 과정들 그 자체가 완벽한 삶이라고 생각해. 하지만 아빠도 인간 외의 영적 존재에 대해서는 잘 모른다. 그것을 알면 이 삶에 대한 의미도 알 텐데 말이야……."

아들은 아빠도 모르는 게 있다는 것이 신기했다. 그래서 아빠도 모른다는 '삶에 대한 의미'를 알고야 말겠다는 마음이 생겼다.

수행의 의미와 삶의 의미는 함께하기에 어느 것 하나라도 제대로 알면 나머지도 알게 된다. 그 의미를 알아 가는 과정이 의미 있는 삶을 살 수 있는 마음과 행동의 힘을 길러 주기도 한다.

무시선은 진리와 하나가 되는 삶이지만 그 속에 살아가면서 삶의 의미를 저버린다면 삶이라는 껍질밖에 남지 않는다. 무시선은 일이 없거나 한가할 때 우주 자연과 동화되어 살아가는 것만을 뜻하는 게 아니다. 무시선은 삶이고 인격이고 인품이라, 치열한 삶 속을 헤쳐 가면서도 한가한 심정을 놓치지 않고 슬기롭게 엮어 가는 모습이다. 이 무시선 속에는 선으로 깨어 숨 쉬는 가치가 고스란히 담겨 있다.

진리 인격의 덕목을 닦아 가는 세 가지 수행이 정신수양, 사리연구, 작업취사이다. 이 마음의 힘을 삼대력이라고 한다. 삼대력을 쌓을 때가 있는가 하면 풀어 쓸 때가 있다. 쌓고 쓰지 않으면 응용 능력이 생기지 않지만 나날이 쌓지 않고 쓰기만 하는 것은 수입이 적고 지출이 많은 것처럼 마음에 부도가 난다. 부도난 마음이 지나치면 불안하고 멍하며 짜증이 많아지게 된다. 예전과 달리 자꾸만 짜증이 난다면 마음의 힘이 없어지고 정서가 무너지지 않았는지 돌아볼 필요가 있다.

무시선은 넓은 의미로 보면 저축삼대력과 활용삼대력을 아우르지만 선의 특징적인 면에서는 활용삼대력에 속한다. 저축삼대력을 쌓기에 게을리하다가는 활용삼대력에 힘이 없어지고 만다. 무시선을 잘하기 위해서는 삼대력을 쌓는 정기훈련 과목인 좌선, 염불, 경전, 강연, 회화, 의두, 성리, 정기일기, 상시일기, 주의, 조행과 더불어 적당한 휴식과 운동 그리고 기도가 함께하여야 한다. 이로써 힘을 얻은 삼대력이 저축삼대력이고 이를 바탕으로 하여 일상에서 살아가는 힘이 활용삼대력이다. 이것을 일러 '삼학병진수행'이라고 하는 동시에 '무시선'이라고도 부른다.

정기훈련을 바탕으로 그 일마다 일심, 알음알이, 실행을 한다지만 실생활에서 잘하려면 체계적인 방법으로 하여야 효과가 있다. 일심, 알음알이, 실행을 두 가지로 함축하면 평온함과 마음다함이다.

이 마음을 그 일마다 집심, 관심, 무심, 능심으로 길들여 가면 수행에 진척이 있어서 재미를 느낄 수 있다. 또 무시선 수행이란 성품을 발현시

190

켜 가는 것을 기반으로 하기 때문에 수행의 여정 자체도 참 행복하다. 날로 깊어 가며 여래의 자유에도 이를 수 있으니 투자 대비 효과도 좋다.

일상생활에서 모든 일에 평온함으로 깨어 마음다함으로 해 나가면 좋겠지만 이럴 수 있는 사람은 많지 않다. 대부분은 중도에서 그만둔다. 수행거리를 작은 일부터 잡아야 그 일에 평온함과 마음다함으로 하기 쉬울 뿐 아니라 무시선의 마음을 깃들이는 데 효과적이다. 활동 폭이 작고 쉬운 것부터 실행함으로써 수행의 감각과 습관이 들면 이때부터 조금씩 확대하거나 난해한 쪽으로 도전해 가는 게 바람직하다. 그러다 보면 무시선이 어느덧 삶의 전반에 펼쳐져 있게 된다.

집심 무시선

일반 대중에게 선에 대한 이미지를 물어보면 대체적으로 평온함이라고 말한다. 감각적이고 직관적인 표현이다. 이 평온함은 '텅 비어서 고요한 가운데 신령스럽게 아는 본래의 마음'이라는 뜻의 공적영지空寂靈知를 일컫는다. 하지만 평온함에 그친다면 그 마음에는 생명력이 없다. 은혜로 나타나야 생명력이 있을 뿐 아니라 공적영지가 나타난 삶이 된다.

즉 공적영지라야 '진공'이라 하고 진공이 은혜로 나타나야 '묘유'라 한다. 무시선은 이 진공으로 체를 삼고 묘유로 용을 삼는 것이다. 일반적인 표현으로는 그 일에 평온함과 마음다함으로 깨어 생활하는 것이라 할 수 있다.

공적영지가 나타나야 선이라 하였듯이, 해야 할 일을 텅 비어 고요한 가운데 상쾌해진 마음으로 오롯하게 하는 것이 집심이다. 집심에서 마음의 힘이 생기는데 이 힘은 마음의 체력과 같다. 심법이 아무리 출중하여도 마음에 힘이 없으면 심법을 삶에서 제대로 나타낼 수 없기 때문에 심법의 의미가 무색해진다.

대산은 "수도인의 일상 중 전념, 통일, 집중의 공을 쌓아야 도문을 얻는다."고 했다.

[집심 1]
깨어 있음 – 그 일마다 하나하나에 깨어 있음

1) **평온함**비움
　①과거, 현재, 미래나태, 당위성, 욕속심에 대한 집착을 놓음
　②허공이 되어서 해야 할 일에 저항감이 없음
　③마음의 밑살이 빠져서 마음에 흔적을 남기지 않음

2) **마음다함**마음의 힘
　①그 순간에 오롯이 깨어 있음
　②오직 할 뿐임
　③일의 목적에 부합

공적영지가 나타남을 한마디로 '깨어 있다'라고 표현할 수 있다. 그 일에 오롯이 깨어 있음이 집심이다. 깨어 있음의 첫 과제로 '마음의 방향'이 있어야 한다. '마음의 방향'을 지닌 채 깨어 있어야 그 일에 맹목적이지 않으면서도 의도가 선명하고 순수하다.

두 번째는 마음의 평온함과 마음다함이다. 공적영지라야 참으로 평온함이 되고, 공적영지가 발현되는 마음의 결을 따라 삶에서 그대로 나타나는 모습이 마음다함으로 된다. 즉 삶에서의 공적영지는 평온함과 마음다함으로 나타난다.

이렇듯 무시선의 첫 과정은 그 일 그 일에서 '마음의 방향'이 서고 '평온함과 마음다함'으로 깨어 있음이다. 즉 선명한 의도로 챙기다가 깨어 있는 데에 이르러야 한다.

내가 청소하겠다는 마음이 섰으면 주어진 시간 안에 할 수 있는 범위, 청결도, 자리 배치 등을 정한다. 그리고 평온한 마음이 되기를 기다려서 평온함이 서서히 깃들 때 그 일에 마음을 다해서 하면 된다. 이때 나태심이나 욕속심이 들어오지 않게 하기 위해서는 평온함과 마음다함에 중심을 잡고 깨어 있어야 한다. 그래야 그 일이 끝나기까지 그 마음이 지속될 뿐 아니라 일의 마무리에 이르기까지 감각이 살아 있다. 청소를 마친 뒤 청소 도구까지 말끔하게 정리하여 자기 마음에 들고 개운할 정도라면 집심의 기초가 잘 잡힌 수행자이다.

[집심 2]

느낌 – 감각 바라보기

마음을 한곳에 붙잡고 있으면 힘이 쓰인다. 그 힘이 마음의 체력이기도 하지만 그런 마음으로는 오래 지속하기가 힘들다. 하지만 느낌으로 깨어 있으면 지속하는 데 그리 애를 쓰지 않아도 된다. 마치 음식을 입에 넣고 그 음식에 집중하는 것보다 음식 맛을 느낄 때 집중이 더 잘되고 힘들지 않은 것과 같다.

평온함과 마음다함을 집심으로 할 때 처음에는 평온함을 챙겨서 존재하다가 그 마음으로 오롯하게 한다. 오롯함에 들어서서는 전일함에 맡기면 된다. 그러면 시간과 처소가 사라지고 자신마저 사라지기도 한다. 오직 그 일만이 남는다. 이것을 삼매라 하고 또 고도의 집중력이라고도 부른다. 이럴 때 일도 가장 잘되고 힘도 적게 든다. 오히려 희열이 있으면서 힘이 남아돌거나 없던 힘이 생기기도 하는 등 기이한 현상이 나타난다.

다른 분야에서는 몰입이 어느 정도 될 수 있으나 수행에서의 몰입, 즉 삼매에 드는 것은 쉽지 않다. 삼매는 집심에서도 들기는 하나 자주 드는 것이 아니다. 기운 자체에 힘은 있으나 고르지 않기 때문이다. 수행 초기에 삼매에 드는 경우는 기운에 힘이 있는 젊은 수행자들에게서 주로 나타난다. 그런데 수행 초기에 삼매에 드는 것은 수행에 대한 환상을 키워 오히려 마장이 되기도 한다. 어쩌다 든 삼매를 갈구하다가 느낌의 과정을 소홀히 여길 수 있어서 그렇다. 수행은 순서 있게 해 가

194

며 많은 것을 알아 가고 깊어지는데 그 과정을 놓칠 수 있다. 수행에 재능 있는 사람의 대부분이 여기에 걸려 중도에 그만둔다. 혹 삼매에 들었어도 수행의 과정 속에 있게 되는 여러 가지 일 가운데 대수롭지 않은 하나의 일 정도로 여기고 수행의 순서에 따라 계속 하다 보면 몰입이 되어 삼매가 되기도 하고 또 경험이 쌓이고 익어 가다가 마음이 크게 열릴 때가 온다.

처음 마음이 열릴 때 오히려 조심하고 선지자를 찾아 겸허하게 지도받는 것이 수행에서는 아주 중요하다. 수행은 전생부터 닦아 와서 생긴 재능만으로 되는 게 아니라 자기 내면과의 진중한 대화와 혹독한 노력으로 이루어진다. 게다가 담박하기에 재미로 시작할 수 있는 게 아니다. 물론 그 맛을 보기 시작하면 이처럼 편안하고 황홀한 것이 없을 정도이나 맛을 보기까지는 수행의 노력이 따를 수밖에 없다.

세계 바둑대회에서 좋은 성적을 거두는 사람들의 나이가 이십 대 안팎이다. 젊어서는 체력은 물론이고 마음이 단순하고 유연하며 집중력이 좋기 때문에 재능 있는 사람이 노력까지 더하면 수행하지 않아도 바둑을 잘 둘 수 있다. 하지만 나이 들수록 집중력과 유연성이 떨어져서 고도의 집중과 사고의 유연성이 필요한 바둑대회 등에서 좋은 성과를 내기가 어렵다. 젊은 시기에 수행을 해 놓으면 나이가 들어 가면서 생길 수 있는 집중력 저하를 더디게 하거나 유지할 수 있고 반대로 더 키울 수도 있다. 수행도 젊어서 잘되는 만큼 그때부터 수행을 해야 나이 들어서도 효과를 본다.

집심 공부를 해 놓으면 바둑뿐 아니라 일상의 모든 일에서 집중력이 있는 것은 물론이고 진리에 다가설 수 있는 '마음의 기본 체력'을 얻는다.

집심 무시선의 심경

마음의 힘은 집심에서 결정된다. 누구든지 놀고 싶은 마음을 억제하고 익숙하지 않은 일에 마음을 모아서 정성껏 해내는 가운데 마음의 힘이 쌓여 간다. 공중사도 어느 정도 하다 보면 익숙해지며 삶의 여백이 생길 때가 찾아온다. 이때 마음을 모을 줄 모르면 평범한 사람과 별다를 바 없다.

일하는 가운데 생각의 여백이 생길 때 마음을 모으는 방법으로는 염불, 단전주호흡 등이 있다. 나아가 그 일에 마음을 모아서 오롯한 마음으로 할 수 있다면 한층 더 진보된 수행으로 발전해 간다.

마음이 하는 그 일에 하나로 통일이 되다 보면 몰입에도 이른다. 하지만 몰입은 잘되는 사람이 있는가 하면 그렇지 못한 사람도 있다. 설사 몰입이 된다고 해도 이것에만 사로잡히면 삶 자체가 단출해지므로 능사로 삼아서는 곤란하다.

수행의 초기에 드는 몰입은 별로 대수롭지 않게 생각하는 것이 좋다. 큰 수행길을 가는 데에 마음을 전일하게 지니다가 몰입이 되면 좋지만, 되지 않았다고 해서 실망할 것도 못 된다. 집심에서는 그 일에 평온함과 마음다함을 챙김만으로도 큰 수행이다. 이것이 수행의 큰 길이기에 이대로만 가면 언젠가는 몰입의 경지가 저절로 찾아온다. 다만 시일의 장단만 있을 뿐이니 걱정하지 않아도 된다.

평온함과 마음다함을 챙기는 것은 누구나 할 수 있을 정도로 어렵지 않다. 처음에는 잘되지 않겠지만 반복해서 하다 보면 어느덧 되어 간다. 집심에 의한 일심공부로 평온함과 마음다함을 챙기는 것이지만 특별히 중점을 두어야 할 것은 자성의 평온함이다. 이것이 되지 않아도 마음다함 만으로도 마음의 힘은 쌓이나 성질이 강퍅스러워질 수 있다.

자성의 평온함을 챙겼으나 집심의 범주를 넘어서지 못하면 거친 마음과 거친 기운의 수준을 넘어설 수 없다. 자성에서의 집중이라 순수하기는 하나 마음과 기운이 열리기 전이라 본의 아니게 다른 사람에게 간혹 상처를 주기도 한다. 순수하고 힘은 있는데 조절이 되지 않아서 그렇다. 집심 수행은 반드시 관심 수행으로 이어 가야 마음과 기운의 판국이 트일 뿐 아니라 부드러워지고 조절 능력도 생긴다.

마음을 챙길 때 잘 챙겨지면 좋겠지만 수행 이외의 신변잡기로 마음이 밖으로 자꾸만 흘러나가는 경우가 있다. 이 마음을 거두어 챙기고 또 챙기는 것이 수행이다.

일상의 삶에서 평온함과 마음다함으로 하려고 해도 다급한 일이 연이어 있게 되면 그 일을 해결하는 데 급급한 나머지 평온함과 마음다함을 놓치기 쉽다. 또한 함께하는 사람의 인지가 비합리적이거나 일자체가 거칠고 복잡하면 수행은 고사하고 일상의 마음조차 지니기도 어렵다. 이때는 '피경'을 하여 수행의 실력을 쌓은 다음에 다시 접하는 것이 좋다.

웬만한 경계에서 수행에 큰 방해를 받지 않을 정도가 되면 삶과 수행에 필요하지 않은 일, 인간관계, 잡생각 등을 떨쳐 버릴 것은 버리고 놓아야 할 것은 놓는 '사사'를 하여 주변 정리를 할 필요가 있다. 그러면 법문을 보고 법설을 들으며 스승의 지도까지 받아 마음을 진리와 법으로 키우고 살찌워 기초를 튼실히 하는 '다문' 수행을 오롯하게 하는 데 도움이 된다.

집심은 마치 소 길들이는 것처럼 서원과 법으로 마음의 고삐를 잡고 욕심 경계에 끌려가지 않도록 노력하는 단계이다. 마음의 고삐를 잡고 공부하다 보면 어느덧 마음을 마음대로 하는 경우가 차츰 생겨난다. 이런 방법은 의지에 기댄 거친 수행이라 이루게 되면 힘은 있으나 요즘엔 선호하지 않는다.

어둠을 빼려고 노력하기보다는 빛을 드리워 어둠을 물러나게 하는 것이 수고도 덜 들이고 효과도 좋다. 이처럼 평온함으로 마음을 다하는 데 재미를 붙이면 굳이 마음의 고삐를 잡고 몸부림치지 않아도 된다. 성품을 발현시켜서 하는 수행이라 순서대로 챙기기만 하면 그 일에 평온함과 마음다함이 저절로 되어진다.

삶에 드리운 집심 무시선의 흔적

■청소를 통한 무시선

주변 사람들에게 집안 청소를 왜 하냐고 물으니, 주변을 정리·정돈하고 깨끗하게 만들기 위해 한단다. 그러나 대부분의 사람들은 내색하기 부끄럽지만 손님이 올 때 흉잡히지 않으려고 하거나, 더러움에 못

견뎌서 할 때가 많다며 멋쩍어 한다.

청소는 청정공양으로서 주위에 청정함을 선물하는 행위이다. 그런데 자신과 다른 사람에게 쾌적한 공간을 선물하고 싶어 청소를 깨끗이 하였는데 친구가 무심결에 더럽히자 마구 성을 냈다면, 청소한 곳이 깨끗해졌을지 몰라도 친구에게 마음의 찌꺼기를 휙 버린 것과 다름없다. 어쩌면 청소를 좀 게을리하고 성내지 않음만 못할 정도로 청정공양의 본의를 잊은 행동이 되고 만다.

경기도 화정에서 교무가 교도 회장 집을 방문했다. 초등학교 1학년인 남자 아이가 온 방을 어지럽히며 놀고 있었다. 교무는 방 치울 것이 걱정되어서 "이렇게 어질러서 어쩌려고 하니?"라고 했더니 함께 있던 두세 살 위인 누나가 "괜찮아요. 제가 치울 거예요."라는 것이다. 누나 또한 어린데도 그 마음에 삶의 목적을 잃지 않으면서도 동생을 사랑하는 마음이 담겨 있다. 보는 이로 하여금 가슴 흐뭇하게 만드는 모습이었다.

어린 아이에게 있어서 방은 놀면서 공부하는 곳이기도 하다. 방 청소는, 방이란 공간을 정리하여 놀이와 휴식 그리고 생활을 위한 공간을 마련하는 하나의 행위이며 가족 구성원을 위한 청정공양이다. 그런데 깨끗한 방을 유지하기 위해서 놀지 못하게 한다면 방이라는 의미와 청정공양의 본의를 모두 잊어버린 행동에 지나지 않다. 깨끗함을 위한 노력이 수고라는 탈을 쓰고 권력을 행사하는 것이 되면 안 된다.

쾌적한 곳은 누구나 좋아한다. 그러나 단순히 청소만을 놓고 보면 필요에 따라서 하는 것이지, 좋아서 하지는 않는다. 가족의 쾌적함을 위해 누구 한 사람만의 희생을 필요로 하는 것은 바람직하지 않다. 자기를 비롯한 누군가에게 쾌적함을 주는 행위는 희생이 담긴 성스러운 청정공양이지만 될 수 있으면 함께하는 것이 좋다. 이 청정공양은 일반적으로 남녀노소를 막론하고 철든 사람이 주축이 되어 해 왔다.

이 청정공양을 수행 삼아서 하는 사람이 있다. 그것도 성리로 한다. 성리로 보면 청소하는 사람이 정해진 것이 아니다. 그때 그 상황에서 시간적 여유를 가진 사람이나 몸이 건강한 사람이 하는 것이다. 그것이 자신이라면 자기가 청정공양을 할 뿐이지 어떤 관념에 걸릴 게 없다.

이런 마음에는 평온함이 내재해 있다. 평온한 마음은 분별에서 나온 마음이 아니다. 뿐만 아니라 '언제 이 청소를 다하지.'라는 걱정에 사로잡히지도 않고, 하기 싫은 마음을 당위성에 묶어 마지못해서 하지도 않는다. 그 일에 평온함이 내재된 마음으로 정성스럽게 청정공양을 올릴 따름이다.

무시선 수행을 시작한 한 교사가 교실 청소를 아이들에게 시키기보다는 직접 했다. 아이들은 선생님의 이런 모습이 낯설기도 하였지만 어찌 할지 몰라 그저 바라보기만 했다. 선생님은 이런 상황을 공부 모임에 가서 이야기하고 문답감정을 받고자 하였다. 담당 교무가 답했다.

"나 혼자 청정공양을 하는 것보다 더불어 하는 것이 좋으니 학생들에게 권해서 함께 하는 것이 좋습니다. 내가 청소를 하면 선 수행을 하는 동시에 복도 짓지만 아이들은 배워야 하는 시기에 있으므로 함께 하는 것이 좋기 때문입니다."

이후, 그 교사는 학생과 함께 청정공양을 하며 그 심정도 이야기하니 학생들은 무시선으로 살아가는 그 선생님을 존경하게 되었다.

청소뿐 아니라 삶의 모든 단면에서도 무시선은 같은 원리다. 선은 말이 아니라 모습과 행동으로 나타난다. 평온함의 수행과 마음다함의 공양으로 은혜의 미소를 만들어 낸다. 그 시작은 평온함과 마음다함의 챙김에서부터 이루어진다.

마음의 바탕이 비었다 할지라도 일에 있어서 마음을 다할 수 없는 비움이라면 그것은 나약하기 그지없는 허상에 불과하다. 마치 착한 어린아이가 아직 삶의 지혜와 힘이 없어서 사회의 일원으로서 일 하나 제대로 할 수 없는 것과 같다.

부처의 마음 또한 남을 속이거나 해코지하지 않지만 어린아이의 마음과는 차이가 크다. 부처는 복잡하고 산란한 곳에서도 안정된 마음과 지혜로 세상을 위해 정성스럽게 행동하는 힘이 있다.

빈 마음이되 허상이 되지 않으려면 마음이 깨어 있어야 하는데 비움으로 깨어 있는 마음이 공적영지이다. 소태산은 "선이란 공적영지가 나타나는 것이다."라며 깨어 있는 비움에 그치지 않고 그것이 삶에서 나타나야 한다고 선의 정의를 세워 놓았다.

이 공적영지는 사람의 본래 마음인 성품性稟의 내용이다. 누구나 성품은 텅 비어서 고요한 가운데 신령스럽게 밝다. 그런데 이 성품이 생활 속에서 나타나지 못하면 생명력을 잃고 만다. 이 생명력은, 허무에 그치거나 관념과 욕심에 가려서 어디에 편착하여 살아갈 경우 잃게 된다. 이런 사람은 삶마저도 빛을 잃어버려 늘 그늘지고 어둡다.

성품으로 깨어 있기 위해서는 자성과 목적이 선명해야 한다. 이를 위한 방법으로 '선의 표준을 어떻게 잡고 나아가느냐와 어떤 마음이 되느냐.'가 잘잘못의 잣대가 된다. 성품을 표준으로 하는 공부는 자성반조自性返照 자성을 돌이켜 비춤이고 나타난 마음은 평온함이다. 이어서 성품에서 발현된 마음의 표준으로 하는 공부는 '서원반조' 또는 '목적반조목적을 돌이켜 비춤'이고, 그 마음은 마음다함의 수행이자 불공으로 나타나 은혜로 결실을 맺는다.

청소를 할 때도 공적영지로 깨어 있을 때 평온함의 극치를 이룬다. 게다가 삶으로 나타날 때 마음다함은 불공이 되고 예술적 혼으로 승화가 된다.

성품, 즉 공적영지로 깨어난 상태는 과거, 현재, 미래로부터 자유롭다. 청소하는 순간에도 지난날의 생각이나 나태심이 없고 현실에 안주하는 마음도 없다. 그리고 욕속심이나 당위성으로 끌려다니지도 않는다. 뭔가 해야 한다는 강박관념이나 나태심이 자신을 감쌀 때는 그속에서 몸부림치는 게 아니라 마음을 멈추고 기다리면 사그라든다. 과거의 상념도 잦아들고 나태의 나른함도 가신다. 욕속심이나 해치우려는 마음이 가라앉는 것은 물론이고 오히려 맑고 조촐한 에너지가 솟는다. 진흙으로 혼재된 물을 맑히려고 하면 나무로 젓거나 흔들지 않고 기다리면 되는 것처럼 기다림은 수행자가 심연에 다가서서 나의 영혼을 깃들게 하는 선결 과정이다.

청소하는 가운데에서도 마음의 번뇌는 예기치 않게 불쑥불쑥 고개를 내밀 수 있다. 그 때마다 알아차림과 기다림은 마음의 먹구름을 걷어 내고 성품을 드러나게 한다.

깨어난 영혼의 소유자는 청소 하나하나의 동작에 정성을 담을 줄 안다. 이 공간을 사용하는 사람에 대한 배려가 묻어나고, 전체적인 공간 속에 담긴 물품 하나하나를 배열하는 데에 있어서도 조화로움을 찾아낸다. 조화 속에서 물품 하나가 빛을 발하기도 하고 주위의 물품을 돋보이게 하는 소품이 되어 전체를 아름답게 한다. 하나의 예술적 공간이 연출되는 청소가 된다.

청소는 청정공양이므로 이 공양을 하는 데에는 남녀와 교사 그리고 학생도 없다. 손에 여유가 있고 일이 보이는 지혜로운 사람이 먼저 하면 된다. 성리性理의 행行이고 자성을 반조하는 삶이라 그렇다.

집심 무시선 사례

■ 집심 무시선 일기 – 설거지

식사를 마치고 설거지통에 그릇을 넣었다. 설거지를 하려는데 왠지 하기 싫은 나태심이 난다. 소파에 앉아 습관처럼 텔레비전에 시선이 간다. 싫은 마음을 잠시 멈추고 있으려니 시선은 무심 속에 흐려지고 나태심마저 가라앉는다. 내 심연의 영혼이 마음에 다가와 살포시 깃들어서 평온해진다.

소파에서 일어나 부엌으로 갔다. 거지통 속에 그릇이 널브려져 있다.

일부러 놓으려고 해도 놓아지기 어려운 모습들이다. 국을 끓였던 냄비, 밥그릇, 국그릇, 반찬을 담았던 그릇들 그리고 여기저기 물구나무 서 있거나 제멋대로 누워 있는 수저들이 자유분방하기까지 하다. 사이사이에 고춧가루와 파 조각이 그릇에 붙어 있거나 물에 떠 있다. 김치가 되었던 배추 조각도 씻긴 채 허옇게 축 늘어져 있는 것도 보인다. 평소에는 개수대 속이 보기조차 싫어서 설거지를 빨리 해치웠을 텐데, 오늘은 그런 모습이 행위예술인 듯 아름답기까지 했다.

마음 저 밑에서 알지 못하는 기분이 솟아오르며 입가에 웃음마저 번진다. 아마도 늘 갖춰지길 강요받으며 자라온 나로서는 이 모습이 마음한 켠에서 해방하고 싶은 잠재의식을 일깨워 대리 만족을 느끼는지 모르겠다.

손에는 고무장갑을 끼지 않은 채, 주방세제를 묻히지 않고서 닦아도될 밥그릇부터 하나하나 닦아 나아갔다. 그러면서 그동안 질그릇이라여겼던 그릇이 분청자기인 것도 알게 된다. 오늘은 말로 표현하기 힘든 색감으로 은은하게 다가온다. 물과 어우러진 그릇의 질감은 흙의 또다른 결정체가 되어 만져진다. 그 가운데 채 불지 않은 밥알이 손을 움직일 때마다 가슬가슬 손가락 끝을 간지럽힐 만큼 남아 있다. 부드러운수세미를 들어 한참 문지르니 그 밥알은 종적을 감춘다.

도공의 정성스런 마음다함이 다가와 그릇을 놓고 싶지 않았다. 몇 초안되는 짧은 순간에 많은 소식이 다가왔다.

스테인리스의 국 냄비는 질그릇과는 달리 반질반질했다. 국 냄비 사이사이에 불에 그을린 검은 자국은 세월의 무게를 느끼게 하는 데 충분했다. 설거지를 하다가 나도 모르게 뭔가에 쫓기는 듯 손이 빨라지기 시작했다. 그릇에 선명하게 닿아 있던 마음은 어느덧 흐려지고 있다. 서두르는 마음이 역력히 보인다.

언제나 그랬던 것처럼 다음 할 일이 나도 모르게 나를 끌고 다닌 것이다. 설거지를 빨리 끝내고 씻어야 하고, 시장에 나가서 사야 할 물건들의 목록이 꼬리에 꼬리를 물고 파노라마처럼 펼쳐져 마음의 상념을 이룬다.

마음과 행동을 잠시 멈추니 내 심연의 영혼은 저만치에서 헐레벌떡 다가와 평온해진다.

다시금 그릇 하나하나에 깨어남으로 선반에 얹어야 할 것은 얹고 닦아야 할 것은 닦아 나아갔다. 언제나처럼 처음에는 잘하다가 시간에 쫓기어 해치우듯이 했지만, 오늘은 급한 일이 없기에 행주로 싱크대를 닦아 나아갈 수 있었다.

예전에는 잘 보이지 않던 가스레인지 사이의 눌은 때도 보인다. 청정 공양을 올리는 심정으로 마음을 다해서 닦아 나아갔다. 묵은 때라 잘 지워지지 않는다. 힘을 다해서 여러 번 문지르니 작은 때 한 알 갱이가 없어진다. 하지만 이내 힘에 부치는 느낌과 나태심이 엄습해 왔다. 이제는 심연의 영혼을 기다리고 싶지 않았다. 그냥 습관처럼 내팽개치고 싶었다. 좀 지쳤는가 보다. 그런데 여기에서 평온함과 마음다함이 싸움질을 해댄다. 마음다함이 깨끗하게 해서 청정함을 나누자 하고, 평온함은 아직은 거기까지는 힘에 벅차다고 서로 버텨댄다.

이전까지는 주로 마음다함이 이겼지만 마음과 몸은 그때마다 지쳐 있기 일쑤였다. 그럼에도 불구하고 다른 사람들이 깨끗하게 정리정돈 이 잘돼서 정신이 상쾌하다는 소리에 위안을 삼는 것이 전부였다. 그러나 심연의 영혼이 메말라 가고 있음을 외면하고 말았다. 고갈되어 가는 영혼을 부여잡은 채 체념으로 일관하는 생활이었다. 이미 상할 대로 상한 영혼은 늘 지쳐서 피곤함을 느끼고 있었다.

오늘은 마음속 평온함이 마음다함과 서로 타협을 이룬다. 평온함이 말한다. '바쁘거나 다른 사람에게 피해를 주지 않는다면 오늘은 평온 함을 거스르지 않는 범위 안에서 마음다함을 해 줘.' 이렇듯 내 속엔 내 가 너무 많은지 상대 지어 말할 수 있는 마음들이 있다.

평온함에 의해서 마음다함으로 가스레인지의 묵은 때를 닦아 갔다. 기름과 더불어서 찌든, 저 밑의 작은 알갱이들을 닦아 내려 하니 때로 는 힘에 부치는 느낌이지만 그때그때마다 멈춤에 의한 휴식과, 상황에 치여 깨질 듯한 아슬아슬한 평온함을 마음다함이 기다려 준다. 평온함 이 마음다함과 적절한 균형을 이루며 힘을 기르고 있다.

이윽고 평온함을 깨지 않는 범위 안에서 그동안 묵혀 두었던 부엌 일을 마음다함으로 한다. 에너지가 어느 정도 소진되었지만 여지가 있 는 느낌이다.

평온함이 설거지에서 온전하게 깨어났다. 마음의 꺼풀이 하나 벗겨 지고 마음의 힘이 한 뼘 자라남을 느낄 수 있었다. 참으로 행복한 챙김 이었다. 공적영지가 나타났고, 진공으로 체를 삼고 묘유로 용을 삼은 설거지였다.

그 다음 단계의 깊은 무시선 수행을 위해서…….

무시선의 징검다리, 행선과 선식

무시선은 동과 정을 아우르는 의미에서 어느 것 하나 선 아닌 것이 없다. 하지만 좌선은 정할 때, 즉 일 없을 때의 선이고 무시선은 동할 때, 즉 일 있을 때의 선이다.

좌선의 심경을 무시선으로 바로 잇기가 쉽지 않지만 가교적인 역할이 되는 행선과 선식으로 수행을 길들여 놓으면 무시선을 이해하고 해나가는 데 한층 수월하다. 좌선할 때는 마음을 단전에 두지만 무시선은 그 일 그 일에 마음을 둔다. 마음을 단전에 두다가 바로 그 일마다에 마음을 두는 것이 쉽지 않은데 그 중간에 행선을 배워 익히면 무시선도 쉬워진다.

행선할 때는 마음을 족단전에 두는데 족단전은 엄지발가락과 검지발가락을 잇는 곳 가운데의 바닥에 닿는 부위다. 이곳으로부터 두 발과 걸음걸이 등으로 확산하는 것이 면밀할 뿐 아니라 과정의 흐름이 무시선과 같다. 무시선 수행으로 이어가는 데 그만큼 밀접하게 영향을 미친다.

또한 선심禪心으로 식사하는 선식禪食이 있다. 이 선식에서도 마음을 그 일마다에 둔다. 행선보다 무시선에 한층 더 다가설 수 있는 수행법이다. 선식은 일정한 공간에서 혼자 할 수 있는 장점을 지녔다. 움직이는 가운데 하는 무시선에 앞서서 배워두면 무시선의 감각을 익히는 데 도움이 된다.

삼동연수원 선방에서는 좌선과 무시선을 하지만 행선과 선식도 함께 닦아 나아가고 있다. 이곳의 선방 역사와 더불어 이어지고 있는 선의 큰 과목들이다.

■ 행선

원불교학과에 다니던 시절, 방학이 되면 원불교의 최고 지도자인 종법사를 찾았다. 마음은 변함이 없지만 오히려 교무가 되어서 종법사를 찾는 것이 더 뜸하게 되니 늘 아쉬움이 남는다.

학창 시절에는 대산 종법사 때였다. 종법사를 찾아가면 여느 때와 다를 바 없이 겨울 언저리에는 비닐하우스 속 법당에서, 여름 언저리에는 야외에서 법 자리를 마련하고, 종법사 법문을 법무실에서 설명해주었다. 교단 전반에서 좌선뿐 아니라 행선行禪, 입선立禪, 와선臥禪, 더 나아가 채약선採藥禪, 사상선事上禪 등에 대해 관심이 한껏 높았었다.

이때 종법사는 "신발 바깥쪽이 많이 닳으면 행선하지 않은 사람이다. 마음공부인의 신발은 뒤에서 볼 때 뒤꿈치가 한쪽으로 기울어지지 않게 닳아야 한다."라고 했다. 그리고 행선할 때는 소가 걸음을 걷듯 뚜벅뚜벅 걸어야 함을 일러 주었다. 족단전에 마음을 두고 우보牛步 소걸음로 걸으면 신발은 대체로 고르게 닳게 된다.

종법사는 식사 후에 항상 행선을 하는데, 뒤따르며 걸음걸이를 보면 마치 걸음걸이를 갓 배운 아기가 아장아장 걷는 것처럼 보였다. 나중에 행선을 배우고 보니 그 걸음걸이가 행선 걸음인 우보라는 것을 알수 있었다.

좀 더 자세히 알고 싶어 법무실로 가서 행선할 때의 마음가짐과 몸가짐 그리고 호흡을 어떻게 하는지 알아보았다.

• 몸가짐調身

1. 목과 허리를 곧게 세워 반듯한 자세를 하되 몸 기운을 자연스럽고 편안하게 한다.
2. 이 자세에서 시선을 자연스럽게 떨어뜨려 사물을 보는 데 불편하거나 시선 자체가 피곤하지 않을 정도가 되어야 한다. 시선을 고정하라는 것은 아니고 길을 걸어가는 데 넘어지지 않게 살필 정도면 된다.
3. 발걸음의 모양은 소가 걸어가듯 뚜벅뚜벅 걷는다. 무릎의 각도가 30°에서 45°면 되는데 처음에는 약간 높인다는 느낌으로 해야 가능하다. 발의 각도는 십일 자가 되도록 하고 발을 내려놓을 때는 약간 던진다는 느낌으로 발바닥 전체가 동시에 닿게 한다. 그렇다고 오르내리는 길에서도 동시에 닿게 하라는 것은 아니다.
4. 보폭은 자신에게 자연스러우면 되고 걸음의 속도는 사색하며 걷는 것보다 조금 빠른 느낌이 드는 정도로 걷는다.
5. 팔은 자연스럽게 늘어뜨린 가운데 걸음걸이에 따라 움직이도록 놔두고, 손 모양은 엄지손가락을 손 안으로 구부린 후 나머지 손가

락으로 가볍게 감싸 쥐었다가 힘을 약간 놓으면 담뿍한 기운을 느낄 수 있다. 그러나 손에 기운이 가득하여 손이 뜨거운 사람이나 체질적으로 열이 많은 사람은 쥔 손을 풀어도 무방하다.

6. 어금니를 서로 맞닿을 정도로 입을 다물었다가 이내 놓으면 불편하지 않은 정도에서 담뿍한 느낌을 받을 수 있다.

• 숨 고르기調息

숨을 쉴 때는 편안하고 깊은 숨이 좋다. 하지만 애써 호흡을 챙길 필요는 없다. 좌선을 하며 길들인 호흡이 자연스럽게 이어지면 모를까. 행선하며 단전으로 호흡을 하려는 것은 바람직하지 않다. 행선은 호흡에 마음을 두고 단련하기보다는 족단전과 의식의 열림에 마음을 두는 수행이기 때문이다.

• 마음가짐調心

1. 모든 상념을 잊은 편안한 마음을 족단전에 둔다. 족단전은 엄지발가락과 검지발가락 사이를 연결하는 도톰한 곳으로 섰을 때 바닥에 닿는 부위이다. 족단전에 마음을 두고 걸으면 걸음이 자연스런 가운데 소걸음처럼 된다. 이렇게 걸으면 신발 뒤꿈치 밑이 고르게 닿는다.

2. 산행을 할 때나 몸이 불편할 경우에는 의식을 엄지발가락과 검지발가락 사이에 둔다고 해도, 힘듦과 고통이 그 의식을 누르게 된

다. 이런 때에는 의식을 두는 곳에 염불의 문구를 담아서 전일한 마음으로 하면 힘듦과 고통을 넘어서서 마음의 힘이 평소보다 더욱 크게 쌓인다.

단계에 따른 행선

대산은 30여 년 전에 행선의 대체를 밝히며 대중과 더불어 행선을 해 왔다. 하지만 나이가 들어 가며 후래 제자가 이 행선을 오래오래 해서 더욱 세밀하고 체계적으로 정리하기를 바란다는 말을 남겼는데 이후 서서히 관심 밖으로 사라졌다.

대산의 행선은 누구나 일상에서 쉽게 할 수 있는 대승선법이다. 산책을 하는데 조금의 격식이 있는 정도이다. 하지만 행선을 혼자 하려면 어려운 부분이 많다. 그 가운데 산책하는 걸음으로 걸으면 왼발이 닿는 동시에 오른발을 내딛기에 마음을 면밀하게 두기가 어려웠다. 행선을 십여 년간 하다 보면 면밀하게 마음을 지니지 않아도 되지만 역시 보편적이지도 않고 면밀하지도 않았다.

어떻게 하든지 이 부분을 해결해야 하는데 다행스럽게 연수원에 와서 발걸음 하나하나에 마음을 실어 나갔다. 면밀하게 깨어 있어 보기도 하다가 마음을 여니 왼발과 오른발에 마음을 두는 미세한 차이가 해결됐다. 이제야 보은이 조금 되겠다는 확신이 서자 명상지도자, 성직자, 교도, 일반인들에게 가르쳤다. 반응이 좋은 걸 보니 한시름 놓았다.

한 명상 단체의 지도자는 삼동연수원에서 행선법을 배운 다음 행선지에서 행선을 하고 나서, 눈물을 그렁그렁하며 울먹이는 목소리로 말했다. "원불교 행선법이 이토록 정교하고 깊은지 몰랐어요. 그리고 이 행선지는 어떻게 조성되었기에 이토록 아름다워요? 행선지에서의 행선, 너무 황홀했습니다. 좋은 경험을 얻게 해주셔서 감사합니다."

대산의 행선법은 대승법이라 누구나 실생활에서 할 수 있지만 처음부터 잘하기는 쉽지 않다. 소승법부터 닦아 가다 대승법에 이르러야 제대로 하는 데에 이른다.

붓글씨를 배울 때 정자인 해서를 쓰고 나서 반흘림체인 행서를 쓴다. 그리고 마지막에는 초서를 써 간다. 초서가 대승법이라면 해서는 소승법과 같다. 붓글씨도 해서, 행서, 초서의 순서로 배워야 초서를 써도 힘이 있고, 초서를 완전하게 배운 다음에 다시 해서를 써야 해서에 균형과 흐름이 있다.

소승법으로 열어 가며 대승법에 이르러야 대승법에 힘이 있고, 대승법까지 익히고 나서 소승 수행을 하면 소승의 껍질 속에 갇히지 않는다. 대승법은 능심이다. 소승법인 집심부터 수행하여 능심에 이르러야 능심이 모양만 수행이 아닌 힘 있는 경지가 되고, 능심에 이르러서 다시 집심을 하면 집심에 갇히지 않는 수행의 튼실한 기초와 마음의 힘을 얻는다.

능심에서의 튼실한 기초이자 에너지원이 되어 주는 것은 집심에서의 비움과 몰입이다. 능심에서 쉴 때는 이 집심에서 쉬었다가 이 힘으로 능심을 발휘한다.

■ 집심 행선

수행인이 일에 바쁘다며 일만하고 공부심을 놓으면 일생을 산다는 것이 세상의 머슴 노릇하는 것밖에 다를 게 없다. 남들이 잘한다는 칭찬에 속아서 공부에 대중이 없이 일만 하다가 갈 수 있다. 복은 지으나 영단을 얻지 못한다. 영단을 얻지 못하면 영생의 길을 가는 데 힘이 없다는 것 정도는 속 깊은 공부인이라면 누구나 다 아는 일이다.

일은 하지 않고 수행만 하는 것도 바람직하지 않다. 마음과 기운이 풍요롭지 못하여 복도 함께하지 못하고, 수행에도 온전하지 못하여 힘을 얻지 못한다. 수행은 바쁜 속에서 더욱 전일하고 풍요로워진다.

수행에 자력이 서지 않으면 한가할 때 나태해지거나 망념이 많아서 마음을 또 모아야 하는 공력이 든다. 바쁜 생활 속에서 공부에 까닭을 갖고 사는 사람이 마음에 힘이 있다. 큰 수행을 하기 위해서는 일상생활 속에서 수행하는 습관을 길들여 가야 한다. 우리의 의식이 삶에서 늘 깨어 있어야 힘과 생명력 있는 수행이 된다. 그리고 수행의 결과를 얻는 데도 빠르다.

집심법은 동작 하나하나에 마음을 집중하는 것이라 걸음걸이가 늦다. 하지만 집중하는 것에서 마음의 힘이 커 나간다.

1) 행선에 앞서 하고자 하는 마음을 바라보고 그 마음이 주체가 되어 동작 하나하나에 마음을 실어 움직인다.
2) 집심은 마음을 한곳에 모으는 것으로, 행선을 할 때는 마음을 족

단전에 둔다.

3) 마음을 족단전에 두다가 잊지 않는 쪽으로 전환해 간다. 그리고 발 움직임에 집중한다.

① 발동작 하나하나에 명령을 내리듯 "듦, 옮김, 놓음."이라 한다. 이때 움직임에 족단전의 기운이 옮겨지면서 띠가 형성된다는 느낌을 지니면 집중이 더욱 전일하게 된다. 발을 내딛을 때 마음이 몸을 움직인다는 느낌으로 하여야 습관처럼 몸이 움직이지 않는다. 동작보다 마음이 명령을 내려서 움직인다는 느낌으로 하면 마음이 주인이 되어 걸을 수 있다.

② 무릎은 35˚~45˚ 정도 올려서 들고, 발이 바닥에 닿을 때는 발바닥 전체가 동시에 닿는다는 느낌으로 놓는다. 족단전에 마음을 두고 걸으면 평지에서는 발바닥 전체가 함께 바닥에 닿게 된다. 하지만 오르내리는 길에서는 발바닥이 동시에 닿는 데 신경 쓸 게 아니라 족단전에만 마음을 둔다. 그러면 상황에 맡게 자연스러워진다.

③ 발걸음을 팔자걸음도 아니고 안짱걸음도 아닌 '십일자걸음'으로 걷는다.

④ 발을 옮길 때 턱에 추를 달아 내린다면 족단전에 이를 수 있어야 균형을 잃지 않는다. 턱을 옮기는 과정에서 발뒤꿈치가 자연스럽 떨어지는데 이것은 괘념치 않아도 된다. 다만 '듦, 옮김, 놓음' 다음에 '이동'이라는 의식만 가진다.

4) 발 하나에 듦, 옮김, 놓음이 익숙해지면 이 세 가지 단어를 한 의식에 넣어서 "왼~발."이라고 하며 옮긴다. 말만 다르지 의식은 같다.

"왼~발."이라는 말 속에 '듦, 옮김, 놓음'이 담겼다. 왼발이 다 옮겨지면 다시 오른발을 같은 형태로 한다. 이것이 익숙해지면 마음에 기운이 함께하며 띠가 형성된다. 이 기운을 느끼면 더욱 전일하게 할 수 있다.

5) 왼발과 오른발에 집중하는 것이 어느 정도 익숙해지면 바닥의 느낌을 족단전을 비롯해서 발바닥 전체로 받아들인다. 맨땅, 블록, 잔디, 풀, 자갈 등등의 느낌이 다 다르게 다가온다. 이로써 대지의 기운을 받아들일 수 있다.

6) 그 외의 방법은 초기 행선의 몸가짐과 숨 고르기를 참조한다.

걸으며 하는 호흡은 좌선할 때의 호흡보다 어렵다. 삼십여 년 전의 초심 시절, 책상에서 공부 또는 일을 할 때 앉자마자 단전주호흡을 했다. 이때는 눈을 뜨면 마음과 기운과 호흡이 단전에 있다. 공부 또는 일을 하면서 의식은 단전에서 자연스럽게 공부 또는 일로 옮겨졌다. 한두 시간이 흐르고 나면 좌선을 했던 것처럼 단전에 기운이 가득 차게 된다. 마치 물 상류에 나뭇잎이 떨어져서 노닐어도 결국 물의 흐름 속에 있다면 물 하류에 당도하는 것처럼 말이다. 단전주호흡을 하였던 기운이 의식되지 못한 가운데 끊어질 듯 끊어질 듯 이어져서 어느새 모아진다.

버스나 기차를 타거나 누구를 기다릴 때 앉든, 서든, 가든, 운전을 하든, 단전에 마음과 기운을 자주 모으는 습관을 들이면 선이 생활 속으로 스며든다. 걸어가면서 단전으로 호흡을 하는 것은 앉아 있을 때보다 몇 배나 더 어렵지만 일단 길들여 놓기만 하면 언제 어느 곳에서든 선을 할 수 있는 자신감이 선다.

걸으면서 하는 호흡은 좌선을 바탕 삼아서 하면 단전에 기운이 모아지는 것을 쉽게 느끼기에 그만큼 선에 재미를 얻을 수 있다. 재미가 있어야 더 깊은 수행으로 나아가는 데 에너지가 지속적으로 솟는다.

걸으면서 호흡을 하는 방법도 그 깊이에 따라 다양하다. 마음을 모으는 데 주력해야 할 때, 한 마음 챙긴 마음과 사물의 접촉점을 잃지 않고 균형을 유지하며 바라볼 때, 모든 것이 무심을 바탕으로 한 가로움과 편안함이 있을 때, 흔적 없는 마음으로 자신마저 세상 속에 녹아져서 은혜가 충만할 때로 나누어 볼 수 있다. 즉 공부의 한 경지를 넘어서 일동일정이 모두 선이 되는 것이다. 그러나 처음이자 바탕이 되 는 것은 '한 마음 모을 수 있는 선'을 말한다.

이렇게 걸으면서 단전으로 호흡하는 사람도 있다. 이것은 엄밀한 의미에서 행선은 아니다. 행선은 족단전에 마음을 두고 하는 것이다. 마음을 단전에 두고 호흡하며 걷는 것은 좌선의 응용선 쪽에 속한다.

걸으면서 단전으로 호흡을 하는 것은 좌선과 행선의 기초를 닦는 데 큰 도움이 된다. 수행의 초기에 하는 것으로 좋다. 또 나이가 들어 기력이 없을 때 하면 심신 간에 모두 기운이 충만해진다.

필자도 수행 초기에는 단전으로 호흡하는 것을, 걷는 데 그치지 않았다. 뛰면서도 단련하고 물속 등에서도 단련을 하였다. 하루 24시간을 챙긴다는 마음으로 단전호흡에 늘 깨어 있고자 했다. 간사 시절에 이러기를 10년은 해야겠다고 마음을 먹었는데 10년간을 이어 갔다. 호흡도 어느 때 어느 곳을 막론하고 하게 되면 단전에 기운이 쌓이는 것은 물론이고 마음의 힘도 쌓인다. 그리고 거꾸로 매달아 놓든 숨 가쁘게 움직이든 어느 상황에서도 단전으로 호흡을 할 수 있게 된다. 단전에 마음을 둔 상태에서 보거나 들으며 움직이다 보면 그 일에 함몰되지 않고 객관적으로 보는 시각도 생긴다.

■ 집심 선식

선식을 한다니까 가루로 된 음식을 먹는 것이나 채식을 떠올리는 경우가 많다. 선식의 기준은 음식의 종류보다는 먹을 때의 마음과 방법에 있다. 식사하며 마음을 길들이는 것이라 어느 정도의 형식과 공부 방법이 있기는 하다. 선식도 좌선과 행선 그리고 무시선처럼 집심, 관심, 무심, 능심에 따른 방법으로 수준을 높여 간다.

선식을 처음 접하는 사람은 한국의 일반 식단보다는 소박하나 균형 잡힌 식단으로 하는 것이 좋다. 연수원의 선방 기간에는 하루 가운데 아침에는 이런 식단으로 집심 선식과 관심 선식을 한다.

집심 선식의 음식은 성인 1인당 두부 1/4모와 양념간장 약간, 당근이나 오이를 원기둥 모양 그대로 7cm 정도의 길이로 자른 후 세워서 다시 십자로 잘라 낸 1/4조각 2개, 10cm 내외의 적당한 굵기의 감자나 고구마 1개, 사과 1/4조각 2개, 바나나를 갈아 넣은 우유 1컵, 삶은 계란 1개, 떡 등 이다.

먹을 때는 묵언으로 한다. 옆 사람들과 이야기하다 보면 초심자는 그 시간 동안 온전하게 깨어 있지 못하기 때문이다. 묵언으로 동작 하나하나에 깨어 있는 것에 어려움을 겪는 사람이 더러 있다. 동작 하나하나를 하는 것이 답답해서 울화통을 터트리는 경우가 있는데 이 울화통은 욕속심에서 생긴다. 그러나 동작 하나하나에 깨어 있다 보면 이 욕속심도 어느덧 잦아들게 된다.

오이 하나를 앞니로 베어 입에 넣은 채 씹지 않고 기다리며, 베어 물고 난 나머지 오이를 접시에 올려놓는다. 그리고 손을 무릎 언저리에 가지런히 내려놓은 다음, 입 속에 있던 오이를 마저 씹는 동작을 이어 간다. 어느 정도 씹다 보면 입에 즙이 가득 고여서 삼키고 싶어진다. 이때 즙을 삼키는 데에만 집중하고 씹는 동작은 멈춰 있어야 한다. 음식을 삼킬 때는 장까지 내려온다는 느낌으로 충분하게 기다렸다가 입속에 있는 나머지 오이 조각을 마저 씹어서 먹는다.

다른 음식도 이렇게 먹으면 된다. 하지만 음식을 입안에 넣고 씹는데 예기치 않은 경우가 생긴다. 가령 머리가 가렵다면 씹던 동작을 멈추고 긁은 후 다시 그 동작으로 이어 간다.

한 번에 한 동작을 하는 것에 어느 정도 익숙해지면 음식을 집어 드는 동작과 음식의 색깔, 향을 면밀하게 관찰하고 입에 넣고도 음식의 맛과 향을 음미하면서 씹는다. 그리고 입안에서 움직이는 혀와 손을 놓는 동작 하나하나에도 깨어서 느낀다.

음식이 때로는 맵기도 하고 때로는 짤 때도 있다. 이때는 한 음식만을 먹기가 어렵다. 선식으로 김치 한 조각만 먹어 보아도 그 맵고 신 맛이 아주 강렬하다 못해 얼굴과 온몸이 찡끗거릴 정도가 된다. 한두 번은 먹어도 더 이상 먹지 못할 때는 밥에 올려서 한입에 먹는다. 아니면 밥을 입에 넣은 채 김치를 이어 넣어서 함께 씹어 먹어도 괜찮다.

집심에서 유념해야 할 것은 하나의 과제에 한 동작을 하여 느끼는 것과 음식을 먹을 때 맛을 음미하는 것이다. 처음으로 하는 사람은 익숙하지 않아서 음식을 입에 넣으면서 자동적으로 씹게 된다. 또는 손을 놓는 동작으로까지 음식을 먹으면서 그대로 이어 간다. 음식을 씹는 것과 삼키는 것에 면밀하게 깨어 있지 않으면 본능적으로 동시에 움직이는 동작들을 제어할 수 없다. 이럴 때는 명령에 따라 동작해 가다가 익숙해지면 동작을 읽어 주며 깨어 있음을 놓치지 않도록 한다. 처음에는 제어만 잘해도 집심법을 잘하는 것이다.

성질 급한 사람은 제 성질에 못 이겨 씩씩거리기 일쑤지만 한 고비를 넘기면 오히려 배 속이 참 편안해진다. 그뿐 아니라 그동안 무심히 지나쳤던 음식 고유의 맛과 향도 새삼 느낄 수 있다. 집심 선식만으로도 위장병을 고치고, 인스턴트 음식을 좋아하던 학생이 숙성된 음식이나 조리하여 먹는 음식을 더 좋아하게 되었다.

선식을 처음 접하는 사람이 매 식사를 선식으로 하기는 쉽지 않다. 하루 가운데 한 끼를 선식으로 하는 것이 좋으나 이것도 부담스러우면 한 끼 식사 시간 중 30분 정도만 해 보는 것이 좋다. 이처럼 일정한 시간을 정해서 하다가 시간과 횟수를 늘려 가면 된다.

집심 선식을 함으로써 하나하나에 집중하는 마음의 힘과 억제력이 커지고 성급한 성격도 차분하게 된다. 게다가 내장 계열도 편안해지니 건강도 아울러 좋아진다.

방법

- 선식에 앞서, 하고자 하는 마음을 바라보고 그 마음이 주체가 되어 동작 하나하나에 명령을 내리듯 마음을 실어 움직인다.
- 동작 하나하나에 집중하다가 익숙해지면 동작 하나하나를 읽어 감으로써 깨어 있음을 놓치지 않는다.
- 동작을 위주로 맛을 느끼는 데 집중하다가 다시 맛을 위주로 동작 하나에 마음을 전일하게 둔다.

■ 무시선의 조목과 체크카드

성명 원만이

계획		일	현실에 존재				운동 휴식	돌이켜 비춤	정기 일기
서원	보람		평온함	마음다함	선. 행선. 주송 기도	경전(독서) 화두			
			주제 : 청소(1일 1회)						
여래위	행복 나눔	1	○	○	120분	60분	30/90분	깨어남	○
		2	×	○	120분	30분	120/0분	나태심에 의함	○
		3	○	×	120분	60분	30/90분	계획된 것에 못 미침	○
		4	○	○	180분	90분	30/90분	바닥의 무늬가 보임	○
		5	×	○	120분	60분	120/0분	해치움	○
			중간 생략						
		29	○	○	180분	100분	60/60분	찌든 때를 닦음	○
		30	○	×	120분	60분	30/90분	청소에 익숙하지 못함	○
		31							

무시선 체크카드를 활용하면 지속적으로 수행을 이끌어 갈 수 있다. 즉 체크카드를 수행의 매개체로 삼는다.

삶의 목표는 삶의 여정에서 해찰을 줄이고, 의미에 충실할 수 있는 이정표가 된다. 삶의 의미 안에는 유기체적인 삶 속 역할과 그에 따른 나눔과 영성의 진급이 있다. 영성의 진급이 서원이고, 사회 속에서 일로써의 나눔이 보람이다.

하나의 일을 정하여 그 일에 공적영지가 나타나게 하는 공부의 표준이 '평온함'과 '마음다함'이다. 또한 자성반조와 목적반조라고도 할 수 있다. 이것이 무시선이다. 평온함이 깊어지면 자성에 이르고 마음다함이 깊어지면 이 속에 계행, 주의, 조행에 허물이 없게 된다.

수양의 깊이를 다지고 힘을 기르는 것으로 좌선, 행선_{또는 선식}, 주송, 기도 등이 있다. 이 가운데 행선은 좌선과 무시선을 이어 주는 가교적인 역할로서 아주 유용하다면, 기도는 진리의 기운을 정화시키고 진리의 위력을 빌려 쓸 뿐 아니라 마음을 넓히는 데에도 탁월하다. 마음의 습관을 길들일 때 아침저녁으로 기도_{심고}를 하면 어느덧 기도했던 그 마음이 자기의 의식 속으로 스며들어 일상의 의식으로 작용한다.

독서, 경전_{강연, 회화}, 화두_{의두, 성리}는 지식의 기반을 다지고 지혜를 불러 일으킬 뿐 아니라 넓고 깊은 의식으로 이끈다.

수행과 보은을 잘하기 위해서는 그 도구이자 바탕인 건강을 다져 가야 한다. 적당한 일이 건강에 도움이 되지만 일이란 들쭉날쭉하기에 일로써 챙기기에는 한계가 있다. 일하는 것에 운동_{요가 등}과 휴식을 가감하여 균형을 맞춰야 건강하다. 적당한 운동이 되기 위해서는 운동의 강도와 양을 자기 몸과 필요에 따라 조절해야 한다.

돌이켜 비춤은 하나의 일을 지내고 나서 명료하게 반조함으로써, 나날이 나은 삶으로 발전하는 데 간결하고 강한 메시지로 자기 자신에게 주지시킬 수 있다.

무시선 정기일기는 무시선 수행을 통해서 얻은 것과 놓친 것에 대해 정리하게 되고 진급된 수행을 하는 데 큰 도움이 된다. 또한 일상에서의 '감각감상'과 '심신작용처리건'을 통해 서로 공부를 나누는 자료가 된다.

이는 서울과 성주에서 공부팀이 구성되어 함께 공부해 온 자료 중 하나이다. 교법을 다 담지는 못했지만 이를 통해서 수행을 하다 보면 미진한 부분까지도 채워 갈 길이 열린다.

수행자는 하루의 삶 중에서 '영성을 일깨우는 데에 어떠했는지'를 살펴볼 수 있어야 한다. 하루를 바쁘게 살았다고 하지만 영성을 진급 시켜 가는 데 실효가 없다면 누가 자신을 침이 마르게 칭송한들 무슨 의미가 있을까. 하루를 살더라도 마음을 살펴서 챙기는 수행자와 그렇지 못한 수행자는 10년이 지난 후 서로 엄청난 차이를 보인다. 진리가 알

고 주위 사람들이 알며 심지어 어린아이들까지도 안다. 삶의 뒤안길에
서의 허무함과 외로움은 누가 나를 돌봐 주지 않아서 그런 것보다는
대부분은 내 스스로 깨어나지 못한 원인이 더 크다.

관심 무시선

[관심 1]
열림 – 마음의 창을 열다

마음의 확장이다. 하나하나의 일에 집중했던 마음을 두 곳 이상에
열어서 존재하는 공부이다. 처음에는 마음을 두 곳에 두었다가 잘되면
세 곳으로 확장해 간다. 처음에는 확장해 가는 방법으로 다가가지만
어느 정도 익숙해지면 그 후부터는 대상에 마음을 연다. 그럼 그 대상
들이 마음속으로 들어와 자리하기에 이른다.

마음의 창을 열어서 받아들이는 것을 모두가 처음부터 잘하는 게 아
니다. 우선은 두 곳에 마음을 두는 정도로 시작하는 게 좋다. 보험이라
해도 무방할 정도로 안전한 방법이다. 그 다음에 마음을 열어도 늦지
않다.

하나의 일에 평온함으로 마음 다해서 하던 것을 두 가지 일에 마음
평온하게 열어 마음 다해 간다. 이것마저 익숙해지면 세 가지, 네 가지
로 확장해 가다가 결국에는 일 전체에 마음을 연다. 전체라고 하는 것

은 일의 범위와 순서 그리고 마무리까지 모두를 아우른다.

마무리에 이르러서 그 일이 자기 마음에 들 정도가 되면 무시선의 내용이 괜찮았다는 것을 의미한다. 그만큼 자기의 의식 수준이 높아지며 일과 삶에서도 완성도를 이루어 간다.

마음 평온함과 마음다함, 즉 이 일심을 일컬어, 좌산左山*은 일심이 두 가지 이상에 이르는 것이라 하여 '복합일심'이라 하였고, 전체에 이르러 존재하는 것을 '전체일심'이라고 했다.

[관심 2]
의식의 확장

삶이란 복합적이나 일을 우선시 하기 보다는 정신과 육신 중에 근본인 정신에 힘써야 영적으로 건강할 뿐 아니라 생활이 바로 선다. 하지만 배고픈 사람에게는 마음의 근본을 다스리는 정신 수양을 시키기보다는 우선 음식을 주어 굶주림을 해소하는 것이 마땅하다. 정신수양은 그 다음에 해도 된다. 이처럼 일에는 본말과 선후가 있다.

일 없을 때야 본本에 힘쓰고 말末을 준비하지만, 일 있으면 먼저 해야 할 것과 나중에 할 것을 순서 잡아서 해 나간다. 해야 하는 일에는 그 목적을 명확하게 세워서 하며 순수한 마음과 편안함으로 그 일에 존재함이 관심 무시선이다. 이것을 목적반조에 의한 자성반조라고 한다.

---

*좌산(1936~): 원불교 4대 종법사를 지내고 현재 상사上師 : 종법사를 역임하고 현직에서 은퇴한 큰 스승로 있는 이광정의 법호. 교단의 교서를 정립하고 군종, 원음방송 설립 등으로 원불교 문화를 세워 가는 데 큰 이바지를 했다는 평이 있다.

무시선을 하는 데 있어서 처음에는 두 가지부터 열어 가다가 그 이상의 일에도 점차 확장하여 열어 간다. 그러나 마음 평온함과 마음다함을 놓치지 않아야 한다. 열림이 어느 정도 잘된다 싶으면 그 다음부터는 잘되었는가를 대조하며 이루어 간다. 대조를 넘어서, 일의 숲과 본질에 조화와 균형을 이뤄 가며 면밀하게 깨어 있으면 최상의 결과는 저절로 다가온다.

[관심 3]
육신과 마음의 분리

사람은 영혼과 육신이 아우른 생명체이다. 영혼은 숱한 생을 거쳐 경험하며 이루어진 영체이기도 하다. 사람이란 동물로 유전을 거듭하며 잉태한 생명체에 경험이 결부된 존재의 모습으로 살아가는 것이 오늘날 사람들의 삶이다.

영혼이 사람의 몸에 깃든 것을 정신이나 마음이라고 부른다. 이 마음과 육신에 결부되어 일체감을 가진 동물 중의 하나가 사람인데, 사람은 다른 동물보다 철학적 사유가 가능할 정도로 성능이 좋은 뇌를 가졌다. 성능이 좋은 만큼 예민한 부분도 있다. 사람은 영육이 하나가 된 존재로 살아가는데, 마음이 육체에 밀접한 영향을 주지만 육체 또한 마음에 영향을 미친다. 이러한 밀접한 영향이 생명을 유지하는 데 아주 중요하다. 뜨겁거나 차가운 환경 또는 뾰족하거나 날카로운 물건이 몸에 닿을 때에는 몸과 마음이 동시에 반응하지만 때로는 마음이나 뇌에서보다도 몸에서 먼저 반응을 한다.

반응이란 것이 심신 건강에 좋게 작용하지만 그렇지 않는 면도 있다. 마음이 좀 불편하면 몸에 이상 반응이 나타나기도 하고 육신이 불편하면 마음에도 불안한 영향을 미친다. 어떤 일에 긴장이 지속되다 보면 몸에서 알레르기 반응이 일어난다. 이후로는 그 일만 하려고 해도 몸에서 알레르기가 생긴다. 또한 뇌가 아닌 몸의 어떤 부위를 수술하고 났는데도 마음이 우울하고 삶의 활력을 잃는 현상이 나타난다. 이렇듯 마음과 몸이 하나가 되어 서로 영향을 주는 것은 생명을 유지하려는 본능이다.

요가할 때 힘든 동작을 시키면 육신이 힘든 것인데 마음까지 힘들어하는 현상이 나타난다. 양다리를 최대한 벌려 앉은 후에 양팔을 앞으로 뻗어 바닥에 가슴이 닿을 수 있는 데까지 엎드려 보라고 하면 가긴 가는데 평소에 스트레칭을 하지 않은 사람은 허벅지도 아프고 마음도 극도로 긴장된다.

처음에는 허벅지 안쪽이 무척이나 아프다. 그러면 마음은 아픔과 긴장 사이에서 묘한 고통을 느낀다. 이때 몸이 아픈지 마음이 아픈지 분리시켜 느껴 보라고 하면 허벅지는 아픈데 마음은 괜찮단다. 마음은 오히려 맑아지면서 평온하고, 긴장되던 다리의 근육은 좀 더 풀어지나 아픔이 아예 가시는 것은 아니다. 아픈 다리에게 '마음이 아픈지?'라고 위안해 주면 다리의 긴장감이 또 줄어든다. 조금 더 엎드리라고 하면 바닥 가까이를 향해 더 다가갈 수 있다. 이제는 천천히 상체를 일으켜서 무릎을 잡아당겨 앉도록 하면 평좌로 앉게 된다.

관절염이 있는 사람이 이 방법을 배운 후, 집에 돌아가서 아픈 다리를 이끌고 어쩔 수 없이 계단을 오르내릴 때는 마음속으로 '몸이 아픈가, 마음이 아픈가.'라고 되뇌면 고통이 훨씬 덜하다고 한다.

육신이 힘들 때 마음은 더욱 전일해지는 원리를 이용한 고행선이다. 장점이 있지만 극에 지나친 나머지 불 속에 뛰어드는 등 더한 육신의 고통으로 치닫는 것은 바람직스럽지 못하다. 정신을 일깨우는 데는 어느 정도 도움이 되지만 영적으로 균형감 있게 성숙해지는 데는 별 도움이 못 된다.

마음을 육신과 분리하여 느끼면 육신에 예속된 마음과 육신을 떠난 마음을 이해할 수 있다. 이처럼 동물적인 호르몬의 영향에 지배받던 마음을 객관적으로 직시하면 재색명리에 해탈을 얻어 가는 길이 열린다. 또한 영혼으로서의 마음에 대해 관심이 가다가 이윽고 영적 성장을 위한 길로 의식이 열려 간다.

[관심 4]
하나가 되어 가는 삶

육신과 마음의 분리는 '하는 나'와 '보는 나'로 확장되어 분리시키는 데 도움이 된다. 처음에는 습관이 된 육신을 마음이 보다가 다시 마음으로 움직여 가는 영육의 자신을 또 다른 내가 바라본다. 내 마음에는 또 다른 내가 아주 많다. 그래서 '나'라는 존재는 '하는 나'와 '보는 나'로 분리시켜 '하는 나'를 '보는 나'가 바라볼 수 있는 것이 가능하다.

'하는 나'를 '보는 나'가 바라보는 것은 수행 하나하나의 매듭 과정에서 그 수행을 정리해 가는 데 아주 좋다. 일 하나에 열린 마음으로 하다가 어느 정도 된다 싶으면 '열림으로 하는 나'를 '보는 나'로 정리하고, 또 두 가지의 일에 마음을 동시에 열어 익숙해지면 또 '복합적인 열림으로 하는 나'를 '보는 나'로 정리해 간다. 이렇게 하다가 열림이 전체가 되면 '전체에 열림으로 하는 나'는 '보는 나'로 정리됨과 동시에 전체로 하나가 되어 사라진다. 결국 하나의 존재만 남는다.

마음을 확장하여 크게 되면 전체로 하나가 되고 마음이 대상에 깊이 스며들어 하나가 되기도 한다. 느낌에서 점차 익어 가며 나도 없어지고 대상도 없어지고 오롯이 그 일밖에 없는 것이 잦아든다. 그러나 관심의 단계에서는 아직 몰입이 항상 이루어지는 정도가 되지 못하기 때문에 이것을 표준으로 삼기는 어렵다.

열림에서 주의할 것이 있다. 마음 열림이 전일하여 자리가 잡힌 다음에 그 열림을 키워 가야 한다. 그래야 바라보기만 하여도 무너지지 않는다. 바라보는 것에 전일함이 없으면 편안함은 있을 수 있으나 힘이 없다. 전일하게 바라보는 것이 익숙해지면 열림과 바라봄이 하나가 되고 존재로 되다가 존재만이 남는다. 성품에 오롯하다가 전체에 오롯이 존재하는 온전함으로 나아간다.

- 마음의 확장, 열림
- '하는 나'와 '보는 나'
- 끌리고 안 끌리는 대중
- 경계마다 마음대로 하는 건수가 늘어남
- 좋고 싫은 경계에 맡김 동하지 않는다 해도 심력을 쓰는 경지

228

마음을 마음대로 하는 건수가 늘어나면 챙겨서 하는 마음을 놓아 자적하면서 마음이 흐르는 것만 보다가 그 망념이 들어오면 제재한다. 이것이 마치 소 길들이는 이가 고삐는 놓고 소가 제대로 가는지 살피고 조절하는 것과 같다.

이렇게 함으로써 관심의 단계에서 마음을 지녀야 하는 그 대체를 잡아갈 수 있다. 그러나 살피듯 지켜본다는 것이 자칫하면 일상의 습관에 흘러 흐지부지될 수도 있으니 면밀함을 놓치지 않아야 한다. 지켜봄과 면밀함의 균형이 부모가 자녀를 기를 때 젖은 비누 쥐듯이 하라는 것과 같다. 너무 움켜쥐면 튀어 나가고 너무 느슨하게 쥐면 미끄러져 나가는 것처럼 말이다.

관심 무시선의 심경

집심에서 마음과 행동의 습관이 대부분 길들여진다. 그러나 집심에만 마음을 두면 여유가 없다. 삶의 숲을 보며 자신을 다스려 간다고 해도 애를 쓰는 때라 수고롭기만 하다. 그 일에 평온함과 마음다함을 꾸준하게 해 가며 습관을 길들이게 되면, 열림으로 들어가서 '하는 나'와 '보는 나'로 분리해서 알아차리고 다스려 감으로써 정리하는 데 이른다. 여기에서 또 어느 정도 되면 다시 열림으로 확장하고 또 확장하여 하나의 존재를 향해 나아간다.

관심 무시선은 일상의 삶에서 매사에 자성을 돌이켜 바라보고 비움으로 존재함이 극명해지는 시작점이다. 아울러 진리의 본의를 생각하는 성리와 의 두 공부로 '사색'을 해 가며 진리에 따른 깊은 인식을 지니는 데 이른다. 그 진리 인식은 수행을 통해서 좀 더 구 체적이게 되고 내면화하는 '수증'의 과정을 통해서 깊어져 간다. 수증의 과정에서 이상한 기틀이 보이기도 하지만 진리의 진체를 경험하는 등 인식의 폭이 넓혀지는 계기가 된다. 보이지 않는 세계 에 대한 이해가 생긴다는 것은 그 만큼 인식의 폭도 커진다는 것을 뜻한다. 진리나 삶에 대한 인식은 보이지 않는 세계에 대한 이해가 없으면 아주 작은 일 부분에 그치기 쉽다. 이것이 잦아지면서 허령의 과정에 직면하기에 이른다. 허령이란 변화 무쌍하여 혹은 맞기도 하고 틀리기도 한다. 따라서 허령의 단계에서 진리의 기준에 맞지 않는다고 생각되는 것에 대해서는 반드시 스승을 찾아 진위를 파악하는 것이 필요하다. 이러한 문답으로 수행해 가며 생기는 과제에 대해 감정을 받는 등 스승에게 마음의 끈을 놓지 않아야 올곧게 커 나아갈 수 있다.

  관심 무시선 수행에서의 한계도 알아야 관심에 머무르지 않고 성장해 간다.
  관심 무시선 수행을 하는 정도는 되어야 수행자의 청초한 냄새가 난다. 그러나 관심 무시선 수행은 나로부터의 수행이다. 집심보다 확장의 개념을 갖고 있지만, 마음 씀씀이에 의한 수행이라 한계가 있다. 마음 쓰임이 있는 것이라 수행을 오래 지속할 수 없다. 마음을 잡았다 놓았다 하며 깨어 있어야 한다. 집심과 관심 수행으로 늘 깨어 있다면 그것은 거짓말이다. 집심과 관심으로는 마음 쓰임에 애쓰는 단계를 넘어서지 않았기에 이미 병들어서 아플 수밖에 없다. 긴장의 연속은 병을 낳는다. 평생 정성스럽게 집심과 관심 수행을 해 온 수행자가 병이 많은 것도 같은 맥락이다.

마음을 챙기려고 애쓰지 않아도 될 정도가 되려면 마음 깊이에 자리하여 살붙이가 되어서 놓으려 해도 놓을 수 없는 지경에 이르러야 한다. 부모가 사랑하는 자녀를 마음속에 품어도 싫거나 아프지 않은 것처럼 말이다. 늘 건강하게 깨어 있는 수행, 즉 자성을 여의지 않는 수행이 되려면 무심 수행으로 승화시켜 가는 것이 필요하다.

관심 무시선 사례

■관심 무시선 일기 – 설거지

설거지를 한다. 마음 챙김 하나로 하기 싫거나 해치우려는 마음은 어느 새 마음속에서의 흔적마저 아주 미미하다 못해 존재감마저 찾기 어렵다. 설거지가 더 이상 역경으로 다가오지 않는다. 설거지는 무엇을 위한 것이 아닌 수행이고 불공으로 그저 할 따름인데 오히려 재미로 다가온다.

상에 놓였던 그릇을 기름 묻은 것과 묻지 않은 것으로 나누어 설거지통에 넣는다. 설거지가 익숙할 정도가 되니 마치 살갗의 상처가 아물며 생긴 딱지가 떨어져 나가는 것처럼 이상하리 만큼 마음에 거스르거나 부담으로 작용하지 않는다.

집심에서 마음 평온함으로 설거지 그릇 하나하나에 마음다함이 있다 보니 나와 그릇이 한 범주 속에 있다. 그릇 하나하나의 느낌이 나무

숲을 보듯이 한꺼번에 와 닿는다.

열림의 확장에서 익숙함으로 다가오자 삶의 숲에서 '하는 나'를 '보는 나'가 한발 떨어진 위에서 바라보면 열림이 한결 부드러워진다. 게다가 시원한 느낌에 얹어져 여유롭기까지 하다. 설거지통에 놓인 그릇 하나 하나가 던져지듯 놓여 있지만 그 속에서 자유로운 몸동작에 보는 몸마저 갸웃거리게 한다.

그릇 놓여짐의 조화, 그 속에서 움직이는 손놀림과 춤추듯 움직이는 수세미, 거품을 내뿜으며 슥삭거리는 소리와 그릇들이 부딪치며 나는 경쾌한 소리, 물로 헹구며 내는 소리, 그릇을 만지며 느껴지는 질감 등 모두가 하나의 범주를 이뤄 온몸으로 전해져 온다. 밥그릇에 눌어붙은 밥 알갱이가 부서진 조각으로 남아 닦여지지 않는 채 손가락 끝에서 가슬가슬하게 와 닿는 느낌, 씻긴 그릇의 놓임…….

설거지의 진행에 따른 그릇과 부엌의 모든 것이 한 흐름 속에서 편안 하기만 하다. 느낌을 읽어 내는 속도가 빨라지고 마음의 창문을 열어 서 읽어 내는 범주가 넓고 한가로우면서도 밝은 느낌이다. 물 흐르듯 빨라진 손놀림 아래에서 평온한 시원함이 목으로 타고 올라온 감로수 한 모금에 잔잔한 미소가 번진다.

이제는 평온함에 따른 여유가 제자리에서 빨라진 손놀림과 흐름을 또 다른 내가 지켜본다. 평온함도 마음다함도 하나의 범주 속에 함께 있다. 설거지하는 모습 속 손놀림이 바라보는 마음의 범주 안으로 흐 르듯 번진다. 하나의 유기체를 이루어 차서 있는 움직임, 평온함과 마 음다함에 확장된 존재로 하나가 된다.

집심 → 관심 설거지의 변화

- 열림이 제대로 확장이 되면 확산된 만큼 기운이 어린다.
- 깨어 있음의 재미가 느껴진다.
- 열림이 부드러워지며 시원한 느낌에 여유롭기까지 하다.
- 열림이 처음에는 마음에서부터 열렸다가 세포와 기운의 열림
  으로 이어져 확장해 간다. 그리고 결국에는 천지 만물과 하나로
  열리다가 진리와도 함께하기에 이른다.
- 관심에서는 열림의 확장이 점점 넓어지다가 하나로 향한다. 이
  때 설사 하나가 되어도 늘 되는 게 아니다. 그것은 무심에 이르
  러야 하나의 존재로 자리매김하게 된다.

무시선의 징검다리, 행선과 선식

■ 관심 행선

집심 행선을 하며 마음의 흐름을 따라 행선하는 법을 자연스럽게 터
득하게 된다. 반면 관심 행선을 배우면서 마음의 온전함을 잃지 않고
편안함마저 느낀다.

집심 행선을 1년 남짓 열심히 하다 보면 마음을 모으는 데 어느 정도
익숙해지면서 마음의 힘도 그만큼 생긴다. 이 집심을 바탕으로 관심
행선이 되어질 때 편안함에 내재된 힘을 지닐 수 있다. 만약 집심을 소

홀히 하고 관심 행선만 하면 내재된 마음의 힘과 느끼는 마음이 소진된 나머지 공허함에 빠져 무기력해진다. 또한 기초도 무너질 수 있다. 기초가 무너지면 관심도 함께 무너진다.

관심 행선을 하더라도 틈틈이 집심 행선을 해야 한다. 관심 행선을 할 때는 관심을 주로 하라는 의미이지 집심을 아주 놓아 버려도 된다는 의미가 아니다.

관심 행선은 흐름에 따라 방법의 변화가 있다. 일의 범주에 따라 마음을 조금씩 열어 간다. 양발에서부터 온몸 그리고 주위와 하늘에 이르기까지 마음을 열어 넓힌다. 하나하나 넓혀 가다가 전일함으로 익숙해질 때면 '걷는 나'를 '바라보는 나'로 매듭지어 정리한다. 하지만 열어 가는 데 집심에서 지녔던 전일함이 없이 '걷는 나'를 '바라보는 나'가 느끼는 것은 바람직하지 않다. 전일함 없이 바라봄은 힘이 없어서 수행에 진전을 보기 어렵다. 오히려 '걷는 나'마저 사그라드는 데에 이른다.

하나의 과정에서 매듭을 지어 갈 때 '걷는 나'를 '바라보는 나'로 다듬는 듯이 정리하다가 다시 '걷는 나'와 '바라보는 나'로 열림을 확장하여 전일하게 깨어 있어야 한다. 이로써 정리가 되면 좀 더 과정을 높여 '열린 나'를 '바라보는 나'로 또다시 정리해 간다. 이렇게 가다 보면 열림이 커지면서 '존재하는 나'와 '바라보는 나'로 있다가 존재 하나만 남는다. 그 존재가 허공 속에 스며서 세상과 하나로 이어진다.

집심 행선은 관심 행선의 기초를 닦는 데 중요한 디딤돌이 되어 준다. 행선으로 열어 가다 보면 자기 전체를 느끼며 볼 수 있다. 이때 나를 느끼려고 하면 나를 열어야 닫혀 있던 감각들이 살아난다. 세포 하나하나에서도 열려진 느낌으로 받아들이면 몸이 이완될 뿐 아니라 시원함마저 느낀다. 닫혀 있던 피곤에서 깨어나 몸이 점점 활성을 얻기 때문이다.

발이 대지에 닿는 느낌, 피부가 공기를 받아들이는 느낌, 땀에 대한 느낌, 숨에 대한 느낌, 행선을 하는 나에 대한 느낌들이 살아난다. 그러나 마음 전체가 느낌에 너무 예민해지다 보면 한곳에 묶어 두었던 담뿍한 마음마저 사라진다. 수행의 초기에 대체적으로 한두 번 혼돈의 시기를 겪게 된다. 전일함과 느낌이 서로 균형을 잘 맞추면 느낌에 함몰되지 않고 현실의 상황을 받아들일 수 있다. 이때부터는 그 일 그 순간에 전일하게 깨어 있기만 해도 '하는 나'를 '바라보는 나'가 느낌을 정리하는 듯하게 되어 간다. 주의할 것은 '하는 나'가 '바라보는 나'에 의해 해 가는 느낌이 무너지지 않아야 하는 것이다. '하는 나'와 '느끼는 나'가 균형을 잘 이루면 백 가지 천 가지를 느껴도 '하는 나'가 중심의 축을 이룬다. 이것이 밖의 치열한 움직임 속에서도 태고의 정적을 느낄 수 있는 마음의 기초이다. 물론 열림이 커 가면 '하는 나'와 '바라보는 나'가 하나로 되어 이리저리 하지 않아도 자연스럽다.

나에서 좀 더 확장하여 주위의 사람과 사물을 느껴 보자. 균형 감각이 있는 느낌에 따라 기운이 교감됨을 느낄 수 있다. 그러면 수천 가지를 받아들여도 마음이 선정적 쾌락에 흐르지는 않는다. 함께 걸어가는 사람의 마음마저도 맑고 편안해진다. 이전에 나를 연다는 것이 기운을 받아들여 느끼는 것이라면, 옆 사람과 사물에까지 마음을 연다는 것은 함께 주고받는다는 의미이다. 사물 하나하나에도 기운이 갈무리가 되어서 주는 기운이 좋으면 받는 기운도 좋다.

그렇다고 거래의 차원은 아니다. 거래에는 계산된 내용이 담겨 있어서 깊은 나눔이 되지 못한다. 흔연하게 다가서서 느끼려고 할 때 거기에는 존재의 소중함이 자리한다. 사물 하나하나가 빚어내는 모습과 빛깔, 질감을 읽어 낼 수 있고 그 속에 숨어 있는 오묘함마저 동시에 느낄 수 있다.

나아가 자연, 천지, 우주에까지 마음과 기운을 열어 가 보자. 자연 하나하나에도 토해 내는 특성이 어우러져서 하나의 거대한 삶의 유기체를 이룬다.

하늘과 땅으로 마음과 기운을 열어 받아들이면 영명靈明한 기운이 공유되고, 그 느낌에 마음을 기울이면 천지 자연과 기운의 간격이 좁혀지면서 그 기운이 나의 삶 속으로 스며든다.

관심의 시작부터 체계적으로 밟아 올라가면

1) 관심은 의식의 확장이다.
의식을 지니고 바라보는 것 아니라 의식을 열면 확장이 된다. 속독을 하는 방법과 비슷하다. 속독을 처음으로 할 때는 글자 하나하나를 보지만 그 다음에는 한 단어를 보고 그 다음에는 한 문장을 본다. 이때 글자 하나하나를 빨리 읽어서 가는 것이 아니라 사진 찍듯이 동시에 본다. 하지만 더 정확한 것은 마음의 창문을 여는 것이다. 책 한 면을 볼 때는, 마음의 창문을 한 면에 열면 책 한 면이 다가오고, 책 양면을 볼 때는, 마음의 창문을 양면에 열면 책 양면이 들어온다. 행선도 이처럼 양발에 마음을 열면 양발이 내 의식으로 들어온다.

2) 의식과 기운을 양발에 연다.

① 관심부터는 소리를 내어 동작을 명령하거나 읽어 주지 않아도 된다.

② 왼발과 오른발을 모두의 속으로 받아들인다. 하지만 처음에는 어렵다. 이때 양발에 왼발을 움직일 때 오른발 족단전을 기둥 삼고 오른발을 움직일 때 왼발을 기둥 삼으면 양발에 힘과 기운이 주어지는 느낌을 받을 수 있다. 이것이 어느 정도 되면 두 발이 하나의 기운으로 묶여 있음을 느낀다. 좀 익숙해지면서 두 발이 마음으로 선명하게 다가온다.

관심 행선을 시작한 지 얼마 되지 않을 때에는 관심을 하기에 앞서 집심 행선을 어느 정도 하고 나서 관심 행선을 한다. 관심 행선은 일상의 걸음과 크게 다르지 않아 다른 사람이 보면 잘 모르나 집심 행선은 부자연스러워서 마치 최면에 걸려 걸어가는 것처럼 우스꽝스럽기까지 하다. 집심 행선은 될 수 있으면 집안 마당에서 하다가 익숙해지면 의식을 확장하며 길을 나서는 것이 좋다.

③ 발걸음을 산책하듯이 움직여도 그 의식을 혹 놓치지 않을 정도가 되게 한다. 놓치면 다시금 발을 천천히 움직여 의식과 동작을 일치시킨다.

④ 발걸음이 빨라도 의식의 범주 속에만 있으면 놓치지 않게 된다.

⑤ 열림을 단계별로 확장해 갈 때마다 '하는 나'와 '보는 나'가 있어서 '하는 나'를 '보는 나'가 바라봄으로써 그 과정마다 생기는 매듭을 정리해 간다.

3) 두 발을 의식으로 받아들이는 것이 익숙해지면 온몸으로 확장시켜 간다. 세포 하나하나가 활성화된다.

4) 주위 자연에 마음을 연다. 몸의 세포가 열리는 만큼 자연환경이 맑고 좋은 곳에서 열어야 한다. 자연과 한 품이 되어서 느낀다.

5) 옆 사람에게 열면 나의 평온한 기운이 전해진다.

6) 하늘에 열면 하늘 기운과 하나가 되어서 소통이 된다.

7) 좋지 않은 기운에 쌓여 있을 때는 닫을 수도 있어야 한다.

기운은 마음을 따라 간다. 마음으로 내 몸을 감쌀 수 있는 계란 모양의 큰 기운으로 나를 감싸고 마음과 기운은 움직이지 않으면 된다. 처음에는 어려워도 조금씩 하다 보면 되어 간다.

의식과 기운을 열어서 동화되다 보면 만물이 새롭게 보인다. 관심 행선을 좀 더 열심히 하면 자신의 기운이 맑아지고, 맑은 기운을 다른 사람에게 줄 수도 있다. 그러나 기운이 예민해져서 다른 사람을 알아차리기도 하지만 다른 사람이나 환경의 좋지 않은 기운에 힘들어 할 수도 있다. 기운을 여는 것과 함께 닫는 것도 중요하다.

원불교 대학원 대학교 2학년들이 관심觀心법에 따라 행선을 하고 나서의 느낌이다.

"몸이 무겁고 찌뿌드드해서 요가를 하길 바랐어요. 그런데 행선을 한다고 하여 좀 아쉬웠지만 그 마음을 뒤로 하고 참여했습니다. 관심 행선을 마치고 난 지금은 몸이 날아갈 듯 가벼워요. 걸음도 빠른 걸음이 아니었는데 굳었던 몸이 확 풀리는 것이 신기하네요. 1년 전 처음 행선을 배울 때는 마음을 엄지발가락과 검지발가락 사이의 족단전에 전일하게 두었지요. 그때는 마음이 참 오롯했어요. 그런데 지금 배운 행선은 마음이 오롯하면서도 더욱 편안합니다."

■ 관심 선식

관심 선식도 관심 행선처럼 의식의 확장이다. 동작 하나에만 집중했던 마음을 두 가지 동작에 연다.

집심에서 동작 하나하나에 집중했던 마음을 관심에서는 두 가지에 여는 것이 처음에는 많은 힘이 쓰이기도 하고 잘 되지도 않는다. 이때는 사진을 찍듯이 열어서 바라보면 된다. 그러면 두 가지 동작을 벗어나 세 가지, 네 가지도 아우를 수 있다.

하지만 수행의 초기에는 두 가지부터 익숙한 데 이르기까지는 연습에 연습을 거듭하여 확장해 가야만 원활하게 된다. 처음에는 바라보듯이 느끼지만 어느 정도 된다 싶으면 바라보듯이 느끼지 말고 마음을 열어서 받아들인다. 창문을 열면 햇빛과 바람이 들어오듯이 모든 상황들에 대해 마음을 열면 저절로 다가오는 것이 느껴진다.

입에 넣은 음식을 씹는 동시에 맛과 향을 음미하다가 음식을 넘기는 것까지 내 의식의 범주 속에 넣는다.

이제는 음식을 입에 넣는 것부터 손동작에 이르기까지 한 의식 속에 넣어서 집중한다. 관심 선식의 방법이 어느 정도 익숙해졌기 때문에 앞으로는 의식의 범주만 넓혀 가면 된다. 의식을 확장하여 넓혀 갈 때마다, 그에 앞서서 정리하는 방법으로 '하는 나'와 '보는 나'가 있어서 '하는 나'를 '보는 나'가 바라보듯이 한다.

이어서 의식을 온몸으로 확장해 간다. 여기까지가 크게 잡은 한 매듭이다. 이 정도가 되면 나의 몸이 한 기운으로 뭉쳐진 느낌이나 알 같은 모양의 기운이 나를 감싼 듯한 느낌이 들기도 한다.

좀 더 확장하여 나눔으로 가 본다. 옆 사람에게까지 마음을 확장해 가면 나의 마음이 전해지게 되어, 느낌이 살아 있는 사람은 알아차린다. 나의 정서가 맑고 편안할 때를 살펴서 좋을 때 열어야지 산란할 때 열면 안 된다. 산란한 마음은 번민과 화의 기운처럼 옆 사람을 불편하게 하여 다른 사람들이 웬만하면 내 근처에 오고 싶어 하지도 않는다. 하지만 맑고 편안한 기운으로 열면 옆 사람도 마음이 편안해지는 것을 느낀다. 이렇게 편안한 기운을 지닌 사람에게 가까이 다가가면 왠지 좋기에 주위 사람들이 자꾸만 다가온다.

이제는 옆 사람에게 열고 또 대화에도 열어 보자. 함께 존재하게 되는 것을 느낄 수 있다. 그래서 크게 하나가 된다.

관심 선식을 통해서 얻게 되는 것은, 의식의 확장과 더불어 함께하는 마음과 기운을 느끼게 되고 나아가 우주와 하나가 되는 것이다. 좋은 기운을 주고받을 수 있어 행복함이 가득하다. 하지만 하나가 됨도 관심의 단계에서는 항상 이루어지는 게 아니다. 간혹 이루어지는 정도에 지나지 않는다.

관심 선식을 하게 되면, 큰 일심이 되어 생활 속에서도 면밀하게 깨어 있어 늘 공부심을 놓지 않을 수 있다.

방법

- 먹는 동작과 팔의 동작에 동시에 깨어 있음
- 두 동작에 마음이 열림
- 두 동작 외에 잡다한 움직임에도 열다가 전체에도 확장하여 엶

무심 무시선

무심 무시선은 비움으로의 존재를 확장하고 이것이 마음의 습관과 행동의 습관으로 자리 잡는 과정이다.

마음을 열어 우주 만물과 하나가 되고, 몰입을 통해서 그 본질과 일에 하나가 되며, 그 의식이 진리와 하나가 되는 수행이자 경지를 말한다. 이것이 삶을 통해서 마음에 스며들고 행동으로 자리 잡히면 마음을 놓아도 저절로 된다. 게다가 마음이 맑고 편안할 뿐 아니라 삶의 모습이 자연스럽다. 하지만 아직 삶에 능숙함에 따른 여유가 생겨나지 않아서 따뜻함이 덜하다.

무심은 진리와 하나가 된 의식과 정법에 대한 수행 과정으로 얻은 '지각'으로 자리매김을 하였기에 다른 사람의 영적 스승으로서는 큰 흠이 없다. 최소한 정법이 아닌 길로 인도하지는 않는다.

[무심 1]
마음의 습관과 행동의 습관

무심은 저절로 되는 경지이다. 마음으로나 행동으로나 익숙해져서 동물적인 감각으로 이루어진다. 저절로 되다 보니 집중하지 않아도 일을 그르치지 않을 정도가 된다. 하지만 집중을 놓는 데서 마음의 힘이 떨어질 수 있다. 무심의 경지에 있으면 대체로 힘이 떨어지는 것을 초기에 알아차려 집심을 틈틈이 지녀서 마음의 힘을 유지하거나 더욱 키우기도 한다. 이런 과정을 튼실하게 밟아서, 무심에 확실한 자리매김이 되지 않은 채 무심을 흉내 내면 안 된다. 그동안 쌓아 놓은 힘까지 모두 잃어버려 회복조차 어려울 정도로 보잘것없는 데에 이르기 때문이다.

무심에서 조심할 것이 있다. 습관을 길들여 가는 과정에서 생기는 바람직하지 못한 것과 습관에 흘러 까닭을 잊어버리는 것이다. 습관을 길들여 가기 위해서는 목적의식과 깨어 있는 까닭의 중심 그리고 의지력이 필요하다. 하지만 이것이 습관으로 자리 잡히면 놓아야 할 때에도 망념의 습관이 무심에 담긴 채 지속되어 삶의 리듬마저 깨고 만다.

그리고 또 한 가지는 무심으로 생활과 일이 저절로 잘되다 보니 까닭마저 잊는 것이다. 까닭을 놓으면 시간의 흐름 따라 마음의 힘이 함께 저하되고 동시에 삶과 일도 자연스럽게 무너지게 된다.

다시 챙겨서 바로 자기 평소의 모습을 찾을 정도만 되어도 다행이지만, 챙김만으로 되지 않을 정도로 무너지면 곤란하다. 회복 불능이 되지 않으려면 수행의 스승과 도반들과의 관계가 지속적이어야 한다. 이 때부터는 수행을 한다고 해도 진전이 빠르지 않기에 정체의 무료함과 습선에 빠져 맹해지지 않을 정도로 깨어 있기만 해도 된다. 이때는 이것만으로도 큰 수행이다. 무심에 이를 정도면 모르는 것을 알려고 스승과 도반을 찾는 것이 아니다. 임기응변臨機應變할 정도는 아니지만 웬만큼은 안다. 수행의 중심만 잡아 가면 되기 때문에 스승과 도반과 함께하는 것만으로도 충분하다. 이렇게 까닭을 갖고 중심만 잡아 가다 보면 세월 따라 무심에서 이루어져야 할 공부는 메워지며 수행도 익어간다.

관심까지는 수행의 방법이 필요한 단계라면 무심은 터득하는 단계이다. 수행에 까닭을 놓지 않고 정성스럽게 닦아 가면 수행은 저절로 깊어지며 공을 들인 그 일과 마음이 하나의 경지를 이루게 된다.

[무심 2]

삼매몰입와 존재정토극락, 제호일미

하나의 일에 몰입되어 나를 잊고 일만이 존재하게 되는 경우가 있고, 마음을 열어서 나와 일이 하나가 되는 경우가 있다.

하나의 일에 몰입되어 일과 하나가 되면 그 일에 깊이 들어가 상상하지 못한 결과가 나타난다. 그 몰입은 골똘한 생각, 과제, 일, 운동, 화두, 명상, 선 등에서 나타나는데 그 원리는 하나이다. 일에서 들어가는 코드를 알아내면 다른 모든 것에서 몰입할 수 있는 능력이 생긴다.

우선 재미있는 것부터 한다. 컴퓨터 게임, 운동, 예술, 독서 등에서부터 경험하는 것이 중요하다. 경험했으면 또다시 몰입에 들 수 있어야 한다. 몇 번 들면서 들어갈 때의 느낌과 코드를 알아내야 다음에 들어갈 수 있는 실마리가 생긴다. 몰입이 한번으로 끝나거나 자기도 모르는 가운데 요행으로 여길 정도라면 의미가 반감된다. 몰입할 때는 그 코드를 알아내고자 깨어 있어야 다른 어떤 일에 응용할 수 있다.

몰입에도 다른 차원으로 빠져드는 몰입과 내용에 빠져드는 몰입이 있는가 하면 상황 전체에 빠져드는 몰입이 있다. 예를 들면 선정삼매, 독서삼매, 사상事上삼매가 이와 같다. 하지만 이 모두는 궁극에 이르면 진리와 하나가 되는 경지로 이어진다. 하나로 되어 존재하여 진리의 섭리와 우주와 영혼의 소종래를 알고 마음을 드리우는 곳에서는 우주와 함께한다.

궁극에 이르기까지는 작고 얕은 몰입에 의지할 수밖에 없다. 수행은 이 작고 얕은 데에서부터 시작하여 크고 깊어지며 궁극에 이른다. 수행은 처음부터 욕심을 크게 낼 것이 아니라 하나의 일에서부터 몰입할 수 있는 습관을 길들여 가는 게 중요하다. 이것이 수행의 기초를 잘 밟아 오르는 길이다.

일에 대한 몰입인 사상삼매는 사랑하는 사람이 가슴속에 들어온 것처럼 된다. 화두삼매도 잘들면 이와 같다.

몰입할 때는 어떤 관념이 개입되면 안 된다. 몰입은 그 일의 내용에 들어가 오롯하게 깨어 있어야만 가능하다. 몰입에 이를 수 있는 마음가짐의 시작은 긍정적인 자신감에서 비롯되고 그 마음의 형태는 평온함과 마음다함으로 이루어진다.

244

일에 몰입이 되면 그 흐름으로 일상이든 꿈이든 숙면이든 한결같다. 몰입을 너무 어렵게 생각할 필요가 없다. 사랑하는 사람이 생기면 늘 그 사람이 마음속에서 떠나지 않는 것과 같다. 사랑에 빠진 사람은 가슴 뛰는 마음으로 사랑에 몰입하여 그 속으로 저절로 빠져든다. 온 세상이 아름답다 못해 바람에 나뒹구는 나뭇잎 하나조차 너무도 아름답고 소중하다. 또한 무한한 긍정의 마음이 되어 다 수용하고도 남고, 다 주어도 아깝지 않다. 그를 위해서라면 죽어도 여한이 없다. 이 마음이 몰입의 극치이다. 몰입에 의한 무심의 경지가 되는 것이 마치 사랑하는 사람이 마음 깊은 곳에 늘 담겨 있어도 노이로제에 걸리지 않는 것처럼 마음을 쓰되 쓰지 않는 지경에 이른다. 노이로제는 무심이 되지 않은 채 생각의 끝으로 작아진 마음인 착심이 지속되는 데에서 걸린다.

몰입의 연습은 좋아하는 것부터 연습을 하되 그 마음에 깨어 있어야 코드를 찾아낸다. 한두 번으로 되지는 않고 코드를 찾기까지는 여러 번의 반복이 필요하다.

코드를 찾아 들어가다 보면 스르르 빠져들다가 다른 차원의 세계 속에서 동화되어 혼연일체가 된다. 느낌, 생각, 의지, 행동 모두가 그 순간에는 그냥 하나로 존재하는 가운데 희열마저 솟아난다. 일상의 생각으로 다시 하려 해도 할 수 없는 것이라 자신도 기적처럼 여긴다. 몰입으로 어떤 일을 일궈 낸 모든 사람들이 이 같은 느낌에서 벗어나 있지 않다. 그 이유는 자신을 통해 진리의 느낌을 꺼낸 것에 있기 때문이다.

하지만 이것이 일상이 될 수 없는 한계를 갖고 있다. 어떤 하나의 일에서 몰입하여 생각하지도 못한 일을 이루었어도, 그 하나에 몰입된 마음이 복합적으로 아우른 삶에 맞닥뜨리면 깊이 있는 하나의 세계에 불과하다. 삶에서는 하나의 일에 몰입하여 놀라운 성과를 거둘 때도 있지만 생활이란 것은 하나의 일에 빠져서 될 수 있는 게 아니다. 삶은 다양하고 복합적으로 어우러져 있다. 여러 가지를 고루 생각하여 하나를 마무리 지으면서 또 하나를 준비해야 하는 상황이 많다. 그런데 하나에만 빠져 헤어 나오지 못한다면 그야말로 자폐증이나 편 집중과 다를 바 없다. 무시선은 하나의 일에 몰입할 수 있어야 하지만 두세 가지의 일에도 고루 깨어 있을 수 있어야 한다.

제자에게 "언제든지 하는 그 일에 마음이 편안하고 온전해야 된다."라고 한 소태산의 말이 이 뜻이다. 편안함은 일반적인 용어 그대로라 언급할 것이 없지만 온전하다는 뜻은 조금 다르다. 성품이 그대로 드러나는 것을 말하기도 하고, 하고자 하는 모든 일이 균형과 조화를 이루며 제대로 된 것을 일컫는다.

마음이 텅 비어 고요한 가운데 상쾌한 마음이 되면 편안하다. 그리고 그 마음으로 그 일마다 깨어 있으면 온전하다. 하지만 이 온전함에는 하나의 일을 넘어서 해야 할 일에 모두 함께 깨어 있다는 의미를 내포하고 있다. 무시선은 평온함과 마음다함이라는 말로 표현할 수 있지만 그 바탕을 이루는 기본 개념은 편안함과 온전함이다. 평온함과 마음다함이 편안함과 온전함을 품어야 하고, 또한 이 편안함 온전함은 원만구족圓滿具足하고 지공무사至公無私함을 품어야 한다.

뒤집어 보면 원만구족함과 지공무사함은 진공과 묘유를 품어야 하고 진공묘유는 일원상의 진리를 품어야 그 본의를 놓지 않지 않는다.

몰입의 느낌을 삶으로 엮어 가야만 몰입이 생명력을 얻는다. 이것이 무시선이다. 이것은 열림으로 전체가 하나가 되어 삶으로 이어질 때 큰 무념이 된다. 즉 무시선에서 숨결을 느끼는 데 이른다. 화두를 들 때 삶을 품은 화두라야 깨달았을 때 돈오돈수, 즉 깨달음과 수행을 아울러 마칠 수 있다. 큰 무념이 되면 해야 하는 모든 일에 깨어 있으되 마음의 바탕이 비게 된다. 그렇게 되면 따로 편안함이나 평온함을 챙길 필요가 없다. 그 빈 마음으로 해야 할 일에 깨어 있게 되고 마음을 일으켜 전일 할 필요 없이 온전해진다.

일상의 일에 저절로 마음이 비어 그 일을 할 따름인데 온전하기까지 하다. 어떤 저항도 없이 흐르는 자연스런 움직임에 고요함과 절제가 있다. 자신에게는 그 자리가 극락이지만 다른 사람에게는 인품의 아름다움을 선물한 격이다.

본다는 상相도 놓아서 관觀하되 관하는 바가 없기를 소 길들이는 이가 사람과 소가 둘 아닌 경지에 들어 동動과 정靜이 한결같이 하는 것이라, 한 마음이 청정하면 백천 외경이 다 청정하여 경계와 내가 사이가 없이 한 가지 정토를 이룬다.

한 수행자와 식사를 했다. 그의 식사 모습이 인상 깊었다. 그는 식탁에 앉을 때면 우선 주변을 정리한다. 팔이 움직이면서 건드릴 만한 것을 팔의 반경 주위에서 멀리 놓고 오른손잡이라 그런지 밥은 왼쪽에, 국은 오른쪽에 놓고 수저는 국 오른쪽에 놓는다. 식사를 할 때면 그렇게 말이 많지 않지만 그렇다고 말이 없는 것도 아니다.

음식을 입에 넣어 먹는 모습을 보면 오감이 열린 듯 보였다. 음식 하나하나를 바라보고 그곳에 후각을 연다. 그리고는 입에 살포시 넣어 맛을 음미하듯 잠시 머물다가 천천히 입을 움직이며 오물오물 먹는 소리가 나직이 아삭거리나 경쾌하다. 음식의 맛을 이야기하며 말을 건넬 때는 음식을 다 삼키거나 거의 삼키고 난 음식을 천천히 씹으며 웃음 띤 얼굴로 눈을 지그시 바라본다.

물 한 모금 마실 때도 소중한 음식을 마신다는 느낌이다. 그리고는 꼭 있던 자리에 놓는데 그곳은 무의식적으로 몸이 움직일 만한 동선에서 비켜 있는 곳이다. 그리고 음식을 먹고 난 그릇은 조금 먼 곳에 두고 그 빈 공간에 아직 음식이 남아 있는 그릇은 서로 먹기 좋은 곳으로 옮겨 두는 모습이 상대를 배려해 준다는 느낌을 갖게 한다. 그때그때 정리하는 움직임이 그냥 젓가락 한두 번 가는 정도라 그런지 손동작이 눈에 거슬리지 않는다.

수행이 어느 정도의 수준에 이르렀다 하여도 몸을 움직이거나 손동작에 실수가 아예 없는 게 아니다. 삶에서는 마음을 잡고 놓는 것이 적당한 균형을 이뤄야 건강하다. 수행의 경지에 이르렀다 하여도 늘 여는 것이 아니라 열 때가 있고 무의식과 습관에 맡길 때가 있다. 또 부분적으로 열고 부분적으로 놔둔다.

하루의 삶에 밤과 낮이 있어서 휴식과 활동으로 건강한 생활을 하듯이 수행자에게도 열 때와 놔둘 때를 중요한 일과 일상의 일에 따라 조절한다. 놓을 때 놓는다 해도 마냥 놓은 것은 아니다. 놔둬도 저절로 잘될 정도까지는 수행을 통해 습관을 길들인 다음에 놓는다. 이렇게 해도 실수를 한다. 무엇이든지 일정 기간 놔두기만 하면 뭐든 퇴화하기 마련이라 수시로 다시 마음을 챙겨 일정 수준의 습관으로 올려놓지 않으면 안 된다. 하지만 실수해서는 안 되는 중요한 일과 실수해도 괜찮은 일이 있다. 간혹 실수한다고 해도 중요한 일에 실수하는 것은 마음공부의 실력 문제이다.

경지에 이른 수행자를 모시는 어린 시자가 자꾸만 챙겨야 할 물건을 잊어버리자 수행자가 유념공부를 하라고 일렀다. 그러던 어느 날 수행자가 모자를 놓고 왔다. 그러니 시자가 볼멘소리로 "스승님도 잊으시면서 우리 보고 뭐라고 하신다."라며 흉을 본다. 주변의 수행자가 보고는 귀여운 모습에 할 말을 잃고 입가에 웃음만이 번진다.

주로 잊어버리는 것과 주로 챙기는 것은 다르다. 또한 잊어버려도 괜찮은 것을 잊어버리는지 아니면 중요한 것을 잊어버리는지도 다르다. 수행은 주로 챙기고 중요한 일에 실수하지 않을 정도면 된다. 오히려 지나치게 챙기는 게 병이다. 자칫하면 노이로제에 걸릴 수도 있다. 물론 바쁜 일이 없다면 실수를 그만큼 줄여서 실수가 거의 없는 지경에 이르겠지만 삶에 여백이 존재하는 가운데 치밀하게 챙기면 이로써 노이로제에 걸리지는 않는다. 바쁜 일상을 지내는 수행자에게는 중요하지 않은 일에 더러 실수하는 것은 오히려 삶의 여백이기도 하다.

수행의 경지에 올랐다고 해도 실수를 전혀 하지 않는 게 아니고 하기 싫은 마음도 아예 없는 것도 아니다. 다만 그 실수나 싫은 마음이 나의 삶에 영향을 주지 못한다. 여기에서 하기 싫은 마음은 마치 맑은 하늘에 몇 개의 하얀 구름이 두둥실 떠다니는 것 같다. 하늘의 기류도 아주 맑은 날보다 이런 날이 더 편안하듯 마음에 적당히 힘을 빼고 쉰다는 의미이다.

수행하는 사람의 마음 바탕이 어떠냐가 중요하지 구름이 있느냐 없느냐는 그리 중요치 않다. 망념 한두 개가 자기도 모르게 떠다니는 것이 오히려 마음도 편안하다는 뜻이니만큼 망념을 끝까지 걷어 내려고 아등바등할 필요가 없다. 수행이 어느 정도 되면 해야 할 수행과 일을 할 따름이지 일의 성패에 안달하지 않는다. 해야 할 수행에는 마음의 안정맑음, 근본지혜, 힘, 통찰력진리와 삶, 정성심의지, 포용심보은의 마음을 키워 영적 성숙함을 바랄 뿐 다른 것은 이를 위한 문제 풀이 연습에 불과하다.

그러니 무엇이든 갈구하는 마음 또한 없다. 세상의 다양한 일들이 한 맛인 줄 알기 때문이다.

재료의 맛이 살아 있는 깊은 맛의 음식을 먹어 본 사람은 음식에서 따로 양념의 맛을 갈구하지 않는다. 그 하나에 깊은 고유의 맛이 담겨 있기 때문이다. 그것을 알면 그 외의 변화가 큰 의미가 없다.

도道 역시 이와 같아서 도의 깊은 맛을 아는 사람은 따로 갈구하지 않는다. 깊이 비운 마음에 들었다가 삶의 정점에 서 본 사람은 삶이 다양하다 하여도 그 핵심을 벗어나 있지 않은 것을 알기 때문이다. 이 외에는 삶에 주어진 작은 다양성을 즐길 뿐, 뭔가를 달리 구하려고 아등바등할 필요를 느끼지 못한다. 갈구하지 않는다는 것은 삶이 다양하지 않다고 해도 주어진 삶 속에 가치와 의미가 충분하기에 애써 일을 만들 필요가 없다. 이 모든 것은 존재할 뿐이기에 가능하다.

존재! 그 자신이 존재할 뿐이지만 다른 존재에 대해서도 집착을 벗어났다. 그래서 주변의 누군가가 행복한 일을 바란다면 그렇게 해 줄 수 있는 길을 택하는 데 흔연스럽다.

[무심 3]

편안함자연히 동하지 않음, 성리 해결

진리를 생각하고 행동으로 옮기는 것이 습관이 되면 도량상규가 오히려 편안하다. 그러나 까닭 없이 당위성으로 하는 것은 바람직스럽지 못하다. 도량상규도 습관이 되어 편안해질지라도 맹목적이게 되면 이것도 자신을 돋보이게 하는 도구나 권력으로 전락하고 만다.

생각과 행동이 성리 속에 들어갔다가 본질을 꿰뚫고 나온 것이라면 재색명리도 조복받을 수 있다. 조복을 받으면 가슴속에서 솟구치는 설렘이 없어지고 잔잔한 행복이 감돌기 시작한다. 그 잔잔함이 설렘의 에너지를 머금으면, 영혼이 맑고 빛나지만 눈부시지 않고 편안하다. 그 영혼이 아름다운 것을 자신이 느낄 뿐 아니라 주위 사람도 느끼고 알아본다.

재물이 삶의 의미를 넘어서 있지 않고, 예쁘고 멋진 사람이 세상의 그림에 지나지 않을 뿐이며, 명예란 것도 삶의 본질에서 볼 때 하나의 허상에 불과할 따름이다.

무시선이란 그 일마다 일심으로 하는 것을 말한다. 일심은 성품을 여의지 않는 것. 즉 성품의 나타남을 일컫는다. 이 일심의 상태는 집심, 관심, 무심, 능심으로 나뉜다.

무심을 흔히 생각이 없는 것으로 일컫기도 하는데 그런 무심은 생각 없는 가운데 맹목적인 습관으로 하는 하나의 행위에 지나지 않는 마음이다. 여기에서의 무심은 그런 무심을 말하는 게 아니다. 여기에서의 무심은 무심 무시선으로서 마음의 바탕이 비어 있는 것을 이른다. 이 것이 마음과 행동의 습관이 되었다가 진리와 하나가 되어 일체의 상相이 끊어진 경지를 말한다. 이 무심 속에는 혼이 담기고 습관이 농익어서 저절로 되는 것이 있다.

무심의 궁극에 다다르면 '마음과 행동의 습관'의 경지를 넘어서 '몰입'의 경지에 들지만 성품에서부터 마음을 열어서 삶과 하나가 되기도 한다. 이때 그 기운이 맑고 편안하다. 게다가 이 모든 경지가 삶으로 승화된다.

이 열림에는 억지로 깨어남이 없다. 깨어나려는 챙김에 따라 이미 마음과 행동은 훈련되어 있기 때문에 자연스럽다. 그러나 반복되는 습관에서 오는 익숙함과는 다르다. 여기에서는 영혼의 깨어남을 말한다. 달리 표현하면 정신 차림이라고 할 수 있다. 정신이란 마음이 두렷하고 고요하여 분별성과 주착심이 없는 경지를 말한다. 조금은 정형화한 표현인 듯하지만 내용을 알면 아주 적실한 의미인 것을 알 수 있다.

정신 차림은 세상에 대한 자각이다. 그러나 성품을 열면 세상은 자각으로 되기보다 내게로 스며든다. 깨어남 즉 정신 차림은 '함이 있기'에 시간이 지나면서 자연히 깨어남으로부터 멀어지게 되기 마련이지만 열림은 그 속에 세상이 있으므로 잊어버릴 수 없이 존재한다.

설거지 하나에서도 진리적 삶의 한 단면이 있다. 진리가 별다르게 존재하는 것이 아니라, 설거지 속에서도 숭고하게 숨 쉰다. 설거지 속의 진리가 참으로 존귀함을 알면 그 속에서의 진리와 함께하는 시간이 얼마나 행복한지도 새삼 자각하게 된다. 그렇다고 설거지가 곧 진리의 총섭이라고는 할 수 없다. 설거지가 진리의 내용을 담고 있는 것이지 진리의 전체성을 말하는 것은 아니다. 진리의 전체는 우주 자연과 만물 그리고 그 안에 내재된 모든 것이다. 이 모든 것은 하나의 유기체를 이루지만 선후본말이 있다. 만물 하나에 삶 속의 진리가 아주 선명하고 생생약동하게 존재한다. 진리를 인식하는 이에게는 설거지가 아주 위대한 수행거리가 된다.

마음이 편안하다는 것은 자신이 그 무엇을 할 수 있고 없는지와 잘하고 잘하지 못함을 안다는 것을 의미한다. 그 현실이 진리적인 현실임을 직시하여 받아들이고, 진급하고자 노력하는 것이 삶의 의미인 것을 안다. 억지로 자신을 높일 필요도 없고 자포자기할 이유도 없다. 한 발 한발 영혼의 진급을 위해서 나아갈 따름이다.

제자에게 묻는다.

"동네에서 축구를 즐기던 수행자가 프로축구선수들이 뛰는 친선 축구경기에 들어가 공을 차야 하는 상황이 생겼다. 오는 공을 컨트롤하자니 그들이 워낙 빨라서 빼앗길 것 같고 서둘러 찼다가는 공이 제대로 가지 않을 텐데, 어떻게 하는 것이 수행자의 심법일까?"

"저 같으면 빼앗기는 것보다 나을 테니 서둘러 차겠습니다."

"빼앗기는 것을 두려워하는 마음도 욕심에서 나온 마음이지만 서두르는 것은 욕속심이다. 그런데 서둘러 차겠다고?"

"……."

프로축구는 최고의 기량을 지닌 사람들이 모여 승부를 가르는 무대이다. 즉 최고의 선수들만이 하는 경기이므로 경기에서 최고 기량을 보여 주는 것이 그들의 임무이기도 하다. 하지만 수행자가 그곳에 들어갔다면 사람들은 그의 기량보다 수행자의 심법을 보고 싶어 한다. 수행자의 마음이라면 공을 소유하고 있는데 상대가 빼앗으러 오니 보살의 마음으로 주어야 할까. 그러자니 우리 편이 불리해진다. 이편도 저편도 이롭지 않게 한다고 멀리 차내도 역시 우리 편에 이롭지 않다. 아니면 아예 축구 경기장에 들어가지 않아야 했을까.

동네 축구 정도의 실력을 갖춘 수행자라면 실력으로 움직이면서 패스할 줄은 안다. 하지만 프로 선수라면 그 정도는 쉽게 예측해서 차단도 가능하니 수행자가 공을 한 번 차는 것도 여유롭지 않다.

수행자의 심법이라면 경기를 즐길 줄 아는 마음으로 순간에 당황하지 않고 해야 할 것을 시도한다. 나는 나답게 하면 된다. 훈련되어 온 자신의 몸놀림을 최대한으로 끌어올리되 차분한 마음으로 하면 된다.

그렇게 최선을 다했는데도 빼앗겼다면 상대가 잘해서 그런 것이니 어쩔 수 없다. 그러면 상대의 실력에 경탄하는 마음의 눈빛과 미소를 보내 주고 자기 역할을 찾아 가며 또 아주 열심히 뛸 것이다.

어떠한 상황에서도 자기다울 때가 편안한데 욕심이 들어가니 편안하지 않다. 개인이나 단체가 자기답다는 것은 본질에 깨어 있다는 것을 의미한다.

수행가修行家는 수행하는 사람의 모임인데, 모임의 운영을 맡는 직책을 벼슬로 아는 경우가 많다. 수행가는 수행을 빼면 아무것도 없다. 수행에서도 누가 수행을 잘하느냐는 말도 필요가 없다. 모두가 수행자면 그만이다. 수행자에게는 수행자답다는 것이 최고의 명예이나 수행자는 이마저도 놓는다. 명리를 놓으면 수행이 참으로 편안하고 한가롭다.

수행의 의미는 진급에 있기 때문에 사람을 미워할 것도 없고 내 것을 만들려고 애쓰지 않아도 된다. 세상의 재색명리는 흐르는 물과 같기에 빌려 쓰다가 놓고 가면 그만이다. 아무리 능력이 있어도 그것을 영혼의 세상이나 모습을 달리하는 세상으로 가져 갈 수는 없다. 재색명리는 사회적 동물로서 역할을 하는 데 동기 부여의 미끼가 될 뿐, 하나의 물거품에 지나지 않는다. 여기에 속으면 일생을 허비하고 만다.

자신의 영성을 진급시키려고 하면, 허공이 되어서 살려는 노력이 필요하다. 이 가운데 공부도 보인다. 진급의 마장은 관념과 욕심 그리고 그에 따른 습관이다. 이로부터 자유를 얻는 길은 허공에서 시작된다. 허공은 어떠한 관념과 욕심과 그에 따른 습관으로부터도 저항이 없다. 허공이 될 때 영성의 진급을 위한 길을 제대로 갈 수 있다. 그 길은 행복한 여정이다. 만물을 살리고자 하는 마음으로 그 여정을 갈 수 있다면 진급의 길은 참으로 풍요롭다.

[무심 4]

해탈 철주의 중심, 석벽의 외면, 윤회 해탈

생각의 습관과 행동의 습관의 중심에 진리가 자리했다. 삶의 의미 속에는 영적 진급이 최우선의 과제일 뿐이다. 무슨 일을 하든지, 어떤 대우를 받든지, 즐거운 일이든지, 힘든 일을 하든지, 영적으로 의미가 있고 진급이 될 수 있는 일이라면 그 일을 선택한다. 재색명리가 그 마음을 달랠 수 없고, 어떤 고난도 그 마음을 무너뜨릴 수 없다. 영적인 의미와 진급의 무대가 삶이니만큼 무대를 영광스럽게 하는 것으로써 진급의 의미를 삼는다.

비움이 비움일 수 있는 것은 모든 요소를 내려놓을 때이지만 차원의 이동으로도 비울 수 있다. 그 목표한 것이 물질로 이루어진 현실에 있지 않고 물질을 통한 정신적 차원이라면 물질의 유무나 좋고 나쁨에 매이지 않는다. 이렇게 되면 취향만이 남는다. 현실은 도구일 따름이고 정작 원하는 것은 영적인 성숙함에 있으므로 현실이 삶의 궁극적 목적이나 판단의 기준이 아니어서 집착하지 않는다. 이 비움이 오히려 큰 비움이고 큰 해탈이다.

256

모든 요소를 내려놓아서 비웠다면 다시 삶의 의미로 채워야 할 과제를 안는다. 그렇지 않으면 허무한 데 떨어져 에너지마저 잃어버리고 만다. 이 에너지를 잃으면 다 잃는 것과 같다. 한마디로 멍한 상태인데, 여기에 빠지면 어느 누구도 도와주기 어렵다. 허무에 떨어지는 것이 수행에서 가장 염려스러운 것 가운데 하나이다. 그래서 키워서 비운 비움이 더 낫다.

키워서 비웠는데 이 비움이 맘에 들지 않아서 더 깊이 비우려고 하는 것은 어렵지 않다. 어느 정도 비워 놓은 것도 있지만 키움의 과정에서 얻은 마음의 힘이 비우는 데에도 그대로 쓰여 비우는 데 조금만 공들여도 이내 비운다.

수행자가 사람의 몸으로 살며 영혼이 성숙함을 바라는 것은, 영혼만이 존재하는 그 어떤 차원의 세계에서도 그 성숙함이 유효할 뿐 아니라 그 에너지로 영적 자유와 영향력을 갖기 위해서다. 수행자의 가슴속에는 항상 영적 진급이 담겨 있어서 늘 그 꿈을 꾸고 에너지를 발산한다.

진급을 위한 기도

진리의 영혼이자 우주 만물에 깃든 모습으로 다가오시는 법신불 사은이시여!

당신의 이름으로도 우주와 자연 그리고 만물의 거룩한 기운에 함께함을 느낍니다. 이 순간에도 우주의 영혼으로 함께해 주셨고, 여기 있는 모든 인연들을 통해서도 은혜로 함께해 주셨습니다. 그리고 창밖의 풀, 나무, 돌 등과도 하나의 기운으로 우주와 함께하고 있습니다.

법신불 사은님과의 만남은 늘 이루어지고 있으나, 삶의 과제에 가려 그 만남을 잊어버리기 일쑤가 될까 저어됩니다. 깨어난 마음이라야 전일하게 다가설 수 있고 그만큼 은혜로 받아들이는 삶을 살아갈 수 있음을 느낍니다.

법신불 사은님을 모시고 영성의 진급을 위한 존귀한 삶을 살고자 하나이다. 인간의 모든 일이 영성의 진급을 위한 하나의 무대이고 이 무대를 통해서 진급하고 이 삶의 무대를 영광스럽게 함으로써 영성이 자라나고 풍요로워짐을 압니다. 생활 속에서 진리로 늘 깨어난 삶을 살고자 하오니 법신불 사은이시여 허락하여 주시옵소서.

제가 미련하고 업장이 두터워 삶의 애환 속에서 영성의 진급을 저버릴 때에는 애민이 여기시어 교당을 찾아갈 만큼이라도 마음이 살아나게 이끌어 주시옵소서. 그리하여 삶의 본질에서 다시 깨어난 마음으로 진리와 더불어 살아가게 하여 주시옵소서.

두 손 모아 간절히 원하옵고, 두 손 모아 법신불 사은 전에 간절히 비옵나이다.

■ 무소유와 잊음

무소유까지는 아니라도 소유하는 것이 사치냐 아니면 분수에 맞느냐에 따라 인격이 사회적으로 폄훼될 수 있는 잣대가 되기도 한다.

한 선객이, 가난한 바이올린 연주가가 억대의 바이올린을 가졌다며 흉을 본다. 그리고는 그 돈으로 생활에 좀 더 신경을 써야 하는 것 아니냐며 견해를 물어 온다. 남이야 사치를 하든 말든 상관할 일이 아니지만 세상을 자기와 같은 선상에 놓고 생각하기에 충분히 그럴 수 있다. 그러나 흉이 될 일은 아니다 싶어 화답했다.

"그가 바이올린의 가치를 알고 살릴 수 있다면 의미가 있겠지요. 하지만 가치를 모르거나 살리지 못한다면 사치인 것은 틀림없다고 봅니다."

돈이 많아도 가치를 모르면 사치고 돈이 적어도 가치를 알고 샀다면 의미가 있다. 가치를 알고 실현하는 사람이라면 그 물건을 사고 곤궁한 삶을 살지라도 사치는 아니다. 영적인 면에서는 물질이 그다지 중요하지 않다. 물질은 생존과 편리에 따른 것이라 생존에 큰 문제가 없다면 취향일 따름이다.

수행자의 길을 걷는 사람이라면 학창 시절에 누구나 겪게 되는 일이 있다. 원불교 교무는, 원불교학 관련 대학 4년의 과정을 마치고 1차 교무고시에 합격하여 다시 원불교대학원대학교에 들어가 2년 과정을 마칠 즈음 2차 교무고시에 합격하여야만 교무의 자격을 부여받는다.

이 6년의 과정 동안 필수와 선택 그리고 보조 학문과 관심 있는 부분까지 공부하다 보면 사고의 틀을 이루고 참고가 될 만한 책들이 쌓인다. 그 가운데는 절판이 되어 더 이상 구하기 어려운 소중한 책도 있다. 이러한 책을 누군가가 빌려 가면 체크해 놨다가 일정 기간이 지나서 돌려받지만 때로는 이렇게 책에 집착해도 되는가 싶은 마음에 회의를 느낀다. 하지만 필요와 집착 사이에서 이러한 문제는 쉽게 해결되지 않는다.

교무는 발령을 받은 임지에서 살다가 일정한 기간이 되면 또 다른 곳으로 발령을 받아서 옮겨 간다. 그때마다 많은 책을 가지고 다닌다는 것은 번뇌를 머리에 이고 다니는 것 같아서 교무가 되는 수행자는 이쯤에 책을 누군가에게 나눠 주어야 할지 고민하게 된다.

아무래도 마음의 무게 중심은 책을 덜어 내는 쪽으로 기운다. "수행자의 짐이 커서는 안 된다."는 선배들의 이야기가 상기되기 때문이다. 결국엔 대학원 기숙사를 떠나기에 앞서 그 귀한 책 모두를 도서관에 기증하기에 이른다.

발령을 받은 교당으로 갈 때를 보면 정복과 법복을 비롯한 옷 몇 벌 그리고 신발과 간단한 생활용품 등이 전부일 정도로 짐은 소박하다. 하지만 교당이란 곳은 교화지이다.

교무가 되어 교화지에 이르러 살다 보니 자신의 수행과 더불어 대중에게 법을 설해야만 한다. 그것도 그 사람들의 근기에 따라 매주 해야 하는 것이라 자료가 필요하다. 자료를 찾다 보면 다시금 책을 사야만 하는 상황에 부딪히게 된다. 또한 좋은 책을 주위 사람들에게 빌려주면 좋을 듯싶어서 빌려주었는데 영영 돌아오지 않을 때가 있다. 그래서 다시 구입하려고 하는데 절판이 되어 살 수 없게 되면 아쉬움이 크게 밀려온다.

필자도 이런 일을 겪었다. 무소유를 실천 한답시고 기증한 책들이 눈에 떠올랐다. 무소유와 필요 사이에서 다시금 고뇌에 빠졌다. 교화자의 입장에서는 두 번 생각할 필요 없이 무소유가 아닌 필요를 선택했지만 왠지 께름칙한 것은 사실이다. 그러면서 다시 생각을 했다. '내가 다시 구입한 이 책들이 없다면 과연 어떤 마음이 들까.' 그리고 자신의 마음에 이입해서 생각해 보았다. 아쉽지만 책에 집착해서 마음까지 아프지 않을 수 있겠다는 확신이 섰다.

달포가 지난 어느 날 책꽂이에 다시 어렵게 구입한 책이 보이지 않는다. 그래서 교당 식구들에게 물으니 모르는 일이란다. 다시 '그 책을 사야 하나.' 싶으니 귀찮다는 생각과 책값이 아까웠다. 하지만 '당장 필요한 책도 아니고 누군가 필요하니까 가져갔겠지.' 싶어서 잊기로 했다.

저녁이 되어서 한 청년이 전화를 걸어와 자기가 책을 빌려오며 책 옆에 쪽지를 적어 놨다고 한다. 그래서 찾아보니 그 쪽지가 떨어져 책장 밑에 걸려 있어서 보지 못했던 것을 알게 됐다.

한편의 웃음거리가 되었지만 무소유란 물건이 있고 없는 데 있지 않고 집착의 유무에 있음을 알았다. 책이 있어도 집착하지 않는 자신을 보고 또 확인했기 때문이다.

오히려 눈에 보이지 않거나 내 수중에 없어야 비로소 집착하지 않는 다면 그것은 무소유가 아닌 잊음에 지나지 않는다. 하기야 잊음에 의한 무소유도 세상에서는 귀한 마음이긴 하지만 말이다.

인간은 영적인 존재이지만 기본적인 삶은 물질에 기반하고 있다. 물질이 생활을 윤택하게 하지만 정신까지 근본적으로 윤택하게 하지는 않는다. 다만 편리에 따른 안정을 줄 수는 있다.

정신의 윤택함은 주어진 환경에서 어떻게 살아가느냐에 따라 다르다. 물질은 정신의 도구에 지나지 않다. 도구를 잘 사용하면 윤택해지지만 도구에 얽매이면 오히려 피폐해진다. 무소유는 도구에서 멀어져서 생기는 것이 아니라 도구의 얽매임에서 자유로울 때 이루어진다.

무심 무시선의 심경 깨달음의 기준

무심의 경지이자 덕목에 이르렀다면 「일원상 법어─圓相 法語*」를 자신에게 비추어 살펴보면 수행의 정도를 알 수 있다.

무시선이란 그 일에 빈 마음으로 온전하게 깨어 있는 것만으로 되는 게 아니라 그 의식이 진리와 더불어서 함께 가야 한다. 만약 무시선이 진리와 더불어서 함께하지 못 한다면 그저 행위에 지나지 않게 된다. 무시선은 진리로 깨어 있을 때 그 의미가 살아나고 삶이 담뿍해진다.

일원상 법어는 무시선뿐 아니라 모든 수행길을 바르게 가고 있는지 가늠할 수 있는 잣대가 되는 만큼 수행자에게는 아주 중요한 경문이다.

---

*일원상 법어 : 원불교의 근원 경전인 『정전』의 교의편 일원상에 수록된 경문이다.

이 진리—圓를 깨달으면 온 세상이 우리吾家의 소유인 줄을 알며, 또는 우주 만물의 이름은 각각 다르나 둘이 아닌 줄을 알며, 또는 진리를 깨달은 모든 사람諸佛, 祖師과 그렇지 못한 사람凡夫, 衆生들의 근본 마음性稟인 줄을 알며, 또는 동식물들이 태어나서 늙고 병들고 죽어가는生老病死 이치가 계절의 봄, 여름, 가을, 겨울春夏秋冬처럼 되는 줄을 알며, 죄복을 짓고 받게因果報應 되는 이치가 음과 양이 서로 이겨 가며 숨었다 나타났다 하는 것陰陽相勝과 같이 되는 줄을 알며, 또는 그 근본이 두루 갖추어서 모자람이 없고圓滿具足 널리 세상을 위하는 데 개인의 이익을 도모하지 않는 것至公無私인 줄을 알자.

이 원상眞理은 육근을 사용할 때 쓰는 것이니 마음의 바탕이 비어 있어서 두루 위하는 것圓滿具足이며, 씀씀이에 이르러서는 이기적이지 않고 균형과 조화로움으로 어울려 은혜를 나타낸 것至公無私이다.

일원상 법어 중
* 다소의 의역과 윤문이 있음

■ 온 세상이 우리 것吾家의 所有인 줄 알며

대산이 완도 동백 숲에서 "온 세상을 내 것 삼는 사람은 손 들어 보세요."라고 하니, 손을 드는 사람은 없어도 입가에 미소를 띤 사람은 여럿이 있었다. "온 세상이 내 것이라면 저기 있는 논에서 벼 좀 베어 와요.

나의 논이라면 베어 올 수 있지 않을까요. 아마도 여러분의 논이라면 얼른 벼 한 움큼 잡아서 베어 왔을 겁니다." 좌중이 조용하게 바라만 보고 있으니 그 말은 화두로 남기고 그 법석을 마쳤다.

이때 온 세상이 내 것이라면 두 번 생각할 것도 없고 가슴이 답답할 것도 없다.

각자 자신에게 온 세상을 운영하라면 어떻게 할까? 각 나라마다 대통령이나 총리를 세워서 운영하라 하고, 그 밑에는 입법, 사법, 행정 기관을 세우고 사농공상을 주축으로 유관된 여러 일을 맡아서 하도록 한다. 국민이 각자가 맡은 일을 하며 살 수 있도록 봉급을 주거나 맡은 일을 함으로써 발생하는 수익금을 가져갈 수 있도록 보장하는 제도도 마련하는 등 세상 한 판을 짜 놓는 데 소홀히 해서는 안 된다.

다른 사람에게 내 땅에 농사를 짓게 했다고 하여, 농작물을 내 마음대로 가져온다면 그것은 노동 착취를 일삼는 예의 없는 악덕업자에 지나지 않는다. 농사를 짓게 했으면 그에 따른 비용을 지불하는 것이 당연한 일이다.

이렇게 되니 온 세상이 내 것이든 아니든 별다를 게 없어 보이지만 삶의 내용에서 보면 차이가 크다. 온 세상이 내 집인 사람은 세상 삶의 균형과 조화를 생각하며 행동하고 또 그것을 위해 노력한다. 하지만 작은 집만이 내 집인 사람은 어떤 규제나 보는 사람이 없으면 그것 외에는 함부로 할 가능성이 농후하다.

마당을 쓰는데도 자기 마당을 쓰는 사람이 있고 지구 한 모퉁이를 쓰는 사람이 있다. 쓰는 모습과 범위는 같은데 마음이 다르다.

　자기 마당만 쓰는 사람은 자기 마당만 깨끗하면 되기에 그 외의 곳은 깨끗하든 그렇지 않든 아랑곳하지 않는다. 보는 사람이 없으면 모은 쓰레기마저 아무데나 버릴 수 있다. 그러나 지구의 한 모퉁이를 쓴 사람은 다르다. 모은 쓰레기가 지구에 미칠 영향을 생각해서 분리수거를 하여 버린다. 마음이 지구에 있기 때문이다. 그 사람이 지구의 한 모퉁이를 쓰는지는 분리수거를 하는 모습만 보아도 안다.

■ 이름은 각각 다르나 둘이 아닌 줄을 알며

　모든 종교의 궁극적인 신이나 근원을 공통적으로 일컬을 때 대부분은 진리라고 일컫는다. 하나님, 법신불, 도, 자연 등이 그렇다. 원불교에서는 진리를 신앙의 대상과 수행의 표본으로 삼는데 그 이름을 일원一圓이라고 부른다. 일은 하나이고 원은 진리를 뜻한다. 즉 하나의 진리이다. 이렇듯 진리의 이름을 일원이라고 한 것은 모든 진리가 하나라는 것을 일컫기 위해서다.

　사람을 예로부터 작은 우주라고 한다. 사람의 몸만 보더라도 눈, 귀, 코, 입, 목, 팔, 다리 등이 있다. 그런데 손으로 물건을 집었을 때 그 물건을 손이 집었다고 말하지 않고 그 사람의 이름을 지칭하며 그 사람이 집었다고 말한다. 사람의 범주를 벗어나 우주의 관점에서 보면 사람은 우주의 세포에 불과하다. 하지만 자유의지가 있는 세포인 셈이다. 사람 각자가 자기의 일을 하는 것이 우주의 한 부분의 일을 하는 것이다.

인간은 우주의 한 역할자이지만 각자의 역할은 다 다르다. 마치 보는 데는 눈이 우위에 있지만 걷는 데는 발이 우위에 있어도 모두 한 역할을 하는 것과 같다. 사람들과 경쟁해서 좀 더 비교 우위에 있다고 우쭐댈 것도 없고 또 비교 아래에 있다고 해서 주눅 들 필요도 없다. 서로의 역할을 알면 서로 도와주는 관계이기 때문이다.

인종, 나라, 종교, 경제 등 모두가 하나이다. 요즘은 세계의 경제도 하나의 권역으로 가고 있다. 경제부터 하나로 묶이다 보면 지구가 하나의 국가 개념이 되고 국가는 자치주의 개념으로 바뀌어 간다. 결국에는 인류가 하나가 되어 인종과 나라에 상관없이 형제 보듯 한다.

형제라고 해서 무조건 도와주는 것은 긴 안목에서 보면 그렇게 바람직스럽지 못하다. 자력이 설 수 있도록 도와주는 정도에서 그치는 것이 좋다. 인간 사회의 복지도 기본 생존권을 넘어서지 않는 선에 그치고, 일어설 수 있는 기회를 제공하는 것이 바람직하다. 지나친 복지는 그 사람의 의지를 무너뜨려 영영 쓸모없게 만든다.

인간으로의 교육은 사회 성원으로서 활동할 수 있도록 하는 것이고, 인간의 영적인 자유는 자력에서부터 이루어진다. 대산 종사는 정신의 자주력, 육신의 자활력, 경제의 자립력을 사회 평등의 기본 조건으로 내세웠다. 부부간에도 각자 경제의 자립력을 갖춰야 평등하게 될 수 있다고 했고, 종교인도 각자 경제적 자립력을 갖추라고 했다.

정산은 진리는 하나, 인류는 한 가족, 세상은 한 일터라고 게송으로 공표를 했다. 그리고「전무출신專務出身*의 도」에서는 "각자의 맡은 바 직장에서 그 일 그 일에 힘과 마음을 다하면 이것이 곧 천지행을 함이 된다."고 밝혔다. 세상이 하나이고 지금 내 일이 세상의 일이란다.

■ 진리를 깨달은 모든 사람諸佛, 祖師과 그렇지 못한 사람凡夫, 衆生들의 근본 마음 性稟인 줄을 알며

마음의 근본인 성품에서는 여래와 중생이 같다. 하지만 마음을 쓰는 데에 있어서는 다르다. 여래는 마음을 쓸 때 성품에서 발현시켜서 쓰고 마음을 거두어 쉴 때도 성품에 머무른다. 마음을 세상 밖에서 쓰다가도 거둘 때는 성품으로 돌아간다. 사람들이 일하러 직장으로 갔다가도 집으로 돌아와 쉬는 것과 같다. 다시 마음이 출발할 때도 성품에서 시작한다. 그래서 여래의 마음 주소는 성품이다.

그러나 깨닫지 못한 사람은 마음의 집이 성품 자리가 아니다. 그 마음은 차별에서 시작하여 차별심으로 돌아간다. 차별심을 자기의 집으로 삼고 산다. 이 차별심은 좋고 싫어하는 마음이다. 어느 날 사람을 만나면 전에 보고 느꼈던 그 마음에 관념과 감정을 더해서 바라본다. 그래서 한번 미우면 끝까지 밉다. 다시 만나서 잘해도 밉고 못하면 더 밉다. 밥을 먹는 것도 밉고 걸어가는 모습도 밉다. 하여튼 밉다. 차별심에서는 좋은 것도 싫은 것과 마찬가지의 흐름을 보인다. 한번 좋으면 좋은 것에 관념이 있어서 있는 그대로 못 보고 무조건 좋아한다.

---

*전무출신 : 원불교로 출가한 사람으로서 교단과 사회의 발전을 위해서 헌신·봉공하는 사람. 일반적으로 원불교 성직자라고 부른다.

이렇게 마음의 집이 차별심인 사람은 생각과 감정이 가득 차서 마음이 쉴 수가 없다. 마음속이 시끄럽다 보니 제대로 쉬지 못한 나머지 불면증에 시달리게 된다.

이보다는 좀 더 마음을 괜찮게 쓰는 사람은 차별이 아닌 분별에서 마음을 쓰는데, 관념적 분별이 아닌 객관적 분별에서 쓴다. 객관적인 분별은 있는 그대로 보는 마음이다. 잘하면 잘한 대로 보고 못하면 못한 대로 본다.

이런 마음은 객관적 지식의 토대 위에서 자신의 마음을 내고 거둔다. 이것은 어느 정도의 힘을 갖추어서 마음을 아는 만큼 사용할 힘이 있어야 가능하다. 이런 사람은 어떤 일이 잘못되었을 때 그 일을 미워할지언정 사람을 미워하지 않는다. 전에 일을 그르쳤던 사람이 다음에 잘하면 그 잘한 일을 칭찬하며 좋아한다.

이런 태도는 어질고 지식이 있는 사람에게서 많이 나타난다. 그런데 객관적 지식의 토대 위에서 쓰는 마음 정도로는 그 마음과 일의 본질을 꿰뚫어 볼 수 없다.

이보다 좀 더 마음을 깊이 쓰는 사람이 있다. 분별 이전의 성품에서 마음을 쓰는 사람이다. 대학에서 학생들이 담을 넘어 다니지 못하게 했는데 한 학생이 계속 담을 넘어 다니자 대학의 징계위원회에서 징계를 내리자는 회의가 있었다. 이 얘기를 들은 총장이 그 담을 없애고 길을 냈다. 학생들은 담이 있던 길로 다니게 되었고 그 학생의 징계도 없게 되었다. 규칙 이전의 본질에서 마음을 쓰는 사람의 심법이 나타난 단편이다.

여래의 마음 주소는 본적과 현주소가 모두 성품이나, 중생의 마음 주소는 본적이 성품이고 현주소는 차별심이다. 즉 여래와 중생의 마음 본적은 성품이지만 현주소가 다르다.

우리 각자가 본디 여래이지만 마음을 차별에서 쓰는지, 아니면 분별에서 쓰는지, 아니면 성품에서 쓰는지 마음의 현주소를 살펴보자. 마음을 차별에서 쓰고 있으면 분별에서 쓰려고 노력하고, 분별에서 쓰고 있으면 성품에서 쓸 수 있도록 수행의 정성을 쏟는다면 마음의 본적과 현주소가 성품인 여래가 될 수 있다.

중생이 본래 마음을 회복해서 사용함으로써 마음의 힘을 얻으면 여래가 된다. 그 마음으로 한 시간을 사용하면 한 시간 여래이고 한 해를 사용하면 한 해 동안 여래이다.

중요한 것은 이 순간부터 여래의 마음을 쓰려고 하는 것이고, 그 마음을 확장하고 이어 가는 것이다. 우선 자신이 100%로 여래인지 아니면 70% 여래인지를 살펴보자. 지난날에 자신이 70% 여래였는데 오늘날 75% 정도 여래가 되었다면 정말 좋아하고 축하 받을 만하다. 이 한생을 헛살지 않고 진급하였다는 것을 의미한다. 돈 수억을 모았더라도 영적 진급이 되지 못했다면 그 삶은 헛헛할 수 밖에 없다.

■ 동식물들이 태어나서 늙고 병들고 죽어 가는生老病死 이치가 계절의 봄, 여름, 가을, 겨울春夏秋冬처럼 되는 줄을 알며

사람으로 태어나면 누구나 세월과 더불어 나이가 들며 병이 생기다가 이윽고 죽는다. 이런 이치는 계절이 여름과 가을을 거쳐 겨울에 이

르렀다가 다시 봄이 오듯이, 삶이 죽음으로 끝나는 것이 아니라 다시 새로운 삶이 시작된다. 한 생으로 끝나는 것이 아닌 만큼 생명에 애걸복걸할 것이 못된다. 늙어 갈 때면 죽어 가는 것이 자연의 이치이고 또한 다시 태어나는 것도 자연의 이치이다. 이것을 알면 죽어서 다시 태어날 때 어떻게 태어나 어떻게 살아갈 것인지를 살아 있을 때 지혜롭게 준비할 줄 안다.

그런데 다시 태어난다고 해서 반드시 사람으로 태어나는 것은 아니다. 사람이 죽으면 대략 여섯 가지의 길로 떠난다. 이 길이 육도六途라는 천상, 인간, 수라, 아귀, 축생, 지옥이다. 인간과 축생은 사람의 눈으로 보아 왔기에 선뜻 이해가 되겠지만 그 외의 길은 영적인 세상이라 일반적인 사람의 눈으로는 볼 수 없어서 이해가 쉽지 않다. 이 영적인 세상은 살아가며 빙의가 된 사람이나 무당을 통해서 알게 되고 또는 수행자의 이야기나 경전에 의해 어림잡을 수밖에 없다. 좀 더 이해하고 싶으면 여러 이야기를 듣고 공통점을 새겨 보는 것이 좋으나 정 궁금하면 자신이 직접 수행을 통해서 아는 것도 괜찮다.

천상은 육도 가운데 영혼으로 존재하는 최상위의 세상이다. 하지만 천상에서도 수준에 따라 천층만층으로 나뉘어 존재한다. 천상의 삶에는 고통이 없으나 수준이 낮으면 그 위로는 올라갈 엄두도 못 낸다.

인간은 영혼과 육신이 아우른 세상이다. 육신이란 불편한 몸뚱이가 있어 고苦와 낙樂이 아우르지만 영적으로도 많이 부족하여 고와 낙이 아우른다. 그러나 시간의 밀도가 높고 육신이란 수행의 도구가 있어서 수행으로 영적인 수준을 높여가는 데는 이만한 것이 없다. 천상과 100

배 가까이 차이 날 정도이다. 인간 세상은 천상의 영혼이 수행을 하기 위해 오는 곳이기도 하지만, 여행하기 위해 오거나 인간의 삶을 좀 더 낮게 설정하기 위해 오는 곳이기도 하다. 그러므로 인간 세상에는 영적으로 상당히 높은 수준의 영혼이 존재하기도 한다.

수라와 아귀도 영혼의 세상이다. 수라는 영혼이 맑으나 가볍고 산만하고, 아귀는 욕심이 많은 영혼이라 탁하고 힘이 세다. 축생은 모든 동물을 일컫는다. 축생의 몸으로 수행하기는 어렵다. 뇌의 기능이 워낙 떨어져서 철학적이고 창의적인 사유를 받쳐 줄 수 없다. 즉 깨달을 수 없는 혼으로 분류된다. 축생이 되어서 수천수만 생을 살지라도 인간이 될 수 있다는 것을 보장할 수 없다. 그러니 혹시라도 죽어서 축생이 되고 싶다는 생각은 하지 않는 게 좋다. 지옥은 시기, 질투, 파괴, 죄의식, 원망 등의 생각으로 자신에게 갇힌 영혼 또는 땅속 축생을 일컫는다. 육도 가운데 죽어서 갈 만한 곳은 천상과 인간뿐이다.

• 가치의 성장

사람은 영혼과 육신의 결합체이다. 육신은 마치 영혼의 옷과 같은 것이라 육신의 수명이 다하면 영혼은 또 다른 삶을 선택한다. 그 선택의 길에는 육도가 있으나 영적인 가치에서는 천상과 인간 정도가 바람직하다. 그 외의 길은 영적으로 성장하는 데 바람직하지 않거나 제한된 조건을 가지고 있다.

그 선택의 기준은 영적인 자유에 있다. 존재의 이유를 표면적으로는 행복이라지만 행복은 만족이라는 조건이 성립해야 한다. 만족이나 행복은 상대적이고 유연한 주관적 관점에 지나지 않다. 어제의 만족이 오늘의 행복으로 반드시 성립되는 것은 아니다. 하지만 삶의 의미에 깨어 있다면 그 방향은 가치가 높은 쪽으로 변해 간다.

행복 건강, 물질적 풍요, 정신적 자유에 꼭 비례하는 것은 아니다. 행복을 느끼는 정도가 풍요롭고 편안한 조건보다 오히려 아주 궁핍하고 불편한 삶의 조건에서 높을 수 있다. 궁핍하고 불편한 곳에서 살며 행복을 느끼던 사람들의 의식이 성장하며 그 행복에 만족하지 못하면 행복의 정도가 떨어질 수 있어도 정신적 가치에서는 삶의 질이 높다. 몰랐을 때가 행복하다며 우민화하여 가두는 것이 바람직하지 않은 것과 같다. 조금 불편할지라도 삶의 가치와 질이 좋아진다면 긴 안목에서 가치 있는 행복으로 발전하는 모습이기는 하다.

동물의 삶은 건강하게 잘 먹며 종족 번식과 보존에 맞춰져 있다. 인간의 삶이 재색명리에 있다고 해도 그것에 그치면 동물의 삶과 별반 다를 게 없다. 아직 인간 세상의 교육은 삶을 윤택하게 만드는 일에 이름을 남길 수 있는 데 가치를 높이 두고 살도록 삶의 방향을 몰아간다. 이러한 삶으로는 인간 문명의 발달에 필요한 가치 기준을 넘어서지 못한다. 물질문명이 필요 충분한 곳에 이르면 인간은 인간으로서의 가치에 눈을 뜨게 되겠지만 아직은 요원하다. 인간이 인간다워지려면 영적인 가치를 빼놓고는 이해할 수 없다. 인간은 영적인 존재이기 때문이다.

인간은 다른 동물과 달리 사유할 수가 있다. 나아가 우주의 이치와 모습의 진리를 탐구하다가 영적이고 진리적인 삶의 가치를 추구하는 데에도 이른다. 지금의 세상은 물질적 가치에서 영적 가치로 열려 가는 초입에 있다. 미국이나 유럽 그리고 한국에서 영적으로 깨어 있는 것에 관심 있는 사람들이 점점 많아지고 있는 것이 그 증거이다. 과거의 사람들도 영적인 것에 관심이 있었지만 그때는 단지 호기심에 그치거나 생활을 놓고 어디론가 들어가서 도를 닦는 극단적인 모습이었다. 하지만 요즘에는 생활 속에서 삶의 리듬을 살려가며 영적으로 깨어 있고자 노력한다.

깨어 있음은 영적 성장으로 발전하다가 이윽고 영적 자유에 도달한다. 하지만 요즘에는 깨어 있음만으로도 행복의 가치 기준을 삼는 경향이 있다. 인간 본연의 모습을 찾아가는 모습이기는 하나 이 정도에서 그친다면 아쉽다. 영적 성장과 자유에 기준을 둔 삶이라야 다음 생에서도 천상이든 인간이든 의미가 있고, 현실의 삶에서도 그 내용으로 의미 있게 삶을 꾸려 간다.

• 영성으로의 삶을 선택

생사가 계절의 변화처럼 돌고 도나 그 흐름이 같은 것이지 똑같지는 않다. 영혼은 멍하고 약해서 존재감이 없을 수는 있어도 죽지는 않는다. 그 영혼이 영혼으로 존재하든 몸을 지닌 생물로 다시 태어나든, 주체적이냐 아니냐에 따라 다른 존재가 된다. 인과에 끌려다니는 존재가 있는가 하면 인과를 궁굴리는 존재가 있다. 인과에 끌리는 현상은 자연의 흐름이 비움으로 흐르는 이치와 같다. 대부분은 자신의 모자람을 따라 마음이 흐른다. 사람으로 살아갈 때의 패턴도 다르지 않다.

죄를 짓거나 삶을 선택할 때는 몰라서 그렇게 하기도 하고, 설사 알지라도 욕심과 습관에 이끌려 어쩔 수 없이 행하고 후회한다. 욕심과 습관도 자신의 모자란 모습에서 비롯된다. 그 사람의 세정을 몰라 불편하게 하는 경우가 많다. 또 사람을 만날 때 평소에 내 키가 작다 싶으면 키가 큰 사람이 좋아 보여, 평소에 생각했던 그 외의 다른 부분은 모두 묻힌 채 보이지 않는다. 이런 양극성에 의한 이끌림에 속절없이 끌려간다. 끌려서 선택한 모든 행동의 대부분은 나중에 후회를 낳는다.

진리에 철든 사람은 육도를 선택할 때 양극성에 의한 이끌림보다는 자신의 영성을 위한 길을 선택한다. 양극성에 따른 선택은 착심이기에 기운이 무겁고 어둡다. 그래서 멀리 못가지만 몰라서도 못 간다. 잘 가야 인간 세상이고 영적으로 머문다고 하여도 수라 정도이다.

그러나 영적 가치를 추구하는 영혼은 천상에 머무르다가 수행을 하기 위해 인간의 길을 선택한다. 물론 여행을 삼거나 해야 할 일을 위해 인간 세상으로 오기도 하지만 말이다. 인간으로 태어나 함께 살아갈 사람을 선택할 때도 그 사람을 바라보기보다는 함께 바라볼 수 있는 곳을 공유하며 함께 나아간다. 즉 그 사람을 소유하기보다는 존재로 바라보고 서로의 영성 성장과 행복을 위해 노력한다. 마치 자연의 이치 가운데 비슷한 것이 붙어 상승작용하려는 원리처럼 된다.

업을 순서에 따라 받게 되는 열두 가지의 인연으로 무명無明 - 미혹으로, 행行 - 움직임에, 식識 - 의식이 따라가, 명색名色 - 심신이 결합하여, 육입六入 - 육근을 갖춤, 촉觸 - 외부 접촉에, 수受 - 감각작용으로, 애愛 - 좋음을, 취取 - 취득하며, 유有 - 업이 형성됨, 생生 - 또 업인으로 태어나, 노사老死 - 삶의 고통으로 이어짐가 있다. 업은 무명에서 비롯되기에 마음을 깨치면 그에 따라 일어나는 모든 것도 사라진다.

대산은 "마음을 깨치면 12인연을 궁굴려 다니고 마음이 어두우면 12인연에 끌려가게 된다."고 했다. 즉 부처는 인과를 궁굴리고 중생은 인과에 끌려다닌다. 이 모두가 모자람에 기반 하는 것이라 끌려 살면 고통이 내재하나 반대로 궁굴려 사는 결정보는 자신 스스로가 진급과 행복을 설계하며 살아간다.

■ 죄복을 짓고 받게因果報應 되는 이치가 음과 양이 서로 이겨 가며 숨었다 나타났다 하는 것陰陽相勝과 같이 되는 줄을 알며

원인에 따른 되갚음의 결과가 음과 양이 서로 이겨 나아가는 것처럼 된다. 겨울엔 음이 드러나고 양이 그 속에 숨었다가 여름이 되면 양이 드러나고 음이 숨는다. 이러한 이치가 서로 이겨 가는 것과 같다.

사람들 대부분이 복을 받고 싶지 해를 입으려고 하지 않는다. 복 받고자 하나 전생이든 살아생전이든 짓지 않고는 받을 수 없다. 이것이 인과이다. 원인과 결과 사이에는 연緣이 있다. 마치 콩 씨가 싹을 틔워 콩이 열리기까지는 땅, 거름, 물, 공기, 온도, 다른 식물과의 연관관계 등이 적절하게 성립되어야 하는 것처럼 말이다. 그리고 결과도 연에 따라서 그때 또는 나중에 받는다.

인과 관계 가운데 물질적인 것은 수학 문제처럼 어렵지 않으나 단체나 사회가 함께 짓는 공업共業은 복잡하다. 인과의 범위가 커서 일처리, 구조적 문제, 개인의 사정 등이 어울려 있다. 그리고 우주 자연의 이치

에 따른 천업天業은 우주의 조화와 균형으로 보아야 하기에 우주와 삶을 아울러야 알 수 있다. 일상의 대부분의 인과 관계는 물리적인 것에 공업과 천업이 맞물려 있듯이 단순하지 않다. 사회적 사건을 보더라도 마땅히 해야 할 것을 못 해서 일어난 사건이 많다. 그러니 전생에만 책임을 전가할 것이 아니라 우선 현실적 미숙함을 돌아보고 고쳐 가야 한다.

사람의 인과는 물리적인 것을 넘어서 마음가짐, 환경 조건, 마음 씀씀이, 처리 과정, 상호 관계 등의 관계가 얽힌 변수가 많아 아주 미묘하고 복잡하다. 똑같은 일에 노여움이 작으면 '인'을 맺음이 작고, 같은 크기의 '과'를 큰마음으로 받으면 영향력이 작다. 또한 무상으로 복을 지으면 복이 깊고 크게 작용하며, 복이 올 때 대중과 나누면 다하지 않아서 오래 지속된다. 하지만 이 모든 것이 인과에 이끌려 사는 사람들의 흐름을 넘지는 못한다.

인과의 원리는 같지만 인과를 궁굴려 살 수도 있다. 음과 양이 서로 이기는 것이 아니라 양보하는 것처럼 자신의 필요에 따라서 선택하는 삶이다. 그 필요의 중심에는 자신의 영성이 있다. 복을 지으려는 것이 아니라 남에게 줄 수 있는 자기의 마음을 사랑하기 때문에 상相이 있을 수 없고 덜어 낼 것도 없다. 해를 받을 때도 유쾌하지 않음을 알기에 되갚지 않는다. 남에게 불편함을 주고 싶지 않은 마음이 심성 깊은 곳에 자리하고 있기 때문이다. 게다가 이 모든 것을 의미 있게 선택하는 것이라 그 모습이 자연스럽다.

영적 성장이나 자유를 위해 어려운 상황을 선택하여 공부한다는 것이 단편적인 모습에서는 해害일 수 있지만 깊이 보면 진급의 자양분이다. 이러한 선택은 영적으로 힘 있는 사람이라야 가능하다. 자신의 마음가짐이 우주를 움직인다는 것을 진실로 알면 누구나 가능하다. 자신감은 진리를 알고 진리의 마음으로 살아가는 노력에서 생긴다. 막상 해 보면 그리 어렵지 않다.

■ 그 근본이 두루 갖추어져서 모자람이 없고圓滿具足 널리 세상을 위하는 데 개인의 이익을 도모하지 않는 것至公無私인 줄을 알자.

진리가 존재하는 모습이 원만구족하고 지공무사하다는 이야기이다. 진리의 근본이나 전체의 있는 모습을 보니 원만구족하고, 진리가 나타나 움직이는 것으로 보니 지공무사하다.

원만구족圓滿具足은 모자람 없이 두루 갖추었다는 뜻이다. 얼핏 생각하기에는 나타난 모습인 듯하나 실은 본질적인 모습으로서 우주의 근원이자 사람의 본래 마음을 표현한 것이다. 우주와 만물의 근원을 생각하면 물질이란 것마저 없다. 나무 하나의 성분을 쪼개고 쪼개서 들어가 보면 나무의 성질마저 없이 비었다. 인간의 마음도 추구해 들어가 보면 모양이나 색깔 그리고 냄새도 없다.

끝없이 추구해 들어가도 없던 그곳에 우주가 들었고 세상이 들었고 만물이 들었다. 그리고 인간의 마음도 들었다. 들지 않은 것이 없다. 그래서 진리가 하나이다. 하지만 발하기 이전이라 그 원리를 모르면 없다고만 하고 모자람 없이 두루 갖추었다는 것을 모른다.

지공무사至公無私는 지극히 공변됨에 이르러 이기적인 것이 없다는 뜻을 지녔다. 우주와 만물은 하나의 입체적인 덩어리이자 유기체를 이룬 하나의 살림이다. 우주 어느 한 곳에 손실에 생기면 모든 우주가 움직여 그 손실을 메운다. 때로는 우주를 살리려고 어느 한 곳을 버리기도 한다. 메우고 버린다 하여도 우주를 위해서 그렇게 한다. 그래서 세상은 하나이고 인류도 하나이기 때문에 세상에 홀로 존재하는 것은 하나도 없다.

인간도 우주의 관점에서 보면 하나의 세포에 불과하다. 하지만 인간은 우주 만물과 달리 자유의지 있으면서도 철학적 사유를 할 수 있는 깨달음의 동물이다. 인간은 우주의 세포로서 맡은 역할이 있지만 자유 영혼을 지닌 영적 존재로 우주를 움직일 수도 있다. 물론 우주의 역할을 뚫고 나가는 영적인 맑음과 지혜 그리고 의지력이 있어야 가능하다. 인간의 대다수는 우주의 세포인 동물로 살아가지만, 지혜 있는 사람은 우주의 흐름에 따라 노니는 것이 마치 강물 위에 작은 배를 띄워 노 젓듯 살아간다. 그러나 마음에 우주를 품어 하나가 되는 사람은 마음을 우주에 던져 큰 삶의 파문을 만들 듯 우주에 숨결을 불어넣는다.

이렇게 이야기하면 진리가 원만구족과 지공무사하다는 것을 대체로 이해하리라 본다. 그럼 진리에 철든 사람일까? 그럴 수도 있고 아닐 수도 있다. 철든 정도가 되려면 이해된 것이 가슴으로 내려와서 꿈에서도 그려져야 하고, 나아가 온몸으로 전해져 내려와 세포 하나하나에 전해져서 나의 의식이 되고 삶이 되어야 한다. 그 삶의 모습이 원만구족하고 지공무사함이다.

법타원을 찾았다. "요즘 무시선으로 생활하는 방법을 가르칩니다. 자

278

신이 일상에서 자주하는 일 가운데 잘하는 것부터 하나씩 '평온한 마음'을 지니고 '마음다함'으로 하게 합니다. 이것이 진공眞空으로 체體를 삼고 묘유妙有로 용用을 삼는 공부이지만 사회적 언어로 가르칩니다."

"원불교 용어로 다른 말은 없냐?"

"원만구족한 마음을 바탕으로 지공무사하게 사용하는 것입니다."

"그래 이제는 원불교 용어를 먼저 쓰고, 그 다음 사회적 언어로 말해 줘라."

이후부터는 원만구족함을 평온한 마음의 표준으로 삼고, 지공무사함을 마음다함의 표준을 삼아서 무시선 공부를 진행하고 있다. 이 결정체는 출가위의 마음인 대공심大空心 대공심大公心이기도 하다.

내 자녀가 때를 걸러 배고픈데 자녀 친구들은 식사를 하고 놀러왔다. 그런데 수중에는 내 자녀를 먹일 만큼의 돈밖에 없다면, 이때 어떻게 할까? 이때 친구 모두를 두루 보살피는 마음은 원만구족함이고 배고픈 자녀를 먹이는 것은 지공무사함이다. 원만구족함이 절대적 평등이라면 지공무사는 상대적 평등이다. 이렇듯 부모가 지공무사한 사람은 사회적 균형 속에서 세상 한 부분의 책임인 내 자녀를 잘 키운다.

마음은 세상에 두루 미칠 수 있으나 생활에 들어서서는 상대에 따른 한계가 있다. 다만 큰 틀 안에서 균형과 조화를 이루어 갈 수밖에 없다. 그래서 원만구족은 마음의 표준이고 지공무사함은 생활의 표준이 된다.

수행에 있어서 원만구족은 비움으로 발현되는 기준이 되고 지공무사함은 삶을 실현해 가는 표준이 된다. 따라서 무시선에서는 그 일 그 일에서 평온함과 마음다함으로 하라고 한다.

■이 원상眞理은 육근을 사용할 때 쓰는 것이니 마음의 토대가 비어서 두루 위하는 것원만구족이며 씀씀이에 이르러서는 이기적이지 않고 균형과 조화로움으로 어울려 은혜를 나타낸 것지공무사이다.

원만구족은 근본마음으로 비어 있으나 그 비움은 세상을 품고 있다. 아직 발현되지 않았을 뿐이다. 지공무사는 나타난 것으로서 지향점을 갖는데 혼자가 아닌 다른 존재와 더불어서 함께 이루어 간다. 즉 원만구족하고 지공무사함은 내재된 성품에서 면밀하게 깨어나 세상의 어울림 속에서 균형과 조화를 이루어 가는 삶을 말한다.

한 도반이 수행을 나름대로 열심히 하는 수행자와 담소를 나누고 싶어서 먼 길을 마다하지 않고 찾아갔다. 수행자에게는 그 도반이 학창시절에 함께 수행해 왔고 마음속으로도 늘 연하던 옛 친구였다. 이야기는 도반이 먼저 묻고 수행자가 답하는 형식으로 이루어졌다.

"저 사람이 밉지 않은데도 자기도 모르게 눈을 흘겨보았네. 그 모습을 본 사람이 기분 나쁘다고 하는 거야. 흘겨보는 사람과 기분 나쁘게 생각하는 사람 가운데 누가 잘못한 것일까?"
"사심 없이 어쩌다 흘긴 듯이 볼 수 있지 않은가. 그것을 기분 나쁘게 생각하는 것이 관념에 사로잡힌 모습 아니겠어. 흘겨보는 것도 하나의 모습에 불과한데 말이야."

"사심 없다지만 흘겨보는 것을 일반적으로는 어떻게 생각할까?"

"좋은 모습은 아니겠지."

"도道가 일반인을 넘어선 특정한 사람들만이 소통하는 유희에 지나지 않는 모습을 어떻게 생각해?"
"보편적이지 않다면 생각을 달리해 봐야겠지. 본질적인 면에서 잘못인지 아니면 본질에서부터 나오는 과정에서의 문제인지를 말이야."

"미운 마음으로 흘겨본 것이 아니라고 했기에 본질에서의 문제는 아니지. 원만구족함에 미흡하지는 않네. 하지만 흘겨보는 모습은 오해를 살 만한 일이야."
"사심 없는 빈 마음이 되었다면 그 마음을 낼 때만 필요한 게 아니라 충고를 받아들일 때도 필요하지. 흘겨보는 모습을 본 사람이 기분 나쁘다면 '미운 마음이 들어서 흘겨본 것이 아니에요.'라고 변명만 할 게 아니라 '오해 살 수 있게 해서 미안합니다.'라고 사과하는 게 낫겠지. 이런 사람이면 빈 마음을 바탕 삼는 사람일 뿐 아니라 지공무사에 입각해서 더불어 함께하는 것에 사사로운 자존심을 내려놓은 마음이겠지?"

"그렇게 하는 것이 맞는 말이나 세상에는 오해 살 수 있는 모습이 아주 많아. 그때마다 그 사람을 붙잡고 시비를 나누면서 어떻게 사나. '그냥 그렇구나.' 하며 사는 삶이 편안하지 않을까 싶기도 하네."
"자네도 알다시피 자신은 빈 마음으로 보편성에 기반하여 살아가고, 남을 볼 때는 행동 이면의 세정을 헤아려서 더불어 살아가면 더 좋지 않을까?"

자신에게 있어서 빈 마음이 원만구족한 마음이고 보편성에 기반한 모습이 지공무사이다. 사람을 대할 때는 선입견을 내려놓는 것이 원만구족이고 그 세정을 헤아려 사는 삶이 지공무사이다.

무심 무시선 사례

■ 무심 무시선 일기 – 설거지

아침 식사를 하고 나서 빈 그릇을 가지고 으레 하는 것처럼 설거지통에 넣는다. 수도꼭지를 틀어서 그릇들이 어느 정도 잠기자 물을 잠갔다.
거실에서는 이미 켜져 있는 텔레비전 속 인물들이 열심히 이야기를 주고받는다. 풍미 가득한 커피 한 잔을 들고 거실에 가 앉았다. 삶 속 여백으로 다가온다. 그리 자극적이지 않으면서도 풍성한 내용은 또 다른 삶을 엿볼 수 있어 소설 읽듯 접한다.

텔레비전을 보며 한 잔의 커피를 마시고 나니, 컵 속 아래에 커피 자국만이 둥근 선을 그리며 남는다. 커피 자국이 눌어붙기 전에 설거지를 하는 것이 좋기에 이내 거실에서 일어나, 빈 커피 잔을 들고 부엌으로 향했다. 들고 간 커피 잔을 씻다가 설거지통 속의 그릇들도 함께 닦아 나아갔다. 이미 마음과 행동이 상황에 아주 익숙하다 못해 편안한 일상이 되어 버렸다. 자신은 그저 설거지하는 마음에 깨어남으로 존재할 따름이었다. 마음에는 함이 없다. 편안하게 움직이는 손동작이 어떠한 리듬에 맡겨져 있다.
설거지에 리듬을 타며 동화되어 가니, 설거지 속에서 깨어난 영혼이 편안함을 넘어서 내 속의 깊은 '나'와 설거지가 하나가 된다. 마치 '매직 아이' 속으로 들어가 동화되는 것처럼……

아니, 이는 성품으로의 열려진 상쾌함과 선명하고 평온한 세상으로의 열림과 같다. 몰입에 의한 열림보다도 삶과 세상을 읽어 내는 열림에는 한가함과 여유로움이 있다. 그 열림 속에 내가 있고, 그릇과 부엌이 함께, 그리고 동시에 각각 자신의 빛을 띠며 존재한다.

성품을 그대로 열면, 깨어나고 다가서려는 억지스러움의 아주 작은 부스러기 같은 그림자마저 가셔진 상태로, 그 모든 것이 한꺼번에 선명하고 고요하게 다가온다. 그저 받아들일 뿐 도모하지 않아도 된다. 설거지를 하는 것이 아니라 설거지와 동화되어 하나의 느낌 속에서 함께 존재할 따름이다. 허공이 되어 사물과 삶과 이치를 미소로 담는다.

설거지를 하는 가운데 누가 도를 묻거든, 허공을 담아 낸 묵연함으로……. 말로 다하지 못하는 진리를 평온하고 고요한 미소로 담아 내어 화답을 하겠지.

관심 → 무심 설거지의 변화
- 열어서 크게 하나이고 몰입으로 하나이다.
- 생각의 습관과 마음의 습관이 저절로 하나가 된다.
- 성리로 하나가 된다.
- 세련된 맑음

무심 무시선의 징검다리, 행선과 선식

■ 무심 행선

집심과 관심은 하는 것이고 느끼는 것이라면, 무심은 만물이 다가와 느껴지고 저절로 되어지는 것이다. 함이 없는 습관처럼 되고 느낌의 간격이 좁혀져서 하나가 된다. 따라서 무심은 배우는 것이 아니다. 저절로 되는 것이다. 만약 무심을 배우려고 한다면 목표는 될지언정 무심의 경지는 아니다. 무심에 다가서려는 마음인즉 집심이고, 그것을 바라보며 느껴 가다 보면, 나와 느낌의 간격이 점점 좁혀져서 하나로 된다.

무심의 방법은 열어서 하나의 존재가 됨이다. 나를 열어 천지 만물과 동화가 된다. 여기에서의 행선은, 행선을 하되 행선의 행위가 없어진 존재로 천지 만물과 하나인 삶이다. 우주와 더불어 하나가 되는 삶, 그것이다. 다만 나타남에 있어서 하나의 함이 있다면 생명의 원초적 움직임이 있듯이 하고 세상을 그대로 읽어 내듯 인식하며 세상의 삶과 자연스런 조화를 이룬다.

1) 행선이 저절로 된다.
행선에 대한 마음과 기운과 행동이 습관으로 자리 잡혀 저절로 된다. 마음을 챙기지 않아도 동물적인 감각으로 되어져서 마음을 놓아도 흐트러지지 않는다. 힘써 챙기지는 않지만 마음에서 유지할 수 있을 정도의 가늠은 잡고 있다. 이 가늠이 무심 행선의 방법이다.

이미 수많은 세월 동안 행선을 해 왔기에 이제는 생활이 되었다. 익어 가야 하는 과정이니만큼 가늠만 잡고 기다리면 된다. 이 가늠이 없으면 썩는다.

2) 마음을 열어 세상과 하나가 되는 데에도 힘이 있다. 익고 숙성이 되는 것과 함께 전일하게 끌고 온 그 힘이 축적되어 있다.

3) 관심 단계에서는 막연하게 느끼던 하늘 기운에 대해 이제 확신을 갖는다. 확신이 생길 때부터 기운을 부려 쓰기 시작하는데 부려 쓰면 힘이 있다는 것을 느낀다. 잘 써야지 잘못 쓰면 사람들이 다 치고 잘 쓰면 상서로운 기운을 불러온다.

4) 걷는 내가 없다. 천지 자연만이 존재한다. 자신도 하나의 대상일 뿐이다. 이제는 천지 자연의 세포들과도 하나로 존재한다. 하늘이 되어 공기와 존재하고, 물이 되어 흐르고, 땅이 되어 만물을 기르고 있다. 천지 자연이 되어 걷고 있다.

그런데 마음을 놓아도 흐트러지지 않는 그 모습이 오히려 탈이 되기도 한다. 놓은 지 어느 정도 되어도 행동의 모습은 남아 있기 때문이다. 적공을 하지 않고 마음을 놓아 편안한 것에 길들이기만 하면 자기도 모르게 조금씩 마음과 기운에 힘이 떨어진다. 모습까지 놓치면 다른 사람이 충고라도 해 주지만 여전히 행선을 하고 있는 모습이니 누가 뭐라고 하지 않는다. 오히려 그동안의 명성으로 대우를 해 주니 아직도 자기가 잘해서 그런 줄 안다.

이러다가 모습까지 놓치는 데에 이르면 속은 이미 걷잡을 수 없을 만큼 무너져 있는 경우가 많다. 수행의 정도는 자기가 가장 잘 안다. 다른 사람이 훌륭하다고 해도 자기가 자기를 생각해서 부족하다 싶으면 자리를 박차고 일어나 다시 적공을 해야 한다.

하지만 합일되는 코드를 알면 그 마음을 놓치지 않는다. 그리고 놓으려도 해도 놓을 수가 없다. 하루라도 몰입이 되어 들어가는 감각이 떨어지면 스스로가 견디지 못한다. 그곳에 들어갔다가 나와야 속이 후련해지기 때문이다. 몰입에서 느끼는 세계와 그곳에서 풀어 가는 세상은 격이 다르다. 그 격을 느끼는 수행자는 자기가 노는 세상이 다름도 안다. 모르거나 그것을 맛들이기 전에는 다 같은 삶이려니 하고 살겠지만, 그것을 알고 맛본 후에는 이것이 자신의 마음 고향이 되어 잠시라도 들어갔다 오지 못하면 답답해서 못 견딘다.

이 정도가 되면 그 사람의 걷는 모습만 봐도 행선을 한 사람인지 그렇지 않은 사람인지 알 수가 있다.

■ 무심 선식

챙기지 않아도 저절로 되는 단계이다. 나아가 맛에 심취하여 음식과 하나가 되기도 하고 열린 존재로 하나가 된다.

관심 선식이 마음과 몸에 배어 습관으로 자리매김이 된 때이다. 애쓰지 않아도 되는 정도라 선식이 편안하다. 때로는 음식에 심취하여 음식의 분위기, 모양, 향, 맛에 세밀한 느낌을 찾아 들어가 하나가 된다. 또한 열림을 넘어서 존재 그 자체가 될 뿐이라 음식, 사람, 환경 등도 그 속에서 하나로 함께 존재한다.

무심 속에서 혼자 식사를 하면 자기만 충실하면 된다. 하지만 여럿이 함께할 때는 다르다. 같이 식사하는 사람이 심신의 변화로 편안하지 않을 때가 있고 오해로 마땅찮게 여길 수도 있는 것처럼 변수가 많다. 역경逆境일 때는 좀 더 마음을 살펴서 챙겨야 하고, 공경空境일 때는 평상심을 유지만 해도 된다. 그러나 순경順境일 때는 자칫 넘칠 수도 있으니 조심해야 한다. 이때 챙기는 대중만 잡고 있어도 도에는 어긋나지 않는다.

선식으로 무심 선식에 이를 정도가 되면 미각이 발달되기도 하지만 감각이 열려서 주변의 작은 상황까지도 감지하게 된다. 웬만한 음식과 매너로는 감동이 되지 않는다. 높아진 맛의 기준과 생활에서 보기 때문에 오히려 불평불만이 많아지고 지적이 난무할 수도 있다. 무심 선식에 이를 즈음에는 음식 그 자체를 존중하고 그 자리에서부터 깨어 있는지 자기 스스로 되돌아 살펴야 한다. 영 아니면 마음을 비워 존재할 수 있어야 하고, 가르치는 자리에서는 겸허한 마음을 잃지 않고 정성을 다하여야 사람이 넘치지 않는다. 이처럼 아는 만큼 비워야 할 것도 많다.

마음을 비우고 마음의 폭을 넓히면 역경이 힘을 잃어 경계라 할 것도 없는 공경이 된다. 공경이 되면 모든 것이 익숙하여 물 흐르듯 하겠지만 자칫 익숙함으로 방심이 되거나 무료해져서 마음과 자세가 흩어질 수 있으니 조심해야 한다.

무심 선식을 할 정도가 되면 마음에 힘이 있어서 어디에도 흔들리지 않는다. 그리고 행동에 절도가 있어서 맑고 세련된 느낌이 있다. 무심 선식으로 힘을 얻으면 음식이 되어 음식을 알다 보니 적절한 맛을 알게 되고, 음식을 입에 넣어 보면 자신의 어디가 좋아지는지도 느낀다. 하지만 그 무엇보다 중요한 것은 혼자만이 아닌 여러 사람과 함께할 때도 성품과 진리로 존재한다.

되어지는 것
- 마음과 생활에 열지 않아도 저절로 됨
- 편안함과 하나 된 존재

능심 무시선

능심의 무시선은 간결하고 여백이 있으면서 따듯함이 있다.

마음 쓰는 데에는 어떤 고정된 틀이 없고 함도 없으면서 그 존재 특성의 흐름 따라 자라나도록 돕는다. 그 마음 씀씀이가 평화, 은혜, 사랑, 자비로 나타나는데 이 모두가 다른 뜻은 아니다. 다만 느낌이 다르기에 나열을 시킨 것뿐이다. 삶의 모습은 한결같다. 삶 속에 담긴 존재, 배움, 삶이 그렇고 비움으로 따듯하게 존재하는 것도 그렇다. 또 하나의 특성을 들라면, 세상과 더불어 함께하나 세속의 인심에 이끌리지 않고 맑음과 법과 사랑을 전한다. 그러면 세상은 아무도 모르게 저절로 은혜 가득한 세상으로 조금씩 변모해 간다.

능심의 힘은 한마디로 자유자재이다.

능심 무시선은 예술의 극치를 보인다. 채워서 경지를 보이는 것이 아니라 덜어 내고 비워서 이룬 극치이다. 능심의 경지에서 나타나는 무시선의 모습은 기존의 틀을 부숴 파격을 이루는 데도 삶의 묘미가 흘러 가슴 뛰는 감동을 불러일으킨다.

설거지뿐 아니라 문을 여닫는 것으로 무시선을 공부하는 사람이 있다. 한옥에 살고 있는데 문은 이중문으로 방 안쪽은 미닫이문이고 바깥쪽은 여닫이문이다. 문을 여닫을 때 마음을 챙기지 않으면 방 안에 있는 사람이 깜짝깜짝 놀랄 정도로 상당히 요란하다.

처음에는 "크르릉 쿵, 쿵쾅 쿵." 소리가 나게 문을 닫으며 다니던 사람이 무시선 공부를 몇 달 며칠을 하고 나더니 문을 여닫는 소리가 제법 부드러워졌다. "스르륵 큭, 스슥 크." 소리가 나게 문을 닫을 때 마음이 손길에 면밀하게 담긴다. 또 몇 달이 지나자 바쁜 일정 속에서도 문을 여닫는 데 부드러운 감각을 놓치지 않을 정도가 되었다.

아주 잘한다 싶어 마음을 놓고 있는데 하루는 미닫이문을 닫지 않고 여닫이문만 닫아서 "이 추운 날, 왜 미닫이문을 닫지 않는데?"라고 물으니 "바깥에서 들어오는 빛이 너무 예뻐서요."라고 한다.

또 하루는 다른 날보다 문을 거칠게 닫는다. 그렇다고 그렇게 요란 하지 않지만 궁금해서 물었더니, "문소리의 느낌이 너무 좋아요. 이 좋은 것을 너무 조심스럽게만 여닫는 것 같아서요."라고 한다. 그래서 씩 웃었다. 도가 익어 가는 모습이라 흐뭇했고 도에 눈뜨는 것 같아 대견했다.

능심에는 파격의 미가 있다. 삶의 흐름 속에서 한 번씩 틀어지는 묘미가 있는데 균형 속의 파격이라 지루하지 않고 또 산란하지도 않다. 이런 삶에서는 도가 넘실댄다.

■ 담박함을 담은 간결함

무심에 이르기까지는 완성도에 초점을 둔다면 능심에서는 일의 본질에 초점을 둔다. 그러면 군더더기가 다 빠져서 깔끔하면서도 효율적이게 된다. 본질 앞에서는 욕심과 관념 그리고 어떤 형식이나 법칙도 빠졌다. 그래서 그 본질만이 드러나니 간결할 수밖에 없다. 간결한 아름다움이 있다. 이 간결함 속에는 담박함이 있어서 오래 보아도 싫증나지 않는다. 대상을 대하는 태도가 간결하니까 오히려 본질의 미묘한 아름다움이 드러나게 되어 심심하지도 않다.

■ 여백의 여유

채워서 완성도를 이루려고 하기보다는 덜어 내서 여백을 만들고 그 여백에서 다 같이 숨 쉬며 산다. 다 갖춰진 곳에서 덜어 내어 공간을 만들고, 심각한 곳을 덜어 내어 위트를 만들어 낸다. 하지만 덜어 낸 곳이 갖춰진 곳과 조화를 이뤄 심심하지 않고 지저분하지도 않다.

능심에서는 더 이상 채우려고 해도 아등바등대는 것이 없고 뭔가를 보여 주려는 마음도 없다. 누군가에게 잘 보여 칭찬을 받으려고도 하지 않는다. 이는 존재 자체만으로도 이미 갖춰져서 충분하기 때문이다. 누가 몰라줘도 괜찮다. 전체 속에 이루어진 고유의 작은 아름다움을 알아서 그렇기도 하지만 스스로도 이미 갖춰져 있기에 아쉬움이 없다. 오히려 비워서 아쉬움을 만듦으로 생명력을 불어넣는다.

한 아이가 세한도를 보고 "저도 저렇게는 그릴 수 있는데 어떻게 해서 저 그림이 명화가 될 수 있어요?"라고 한다. "그래서 명화란다."라고 대답해 주니 고개를 갸우뚱거린다. 그 아이에게 저 그림에는 천진난만한 아이의 마음처럼 욕심이 빠졌다. 그림을 아주 잘 그리는 사람이 욕심을 비우니 저런 그림이 나온다. 오래 보아도 싫증이 나지 않고 가슴 속에서 한가롭게 자리하고 있다. 그래서 명화이다.

능심이란 다 알고 비우는 것이라 그런지 간결하면서도 인간 냄새가 풍긴다.

■ 따듯한 감동

능심 무시선은 뭔가를 하고 이루었는데 따듯하다. 청소를 하고 설거지를 해도 그렇고 나아가 일을 하거나 사람들과 대화를 나눠도 뒤에 전해져 오는 기운의 느낌이 따듯하다.

삶의 맛에는 여러 가지가 있다. 포근함, 맑고 상쾌함, 가볍거나 깊은 생각과 감정, 아쉬움의 분노와 슬픔 등이 있는데 그 맛을 버무린 능심의 삶에도 역시 따듯함이 있다. 그것은 대상을 살리는 마음에서 우러나오는 손길이 닿아서 생긴 마술과 같다. 사물이나 사람 그리고 일에도 고유의 느낌이 존재한다. 그것도 시간과 상황에 따라 다르다. 그때 그 상황에서 우러나는 고유의 느낌을 살릴 줄 알기에 깊은 감동이 전해져 온다.

능심 무시선은 마치 예술과 같다. 그곳에는 맑은 빛과 깊은 사색의 예술적 감동이 있다.

몇 해 전, 좌산이 성주 삼동연수원을 방문했다. 이튿날 아침, 좌산은 전지가위를 들고 정원의 소나무 한 그루 앞에 다가섰다. 소나무를 옮겨 심은 지 오륙 년이 넘었지만 그동안 손보지 않아서 그런지 소나무 가지가 더벅머리 총각의 머리처럼 덥수룩하였다.

그 소나무를 이리저리 둘러보다 한발 물러난 곳에 서서 소나무 전체의 형태를 설명하고 제자들을 시켜서 큰 가지를 잘라 내게 하여 형태를 잡아 나갔다. 이어서 직접 사다리에 올라 겹쳐지거나 불필요한 가지를 손수 솎아 냈다. 서두름이 있거나 주위에 위압적이지 않은 촌로의 모습과 크게 다르지 않으나 한가하고 여유롭게 다듬는 모습이 선경 그 자체였다.

모습을 드러내는 소나무 줄기가 용트림하며 솟구치는 듯하지만 가지가지가 균형을 이루며 안정감을 자아냈다. 볼품없던 나무가 저토록 시원하고 아름다울 수가 있을까 싶었다.

좌산은 다음날 어제 전지했던 그 소나무 앞을 지나며 소나무에 눈길을 한 번 스치듯 주고는 빙그레 웃음 지을 뿐 말이 없었다. 무시선의 극치를 보여 주는 모습이었다. 전지하거나 일 없을 때의 모습에는 평온함이 마음다함에 스며들어 그 어떤 마음의 흔적조차 찾을 수 없었다.

[능심 2]

틀 없는 마음

능심 무시선에 이른 이의 심법에는 틀이나 함이 없다. 그 의식 수준
이 커서 그 속에 담긴 존재의 결을 따라 자라나게 도와줄 따름이다.

■ 틀이 없다

세상의 틀은 내용을 담는 데 필요하다. 그런데 그 내용은 그 사회에
속한 사람들의 의식 수준에 따라 다르다. 수준이 낮으면 통제할 법도
많아진다. 스스로 감성을 통제하지 못하여 마음 가는 대로 살다 보면
사회 질서가 무너져서 사회에 혼돈을 야기한다. 반대로 의식 수준이
높아지는데 법의 틀이 각박하면 그 속에 사는 사람들이 답답하여 그곳
을 박차고 뛰쳐나가고 싶게 만든다.

법은 그 사회의 통제 수단에 불과하기 때문에 사회 구성원의 의식
수준의 발달에 따라 허용의 폭이 넓어지거나 없어져 가야 한다. 요즘
사회는 점차 정당, 종교, 결혼, 경제, 지위 등의 틀이 무너지고 본질, 행
복, 평등, 진급의 가치를 향해 변모해 가고 있다.

능심 무시선에 이른 의식의 수준은 세상과 하나 되어 세상을 품는
다. 그 틀이 크다 보니 틀이 없고 본질에서도 비었기에 틀이 없다. 다만
본질의 흐름에 따라 마음을 드리워 갈 뿐이다.

세상은 하나이다. 그 속에 가지가지 존재들은 다양함을 지니고 있다.

세상 일 또한 유기체를 이루며 크게 하나의 세상을 유지하고 변화시켜 간다. 그 속의 다양한 일들이 세상을 아름답게 한다. 그 아름다움을 도울 뿐 어떠한 틀로써 자기의 의식을 가두지 않고 세상과 사람들도 가두지 않는다. 그만큼 생각이 유연하고 창의적이다.

■ 함이 없다

세상 일이 나의 일이라서 그저 할 뿐, 누가 알아주든 말든 의미가 없다. 자기 일을 하면서 생색 낼 것도 없으니 외로울 것 같지만 자기의 심정을 나눌 사람이 없어 외롭다.

예로부터 지도자는 외롭다는 말이 있다. 최고의 지도자로서 결정을 해야 하는데 그 자리에서 바라보는 사람도 없고 자료도 없어 자기의 직관력으로밖에 할 수 없으니 외롭다. 수행도 마찬가지이다. 정점에 선 자신의 심정을 아는 사람이 없으니 어느 누가 극진한 칭찬을 할지라도 마음 깊은 곳은 헛헛하기만 하다. 그 심정의 꼭짓점 하나를 아는 사람이 없어 외로우니 혼자 깨닫기보다는 함께 깨달은 사람이 있어야 좋다.

능심의 심법은 그 일 그 순간에 깨어 있어서 그저 할 뿐이다. 때로는 크거나 작게 깨어 있고 변화에도 깨어 있다. 큰 틀에서 보기도 하지만 작은 것의 아름다움을 소중하게 여긴다. 그리고 그 변화에 따른 것에 감동할 줄도 안다. 이 모든 것이 존재함으로 있어지는 것들이다.

삶에 존재하나 그 일에 사로잡히지 않고 현재에 안주하지도 않으며 미래에 대한 두려움과 설렘으로 현실을 해치우지도 않는다.

누구를 의식하지 않으나 배려할 줄 알고, 소유하지 않으면서도 사랑할 줄 안다. 그러므로 함에 흔적이 없다.

■ 결 따라 자라나게 도울 뿐

세상의 존재는 자기 나름대로의 빛이 있다. 그 빛을 발하면 아름다우나 그렇지 못하면 세상과 자신에게 몸서리친다. 존재는 각각의 빛이 있지만 또한 나름의 흐름을 지니고 있다. 그 흐름은 우주와 세상과 그 사회와 조화를 이루며 미묘한 빛으로 바뀐다.

각자가 지니고 있는 고유의 빛을 함부로 다스려서는 안 된다. 그 빛은 세상과 결부되어 조화를 이루고 있기 때문이다. 그것은 그 사람뿐 아니라 세상에 결코 도움이 되지 못한다. 세상과 그 인생의 결을 따라 자라날 수 있게 도와주기만 하면 된다.

[능심 3]
만듦이 아닌 낳음의 은혜

능심의 마음 깊은 곳에는 평화, 은혜, 사랑, 자비가 담겨 있다. 이 모두는 함께하고 살리는 기운을 지녔다. 능심에 이르면 만물을 품어서 기다리고 삶의 길을 터 준다.

■ 품는다

세상과 만물을 사랑으로 품는다. 대상이 모자라서가 아니라, 스스로 갖춰 있고 그 자체가 소중하기에 품기만 하면 언젠가는 스스로 태어날 것을 알기 때문이다.

능심은 무심보다 좀 헐겁다. 게으르다는 느낌을 받을 정도는 아니지만 수용품이 반듯반듯하지도 않고 집의 구석진 곳에 먼지도 간혹 있다. 그저 적당한 선에서 이루어지고 있다는 느낌이다. 이야기를 중언부언해도 되고 행동에 실수를 해도 눈치가 보이지 않는다. 그래도 따뜻한 눈길을 거두지 않기 때문이다. 며칠 지나면 다시 그 사람을 만나러 가고 싶다.

■ 기다린다

사람은 모습이 갖춰져 태어나고 힘과 균형이 생겨나며 자기답게 자라난다. 자리를 찾기까지 기다려 주면 언젠가는 마음을 활짝 열고 살아간다.

사람이 사회 성원으로 자라기까지 많은 과정이 필요하다. 또한 뭔가를 성취해야 하는 과정을 겪어 가며 경지에 이르기까지는 고비가 있다. 해야 하는 과정에 필요한 마음과 생각과 생활의 힘을 얻지 못하면, 자신이 힘든 것에만 그치지 않고 세상도 힘들게 한다.

사람은 사람마다 타고난 자기의 재능과 삶이 있고 이를 위한 과제가 있다. 과제가 힘겹지만 과제를 스스로 해 가며 힘이 생겨 재능을 발휘

하고 삶을 가꾸어 간다. 그 힘은 방에 갇혀서 몸부림치는 것으로 생기는 것이 아니라 세상 밖의 사람들과 어울리며 생겨난다. 이 가운데 성취와 실수를 거듭한다. 이때 성취한 것에 섣불리 칭찬만 해서도 안 되지만 실수에 낙담해서도 안 된다. 스스로 힘을 얻기까지 믿고 기다려 주면 힘이 자라나며 자기의 길을 찾아간다.

설사 살殺, 도盜, 음婬을 저지른 잘못으로 상처를 입고 품으로 들어올 때, 사랑으로 품으면 마음의 상처가 치유되고 마음에 새살이 돋아 새사람으로 새 삶을 살아갈 수 있다.

능심의 경지에서는 일을 미워할지언정 사람을 미워하지 않는다. 그리고 사람을 버리지도 않는다. 때로는 배신을 당하여 곤경에 처하여도 그를 위해 기도할 수 있는 마음 한 줌은 늘 남겨 두고 있다. 마음 한 줌에는 세상을 담을 수 있는 신축성이 있어서 세상과 만물이 그 속에서 숨 쉬며 산다.

마음 한 줌의 여백을 두고 마음에 상처 입은 사람을 기다린다는 것이 곧 그와의 관계 맺음을 뜻하는 게 아니다. 기다리면 그의 마음에 새살이 돋아 그 스스로가 살아갈 수 있는 날이 돌아온다는 것을 아는 까닭이기 때문이다.

고등학교를 갓 마친 제자가 앉아서 먹는 밥상을 이 방에서 저 방으로 옮겨야 하는데 방과 방 사이에는 커다랗지만 폭이 좁은 미닫이문이 있다. 상이 길고 무겁기 때문에 혼자 옮길 수 없어 망설이고 있었다. 그때 스승이 다가와서 "내가 도와줄 테니 해 볼래?"라고 한다. 혼자서는 버거워서 망설이던 참이라 반가웠지만, 스승이 도와주신다기에 내심 걱정도 되어 "무거우실 거예요?"라고 하자, 스승은 "할 수 있을 것 같으니 해 보자."라며 마음을 북돋아 주었다.

상 양쪽을 스승과 제자가 맞잡고 옮기려는데 그대로 나갈 수 없어서 제자는 "상을 눕혀야 할 것 같습니다."라고 하니 스승이 상을 뉘어 주었다. 하지만 이번에도 다리가 문에 걸려서 나가지 못하게 되었다. "아니 반대로 돌려야 할 것 같습니다."라고 하니 스승은 이번에도 "응, 알았다." 하며 돌려 주었다. 이번엔 방의 폭이 좁아서 그런지 상다리가 문을 빠져나갔는데도 불구하고 벽에 걸려서 빠져나갈 수 없었다. 제자는 다시 "상을 세워야 할 것 같습니다."라고 하는데 때마침 이 광경을 본 보좌 교무가 "스승님 힘드시게 지금 뭐하느냐!"고 제자를 나무랐다. 그러자 스승은 "놔둬라! 지금 이 아이가 연구하고 있다."라며 밥상을 함께 세우니 밥상이 그 문을 빠져나갈 수 있었다.

스승은 제자에게 어떻게 하라고 가르치지 않고 스스로 답을 찾도록 기다렸다. 스스로 찾아갈 때 힘이 생기는 것이기에 다 알고도 기다리는 마음이 능심이다. 알고도 말 안하기 어렵고 돈이 있으면서 쓰지 않기 어렵다. 알고도 모른 채 기다림으로써 제자의 능력을 키워 주는 것이 큰 자비이고 큰 은혜이다.

■ 터 주다

자기의 관념이나 욕심 그리고 그동안 잘못 길들여 온 습관에 갇혀 있다가 뚫고 나오려고 할 때, 누군가가 그 마음의 실마리를 짚어 살짝만 터 주

면 갇힌 마음에서 빠져나올 수 있다. 일상의 삶뿐 아니라 깨달음의 문에
서도 스스로 뚫고 나오려고 발버둥 치다가 마지막 힘을 쓸 때까지 기다렸
다가 길을 터 줘야 그 힘으로 세상을 살고 수행도 하며 깨달음을 얻는다.
스스로 뚫고 나오는 과정에서 심신의 힘이 생기고 깨달음의 문이 열린다.

■ 함께하되 물들지 않다

세상 속에 들어서 사람들과 더불어 함께하나 세상의 인심에 흐르지
않고 맑음과 법과 사랑을 아무도 모르게 전한다. 세상 사람들과 함께
어울리지만 세상 사람들처럼 욕심으로 사는 게 아니라 마음은 항상 영
적 가치의 기준에 있다.

영적 가치의 바탕인 진리가 마음속에 담겨 있어서 세상의 어느 곳 어
떤 일도 진리로 보고 듣고 활동하기에 겉모습은 같아 보여도 마음 깊
은 곳에서는 다르다. 그러나 일반 사람들이 보면 그저 착하기만 한 사
람이지 별다를 게 없어 보인다. 마음의 눈이 어두우면 그 귀한 사람이
그저 착한 이웃일 뿐이다. 하지만 세상은 아무도 모르게 아주 조금씩
진리를 향해 변모해 간다.

[능심 4]
한결같음

능심 경지에서의 생활은 한결같음이다. 존재로서 한결같고 삶 속에
서의 배움이나 자세 그리고 마음 바탕이 비어서 살아가는 모습도 한

결 같다.

일이 있든 없든 간에 성품을 여의지 않고 그 일에 전일하게 깨어 있는 마음이 한결같은 경지가 동정일여動靜一如이다. 이 모습을 정하여도 분별이 절도에 맞고 동하여도 착이 없는 경지라고 한다.

정할 때란 일 없을 때를 말하는데, 이때는 일 있을 때를 생각하고 마음, 이치, 몸, 생활, 일을 그에 맞게 준비해 간다. 마음으로는 명상좌선, 염불, 기도을 하고 이치로는 독서경전, 의두, 성리, 강연, 회화를 하는 것이 모두 일을 당하여 잘해 내기 위해서이다. 몸으로 하는 그 목적도 이와 다르지 않다. 일을 당하여 잘하기 위해 휴식과 운동을 하고 생활로는 계문, 주의, 조행을 유무념으로 하며 마지막에는 상시일기와 정기일기로 정리를 한다. 게다가 앞으로 해야 할 일에 대해서도 틈틈이 연구하고 준비하는 모든 것에 정성스럽다. 일을 잘하기 위한 것을 잊지 않지만 준비 공부를 해 가는 의미에 늘 깨어 있을 뿐 아니라 그 자체의 느낌으로 존재하여 즐긴다.

이렇게 해 나가는 모습을 보면 일상생활에서 적절히 단련해 나아가는 것이 정하여도 분별이 절도에 맞다.

동할 때란 일 있을 때를 말하는데, 이때는 온전한 생각으로 취사를 한다. 이때의 온전함이란 순수하고 편착되지 않은 마음을 일컫는다. 편착심만 없어도 그 일을 온전하게 볼 수 있다. 그러나 편착심을 놓으려고 해도 놓아지지 않는다면 편착심의 근원을 살펴 볼 필요가 있다. 편착심은 욕심이 굳어서 생긴 마음이고 이 욕심의 근원은 관념에서 나온다. 즉 편착심은 관념에서 비롯된다.

일이 급박하게 돌아가는 상황이라면, 그 근원을 돌이켜 살펴 가며 마냥 훈련만 할 수 있는 게 아니다. 급한 대로 마음의 힘으로 착심만이라도 누르고 온전함으로 깨어 있어야 일을 그르치지 않는다. 하지만 이것은 마음의 힘으로 상황을 눌러 놓은 것이기 때문에 마음이 한가하면 다음에도 또 올라온다. 물론 마음에 힘만 있으면 알아차리는 즉시 또 눌러 놓을 수 있다. 이렇게 눌러 놓고 또 눌러 놓는 데에서도 마음의 힘이 상당히 쌓인다. 그러나 이 마음에는 폭력성이 내재하고 있어서 평온치 않다. 평온하면서도 마음의 힘이 있으려면 내면에서 발현되어 올라오는 마음을 단련해 가야 한다.

욕심과 에너지 크기가 비슷한 서원바르고 큰 욕심이란 것이 있다. 이 모두가 하고자 하는 마음이나 욕심이 부정적이라면 서원은 긍정적이다. 또한 생각에 있어서도 관념고착된 생각이 부정적이라면 지혜는 긍정적이다. 이 가운데 긍정적인 마음과 생각은 모두 성품에서 순리에 따라 발현된 마음이다.

성품에서 지혜로 발전되어 서원을 일으켜 살아가는 삶이 되려면 발현의 순서에 따라 순수하게 이어져야 한다. 그 발현되는 순서를 차례대로 좀 더 세밀하게 짚어 보면, 성품에서부터 인식, 구분, 이름, 느낌, 선호이름을 포함한 객관적 분별군, 접촉, 자료데이터, 사유지혜, 선택경험을 포함한 차별군의 시작, 서원, 경험, 습관수행과 보은, 의식의식의 수준, 인격, 인생, 인품삶의 품격의 순서로 나타난다.

성품에서 삶의 흐름을 따라 그대로 발현시키면 사물을 있는 그대로 인식하고 그 다름도 구분하는 쪽으로 전개되어 간다. 구분하는 것에 이름이라는 기호가 붙으며, 느낌을 이루고 접촉된 자료가 모아진다. 그 자료를 바탕으로 사유하는 데 이르러서 집약된 바람직하고 좋아하는 것을 선택한다. 선택한 것에서 경험과 더불어 반복됨으로 습관이 자리 잡는다. 이때 의식도 함께 형성된다. 이 습관과 의식이 결부되어 인격을 낳는데 인격으로의 삶에서 인생의 방향과 향유하는 것이 다르다. 여기에서 또 한 번 숙성되며 삶의 품격인 인품으로 자리매김한다.

성품에서 발현시켜 진리와 삶에 대해 사유하며 진리적인 습관을 길들여 간 영혼은 맑은 힘이 있을 뿐 아니라 풍요로운 인품을 지닌다.
만약 마음에 힘은 있는데 폭력적이라면 선이 아니다. 선에는 맑음과 풍요로운 힘이 함께 존재한다. 예기치 않은 바쁜 일이 닥쳐와도 마음의 바탕이 차분하다. 주어진 일을 할 때도 완성도가 있을 뿐 아니라 체화된 감각에 이른 숙련됨으로 일을 처리하는 것이 자연스러우면서도 부드럽다. 숙련에 이르면 몸은 빠르게 움직여도 마음이 차분하여 여유를 느낄 정도가 된다. 다른 사람이 보면 일을 천천히 하는 것 같은데 일을 같이 해 보면 은근히 빠르다.

사람이 예기치 않은 일에 당황할 때는 자기의 중요한 것을 잃지 않으려는 마음이 자신을 온통 지배할 때이다. 온갖 수단과 방법을 생각하여 중요한 것을 지키려고 하는데 얼키설킨 상황에서 시간마저 쫓겨 어떻게도 손쓸 수 없는 지경에 이르고 보면 넋 나간 듯 어찌할 바를 몰라 할 수도 있다. 마음이 쫓기면 시간이 있다고 해도 크게 다르지 않다.

사람이 이보다 더 당황스러워 할 때가 있는데 그것은 생명에 위협을 느낄 때이다. 이때를 보면 그 사람의 수행이 적나라하게 드러난다. 인간의 에너지 중에 가장 큰 것도 이 생명에 대한 에너지이기 때문이다. 더더욱 생명에 집착하게 될 때의 이유를 찾으면 생명이 다하면 영혼도 소멸되는 것처럼 모든 게 끝이라고 여기는 데 있다.

그런데 진리적으로 산다는 것이 오고 가고 또 가고 오는 것임을 아는 사람은 자기의 목숨이 별게 아닌 것이 된다. 병이나 사고로 어쩔 수 없이 죽어야 될 상황이라면 연명하려고 아등바등하지 않고 흔연하게 받아들인다. 나머지의 삶에서도 진리적으로 어떻게 보낼 것인지 생각하고 인생을 차분하게 정리해 간다. 큰일에 대해 느끼는 마음의 무게가 책상 하나 옮기는 것에 불과하다.

[능심 5]
자유 속 은혜의 세상

능심의 극치는 자유이다. 이 자유는 신명이 솟아야 가능하게 된다. 진리와 하나가 되어 솟아난 지혜와 힘이 비움에 바탕을 하여 자유의 힘으로 작용한다. 세상의 인심에 필요하면 진리를 요리하여 새로운 흐름으로 넣어 주기도 한다. 인지가 밝아져서 사실적이고 열린 법이 필요할 때 소태산이 천지의 흐름보다 한 박자 빠른 흐름으로 법을 폈던 것처럼 말이다.

자유는 일을 하는 데에서 그 가치가 드러난다. 그 자유엔 힘과 자비가 들어 있고 그 자비는 은혜로 꽃을 피운다. 자유는 해탈과 다르다. 해탈이 순응이라면 자유는 자유자재의 힘이 있다. 또한 세상을 만들어 가는 데에도 극락이 아닌 낙원을 만들어 간다. 극락이 혼자 누리는 즐거움이라면 낙원은 함께 누리는 즐거움이다. 그래서 자유 속에 은혜가 숨어 있다가 삶으로 나타나고 은혜의 깊은 곳에 자유가 자리한다.

자유가 삶에 들어서 자비의 은혜로 나타나지만 그 과정에서는 균형과 조화로 나타난다. 그렇다고 균형과 조화에 초점을 맞추면 안 된다. 균형과 조화는 조절 능력이지 주체가 되지 못한다. 삶은 자유와 자비로부터 이루어져야 균형과 조화에 활력이 있다.

태풍은 공기, 바다, 땅에 숨을 불어넣는다. 지구에 신선한 생명력을 불어 넣지만 인류와 생물에게 일시적인 아픔을 준다. 이 아픔의 태풍은 지구의 자비이다. 때로는 부숴서 새로 움트게 하고, 동물들의 죽음으로 생물 전체를 싱그럽게 한다.

하지만 이런 아픔을 싫어한다고 따스한 공기와 시원한 바람만을 계속하여 준다면 지구는 얼마 못 가서 질병과 부패로 더 큰 몸살을 앓게 된다. 결국 균형과 조화와 활력을 잃고 만다. 우유가 필요한 아이가 사탕만을 달라고 할 때 아이의 삶을 생각하는 엄마는 떼쓰는 아이를 힘겹게 달래며 사탕보다는 우유를 데워 주는 것처럼 말이다.

능심은 능히 작기도 하고 능히 크기도 한다. 하지만 조화의 아름다움이 있어서 보고 또 보아도 좋고, 가까이 하면 편안하여서 좋다. 능심에서는 이겨서 누르려 하지 않는다. 하염없이 수용하되 변화를 시킨다. 능심은 져 주어서 이기고, 들으면서 가르치며 욕심을 받아주어서 없앤다. 그래서 웬만해서는 이 마음을 알기가 어렵다.

이 균형과 조화와 활력은 생활의 모습이나 예술로서 승화될 뿐 아니라 인품에서도 나타난다. 예술의 극치는 인품이다.

능심 무시선의 심경

원불교에서는 「휴휴암좌선문」을 보조경전인 『불조요경』에 수록했을 뿐 아니라 매일 새벽에 좌선 끝 무렵에 「일원상서원문」, 「반야심경」과 함께 독송을 한다.

이 휴휴암좌선문은 중국 원元나라 말기의 선승인 몽산덕이蒙山德異가 지은 글이다. 그는 평강平江에 휴휴암을 짓고 이 글을 지어 활선의 참 면목을 드러내며 선풍을 크게 떨쳤다. 그 후에 고려의 나옹혜근懶翁慧勤이 연경에 오래 머물다가 이 글을 얻어 귀국했다.

휴휴암좌선문에서 '좌'라 하는 것은 일이 없을 때나 있을 때나 자성에 돌이켜 머무르거나 그 마음으로 존재하는 것을 뜻한다면 '선'은 일 있을 때나 없을 때나 항상 그 일에 성품에서 깨어난 지혜로 덕화를 나타내는 것을 뜻한다. '좌'가 진공이라면 '선'은 묘유를 말한다. 휴휴암좌선문에 무시선이라는 언급은 없지만 좌선과 무시선을 아우른 내용과 맥락을 같이 하며 선심禪心의 경지가 잘 드러났다.

이 휴휴암좌선문은 한문으로 되어 있어서 해석을 직역으로 하자니 문맥 잇기가 자연스럽지 못하고, 의역을 상세히 하자니 글의 분량이 방대하게 된다. 그래서 직역을 기본으로 약간의 의역을 보충하는 방식으로 설명해 보았다. 불필요한 해석을 생략하기도 하였고 순서도 부분적으로 바꿨다.

휴휴암좌선문休休庵坐禪文

　좌선이라는 것은, 마음의 근원인 자성에 들어 정신이 상쾌하니 온갖 생각이 끊어지나, 혼침이나 멍한 상태에 떨어지지 않음이 '좌'이고, 하고자 하나 욕심에 끌리지 않으며, 번잡한 세상에 살아가나 마음이 산란하지 않음이 '선'이다.
　夫坐禪者 須達乎至善 當自惺惺 截斷思想 不落昏沈 謂之坐 在欲無欲 居塵出塵 謂之禪

　밖의 모든 번뇌가 마음 안으로 들어오지 못하며 내 안의 마음이 유혹되어 흘러나가지 않음이 '좌'이고, 어디에 주착하거나 의지하는 데가 없어서 항상 자성의 광명이 나타남이 '선'이다.
　外不放入 內不放出 謂之坐 無着無依 常光現前 謂之禪

　밖의 좋거나 싫은 일이 자신을 흔들어도 마음이 움직이지 않으며 그 마음 중심이 고요하여 요동치지 않음이 '좌'이고, 깨어난 마음을 안으로 돌이켜 마음의 근원인 자성에 사무침이 '선'이다.
　外憾不動 中寂不搖 謂之坐 廻光返照 徹法根源 謂之禪

306

싫거나 좋은 일에 마음이 이끌리지 않으며 소리와 형색에도 궁굴러 나가지 않음이 '좌'이고, 마음 깊이 비춰 보니 그 밝음이 해와 달보다 나으며 만물을 길러 가는 덕이 하늘과 땅보다 더함이 '선'이다.

不爲逆順惱 無爲聲色轉 謂之坐 燭幽則明逾日月 化物則德勝乾坤 謂之禪

차별 있는 경계에서 차별 없는 데에 머무름이 '좌'이고, 차별 없는 경계에서 지혜롭게 차서 있게 나타냄이 '선'이다.

於有差別境 入無差別定 謂之坐 於無差別境 示有差別智 謂之禪

이 모든 것을 종합하여 말하자면 온갖 일에 치열하게 움직이나 마음의 바탕은 본래 그대로 한결같음이 '좌'이고, 문리를 얻어 자유자재로 주무르며 어떤 일이든 걸림 없이 해냄이 '선'이다.

合而言之 熾然作用 正體如如 謂之坐 縱橫得妙 事事無礙 謂之禪

좌선이 대략 이와 같지만 좀 더 상세히 말하려고 해도 종이와 먹으로 충분히 설명하지 못한다. 최상의 큰 삼매에 이르면 머무름이나 움직임이 없기 때문이다. 본래 마음인 자성은 낳음이나 멸함도 없고, 보아도 본다는 상념이 없을 뿐 아니라 들어도 듣는다는 상념이 없다. 또한 비었으되 비었다는 상념이 없으며, 있으되 있다는 데에 머무르지 않는다. 크기로는 바깥 없는 데까지 포함하고 세밀하기로는 안 없는 데까지 들어가며 신통 지혜의 광명이 한량없어서 큰 기틀에 따라 활용하여도 다함이 없다.

略言如是 詳擧 非紙墨能窮 那伽大定 無靜無動 眞如妙體 不生不滅 視之不見 聽之不聞 空而不空 有而非有 大包無外 細入無內 神通智慧 光明壽量 大機大用 無盡無窮

　　수행에 뜻있는 사람은 좌선하며 탐구하기를 순서에 따라 잘하면 홀연히 깨치는 한 소리에 수많은 신령스럽고 영묘함이 스스로 빠짐없이 골고루 갖추게 된다. 어찌 저 삿되고 그른 수행길을 걷는 사람들이 스승과 제자를 삼아 전수하여서 얻는 것에 비교하겠는가? 가장 지극한 경지에 이른 자여!

有志之士 宜善參究 以大悟爲則 囝地一聲後 許多靈妙皆自具足 豈同邪魔外道 以傳授 爲師佐 以有所得 爲究竟者哉

능심 무시선 사례

■능심 무시선 일기 – 설거지

　　음식을 먹고 난 후 빈 그릇을 쟁반에 얹어서 부엌으로 가져간다. 부엌에 들어선 순간 요리하다 생긴 음식 냄새와 온기가 삶의 냄새와 체온처럼 푸근하게 다가와 입가에 미소를 머금게 한다.

설거지통에 이르니 맛과 간을 보던 숟가락과 국자, 주걱, 밥솥이 있고 가스레인지 위에는 국이 조금 남은 국 냄비가 올려 있다.

음식을 조리하면서의 그릇 대부분은 그때그때 씻어서 식기건조대에 칸칸이 꽂아 놓고 볼과 같은 나머지 그릇은 그 위에 포갠다. 요리하면서 그때그때 씻어 놓았기에 설거지할 것이 많지 않다. 밥그릇과 국그릇 그리고 반찬 그릇과 수저 등이 전부이다.

방금 끝낸 식사에는 기름기가 없는 음식들이 대부분이어서 그릇들을 설거지통에 바로 넣고 수돗물로 채웠다. 밥을 먹고 나면 밥그릇에 밥풀의 흔적이 이내 굳는 걸 알기에 밥그릇을 비우는 즉시 물을 조금 부어 불려 놓았다. 바로 설거지를 해도 어렵지 않도록 하기 위해서였다. 그렇지 않으면 그릇을 불리며 차 한잔을 하든지, 불려 가며 씻든지, 둘 중의 하나를 선택해야만 하기 때문이다. 불리는 동안 차 한잔을 하는 것도 좋지만 설거지를 끝낸 후의 차 한잔의 여유가 더 좋아서 밥그릇을 비우자마자 불린다.

식사 시간에 먹을 만큼의 음식만 그릇에 담기 때문인지 싱크대 수채통에는 음식 찌꺼기를 버릴 게 별로 없다. 남는 것이라면 요리할 때 양념류를 다듬은 찌꺼기가 전부이다.

코팅이 벗겨진 양은냄비를 꺼내어 그곳에 행주를 삶으면서 국그릇에 남은 국은 다른 그릇에 담아 냉장고에 넣고 국그릇도 설거지통에 놓는다. 별도로 불릴 것 없는 그릇에 수돗물을 조금씩만 흘려 가며 수저, 주걱, 국자와 작은 그릇부터 설거지를 해 가는데 설거지할 것이 몇 안 된다. 그 시간 동안 물과 그릇 그리고 수세미를 움직이는 손동작에 깨어 있어 느끼는 것도 잠시, 이내 설거지를 마친다.

행주를 삶고 있는 가스레인지의 스위치를 돌려 끄고 행주를 빨아서 널었다.

이젠 가스레인지에 떨어진 국물 자국을 조그마하게 잘라 놓은 키친 타월로 닦아 낸다. 수채통에 담긴 음식 찌꺼기를 잔반통에 넣어서 마저 버렸다. 이젠 설거지통을 닦고 싱크대 주변의 물기를 제거한다.

이쯤 되면 건조대에서 물기가 빠진 수저와 그릇 등을 마른 행주로 닦아서 종류 별로 싱크대 보관함에 넣어 싱크대 밖에는 나와 있는 것이 없다.

그리고 창밖을 보면서 마시는 차 한잔의 여유, 하늘과 자연 그리고 집. 더불어 한 호흡 한 느낌 속에 있다.

≫ 다음 날의 설거지

오늘은 친구가 놀러와 함께 카레밥을 만들어 먹었다. 다 먹고 나니 친구가 산책을 가자고 한다. 그래서 카레가 묻은 그릇과 묻지 않은 그릇만 분리해서 묻지 않은 식기만 설거지통에 넣고 그릇을 불릴 정도만 수돗물을 틀어 채우고 산책을 떠났다.

삼십여 분이 지나 돌아와서 친구가 양치질을 하고 씻는 동안 설거지를 했다. 수돗물을 약하게 틀어 아크릴 실로 뜨개질하여 만든 수세미에 물만 묻힌 채 불린 그릇을 먼저 닦았다. 카레가 묻은 식기는 수돗물을 뜨겁게 틀어서 카레를 녹여 보내고 그 수세미로 물만 묻혀서 닦아

가니, 설거지 끝.

무심 → 능심의 차이점
- 부드럽고 간결함
- 여백의 여유
- 따듯함
- 마음의 흔적이 없음
- 비움의 예술

무시선 수행은 평떼기로 하여 확장을 해 가는데 하나를 잘해 놓으면 그 다음부터는 절반도 안 되는 노력으로 그 다음 것을 해낼 수 있다. 마치 영어 공부를 잘해 놓으면 그 다음 단원을 배울 때 처음부터 배우는 것의 절반도 안 되는 노력으로 가능하듯이 말이다.

■ 능심 설거지의 심법

설거지의 본의가 정리, 청결, 보관, 준비이지만 수행자에게는 이 시간이 수행 시간이기도 하다. 본의에 깨어 있으면서도 마음의 날개를 펼쳐 자신뿐 아니라 생활과 환경, 나아가 세상을 감싼다.

능심으로 설거지를 하면, 요리하면서 그릇과 요리 기구 대부분을 정리해 두기 때문에 나중에 설거지할 게 별로 없다. 하지만 이것도 빠르게 끝낸다. 일반 사람들이 보기에 천천히 하는 것 같으나 어느새 마친다. 순서가 간결하고 허튼 일이 별로 없기에 그렇게 보인다. 때로는 이야기를 주고받으며 하는데 어디에도 걸림 없이 물 흐르듯 자연스럽다. 함께 이야기하면 그 사람도 마음의 범주 속에서 한 묶음이 되어 동화가 되기 때문이다. 흐르는 동작에서도 그릇의 느낌과 질감이 살아 있어서 그릇의 상태까지도 체크가 가능하다.

설거지도 잘살자고 하는 것이니 설거지에 구속되어서는 안 된다. 멀리서 온 친구가 산책을 가자고 하는데 "난 설거지를 하지 않으면 마음이 꺼림칙해서 견딜 수 없어!"라며 설거지를 먼저 하겠다고 고집하는 경우가 있다. 수행 초기에 충분히 있을 법하지만 일의 본의를 모른 채 습관에 사로잡힌 모습이다. 설거지는 산책을 다녀와서 하면 되기에 어느 정도만 해 두면 크게 불편할 게 없다.

그리고 설거지할 때는 기름기가 있는 것과 없는 것을 구분해서 하는 것처럼 순서를 잡고 특성에 맞게 해결해 가면 설거지를 훨씬 수월하게 할 수 있다.

능심에서는 상황에 따라 적절하게 임기응변으로 선택하되 일의 본질에 어긋나는 법이 없다. 그 모습이 너무도 자연스러워 무심에 이른 사람조차 '도'라고 여기지 못할 정도가 된다. 함께하는 사람에게 은혜가 깃들어도 그것을 모르고 살다가 그 사람이 떠나고 나서야 안다. 그것도 참 좋은 사람으로밖에 여기지 못한다.

그 사람을 알려면 능심에 이르러야 알 수 있지만, 인지가 발달되어 무시선이 편만해지면 일상에서 많은 대중이 함께 도를 공유하기에 이른다.

능심 무시선의 징검다리, 행선과 선식

■ 능심 행선

• 생활이다

행선의 모습이 자연스럽다. 웬만해서는 저 사람이 행선을 하는지 모른다. 걸음걸이가 무너진 듯하면서도 힘이 있지만 가만히 지켜보면 그 속에 행선의 기본이 다 들어 있다. 행선이 일상생활에서 녹아들어 자연스럽다. 그래서 행선이 생활이 되었다.

• 다른 사람과 대화하면서도 행선이 된다

이것은 관심에서 확장을 시키면 되는데 그때는 아직 힘이 없어서 함께 깨어 있기 힘들다. 대화란 들어서만 되는 것이 아니다. 동화가 되어 마음이 움직일 뿐 아니라 구체적인 생각으로 파고들기 때문에 대화로 인해 행선이 함몰되고 만다. 그러나 능심에서는 생각으로 파고들어도 상황과 환경까지도 행선의 범주 속에 넣어 놓치지 않는다.

• 천지와 하나가 되어 노닌다

하나가 되어 생각하고 말하고 행동을 한다.

• 다른 사람의 기운을 정화한다

다른 사람뿐 아니라 군중의 기운까지 정화시킬 수 있다. 마음이 순수하거나 수행자를 신뢰하는 사람들이라면 수행자가 자기 기운으로 끌어와 지극히 평온함을 가져다준다. 때로는 그 이상의 세계도 보여 줄 수 있다.

능심 선식

마음과 행동에 이르기까지 습관이 들어서 모든 것이 물 흐르듯 자연스럽고 세련된 품위를 느낄 수 있을 정도의 선식이 무심의 경지이다. 하지만 규칙과 방법에 의해 길들여진 것이라 때로는 다른 사람들로 하여금 답답함을 느끼게 할 수 있다.

능심은 무심의 경지에서 한발 더 나아가 여유와 조화가 있다. 내가 그만큼 했다고 그것으로 모든 것을 판단하는 것이 아니라 그렇지 못한 사람들에 대한 배려가 바탕을 이룬다.

식사 시간에 내가 묵언으로 먹고 싶어도 누군가가 이야기를 걸어오면 힘 빼고 그 본의를 여유 있게 들을 줄 안다. 수행과 삶의 방향을 물어 올 때는 그 사람의 수준에서 대답하지만 마냥 끌려다니지는 않는다. 생활 리듬 속에서 마음으로 감싸 안 듯 응대한다. 식사 중에 막걸리 한잔 하겠다는 사람이 있으면 자신이 술을 하지 않아도 술 한 잔을 따라 건네고 술 한 잔을 받아서 함께하는 여유와 배려 말이다.

수행에 철저한 선배가 고기를 먹는 자리에서 주위 사람들이 먹는 맥주를 놓고 탄산음료를 들이킨다. "선배! 건강에는 그 탄산음료보다 차라리 맥주가 나아요." 그랬더니 이내 맥주 한 잔을 달란다. 공부하는 선배다운 모습이었다.

성직자는 다른 사람의 모범이 되어야 하기에 일반 사람들이 생활에서 자기 통제를 못하고 방종할 경우 오히려 자신을 철저하게 통제하여 본보기가 되어 준다. 사회에 맑음과 바른 모습을 제공하기 위해서다.

사람들이 술을 지나치게 마시는 경향이 있으면 아예 술을 입에도 대지 않는다. 그러나 사회가 어느 정도 성숙해졌다 싶으면 성리로 접근하여 술을 마시기도 한다. 원래 술이란 기호 식품에 지나지 않다. 술에 취해서 현실을 망각하거나 중독될 정도로 지나치게 마시지 않으면 술은 오히려 약이 되기도 한다.

교단 초기에는 술에 대한 계문이 '과하게 마시지 말며'였다. 그러나 곤드레만드레 취해서 집으로 갈팡질팡 걸어 들어오는 제자에게 소태산이 "술을 과하게 마시지 말라고 했는데 왜 이렇게 많이 마셨냐?"라고 하니 "난 이게 과한 게 아녀~."라고 하여 이 계문이 '연고 없이 술을 마시지 말며'로 바뀌었다. 술을 과하게 마시지 말며가 상위 개념인데 인심이 따라오지 못했기 때문이다.

그러나 수행자는 성직자와는 달리 자기 자신에게 수행의 초점을 두기에 성리로 닦아 가다가 뜻을 이루고 나서 세상에 맞춰 주는 경향이 있다. 성직자나 수행자는 삶의 본의를 생각하고 현실 생활을 고려할 뿐 아니라 미래로 변할 세상을 고려해서 틀 것은 터 가며 세상을 바꾸어 간다.

되어지는 것

- 식사 중 웃으며 대화를 해도 마음이 진리를 떠나지 않음
- 즐김과 어울림
- 배려와 나눔

선식을 채식으로 하는 것도 좋지만 선식은 왠지 채식으로 해야 좀 더 근사할 것 같다면 오히려 하지 않는 게 좋다. 채식이든 육식이든 탐식을 하거나 상相을 가지면 기운이 탁해지기 때문이다.

육식은 동물의 몸을 먹는 것이라 채식보다는 맑은 기운은 덜하지만 에너지는 오히려 많다. 탐식을 하지 않는다면 육식도 채식과 크게 다를 바 없다. 채식을 탐식으로 한다거나 특별한 사람만이 하는 것처럼 차별심을 갖는다면 육식을 담박하게 하는 것보다 훨씬 못하다.

채식하는 것이 초기에는 수행에 도움이 된다. 채식을 한다는 특별한 마음가짐이 마음을 맑고 신선하게 챙길 수 있게 하기 때문이다. 그러나 시간이 지나며 이런 동기 부여는 점점 사라지고 그 특별함이 오히려 편협함으로 남을 수 있다.

수행의 본질은 수행을 통해서 어떤 인품으로 이루어 가고 있느냐에 달렸다. 좋은 사람을 넘어서 진리의 인격을 지닌 사람이면 수행길을 올곧게 걸어온 사람이다. 이런 사람은 채식을 하거나 하지 않을 수도 있다. 하지만 분명한 것은 음식을 소중하게 여기고 감사히 맛있게 먹

으나 탐식을 하지 않는다.

  특별함에 현혹되기보다는 수행길은 멀리 보고 긴 호흡으로 가야 한
다. 그러면 수행길 도중에 세상의 구경거리에 잠시 노닥거릴지라도 방
향을 잃지 않는다.

단계별 무시선 수행 정리

　조용한 것을 좋아하는 사람이 있는가 하면 아주 활동적이어서 움직이지 않으면 좀이 쑤시는 사람도 있다. 이 모두가 수행할 수 있는 방법이 무시선이다.

　무시선은 삶 속에서 선심으로 살아가고 또 살면서 선심을 닦아 가는 것이다. 이런 것을 '불법 시_是 생활, 생활 시_是 불법'이라고도 이른다. 따라서 시간이나 장소의 구애 없이 삶 속에서 수행할 수 있다. 좌선과 대별되는 의미에서의 무시선은, 삶 속에서 수행하는 것이라 좌선만큼 심연의 경지에 이르기에는 다소 미흡하다. 하지만 궁극에 이르면 결국에는 하나의 경지로 만난다.

　무시선은 수행을 위한 수행에 빠질 염려가 없다. 성품의 발현에서부터 일에 대한 성과와 그것에 미치는 영향까지 모두 선이기 때문이다. 뿐만 아니라 빈 마음을 바탕으로 육근 동작 하나하나에도 진리가 담겨서 결국엔 인격과 인생 그리고 인품에 이르기까지 선 아님이 없다.

무시선을 잘한다는 것은 진리의 인품을 지녔다는 간접적인 표현으로 받아들일 수 있다. 무시선을 제대로 하는 사람의 마음이 평온하지 않는 경우가 없고, 일과 이치에 따른 지혜가 어둡지 않으며, 정성이나 의지가 약하지 않다. 그리고 널리 포용하는 마음을 지녔기에 먼저 버리는 법도 없다. 만약 이중에 무엇인가 부족하다면 그것은 수행에 문제가 있음을 뜻한다.

항간에 수행을 잘하는 사람이 일에 어둡고 대의가 없다는 말이 있다. 수행을 제대로 하면 일과 대의에 밝지 않을 수 없다. 일을 함에 있어서도 오히려 수준 높고 품위 있게 해 간다.

무시선은 자성반조만을 하는 것이 아니고 목적반조를 통하여 온전한 일심에 이르기까지의 총체적이고 입체적인 모습이다. 그래서 무시선을 활선살아 있는 선이라고도 부른다.

무시선의 궁극은 인품 속의 의식 수준으로도 평가받는다. 도의 경지에 이르면 높은 수준의 안목이 생활에서부터 예술 그리고 인품에까지 이른다.

평온함과 마음다함

무시선 수행은 삼학을 아우르는 수행법이자, 동정 간에 떠나지 않는 수행이라는 데에는 의심의 여지가 없다. 그리고 이理와 사事, 영靈과 육肉을 함께 닦아 가는 것도 무시선 수행이자 모습이다. 무시선의 모습은 심경으로 수행이 되어서 느끼는 것이라 뒤로 미루고 여기에서는 우선 수행만을 짚어 간다.

무시선 수행은 그리 어렵지 않다. 무시선은 그 일마다 일심一心으로 하면 된다. 일심이란 성품을 여의지 않은 마음이다. 즉 공적영지空寂靈知로 나타남을 말한다. 수행품 12장에서는 "선이라 함은 공적영지가 나타나는 것이다."라고 했다. 공적영지로 깨어남이 진공이라면 '공'만이 존재함은 허무이고, 관념과 편착된 생각으로 만들어진 '공'이라면 가공假空에 지나지 않다. 공적영지로의 깨어남에는 텅 빈 마음을 바탕으로 상쾌함이 있다.

공적영지로 나타나는 것을 묘유라고도 부른다. 일을 당해서는 공적영지의 마음으로 모든 역량을 다하는 모습이다. 소태산은 무시선이란 언제든지 그 일에 편안하고 온전한 마음이므로, 바느질을 하는 동시에 약도 잘 다려서 책임 이행을 잘 하라고 했다.

사람이라면 누구나 하고자 하는 마음이 있다. 그것도 다른 동물과는 비교되지 않을 만큼 크다. 그 에너지라면 마음 평온함만 가질 수 있어도 어느 정도의 정신은 깨어 있게 된다. 하지만 여기에 그치지 않고 마음이 심연에 들어 성품으로 깨어 있기 위해 수행을 한다. 또한 성품에서 깨어난다고 해도 그것에 그치면 아무 쓸모가 없다. 성품에서 삶으로 나타나야 한다. 깨어남에서 진일보한 나타남은 온 마음으로 정성스럽게 해 가는 삶의 모습이다. 이 공적영지의 깨어남과 나타남을 아울러서 표현한다면 진공묘유라고 할 수 있다. 이것을 또 달리 표현하면 원만구족하고 지공무사하다고 표현한다.

원만구족하다는 것은 어디에 편착되지 않으면서도 두루 다 갖추어져 있다는 뜻인데, 이는 진공이 아니면 될 수 없다. 그리고 지공무사란 불공을 일컫는다.

이렇게 한자어가 섞인 표현은 일반 사람들이 알아듣기가 어렵다. 무시선을 좀 더 쉬운 말로 바꾸어 보면 '평온함으로 마음다함의 삶'이라고 하겠다. 무시선 수행을 하고자 한다면 '평온함'과 '마음다함'이 있었는지 대조해 보면 자신이 무시선 수행을 하고 있는지 그 여부를 알 수 있다. 이러한 무시선의 모습은 영혼의 진급이고 수행자다운 삶이다. '평온함'에 의한 '마음다함'은 처음에는 배움이고 책임 이행이라고 할 수 있지만, 능력이 생김에 따라 양질의 불공이고 예술적 승화이다. 나아가 주위에 환희와 감동을 나누는 행복한 삶이 된다.

성품을 여의지 않는 모습, 즉 공적영지의 나타남은 수행의 경지와 흐름에 따라서 집심, 관심, 무심, 능심으로 나뉜다. 이 네 가지가 모두 일심이다.

집심은 골똘히 생각해서 오롯함으로 들어가는 공부이다.
수행에 마음을 내어 시작하는 단계인데 이때는 주로 성품에서 발현된 마음을 그 일에 집중하는 데 초점을 둔다.

성품에서 발현된 마음은 지난날의 관념이나 앞으로 일어날 일에 대한 걱정 없이 이 순간에 깨어 있는 마음이다. 이 순간에도 할 뿐이지 집착하지 않는다. 이 마음이 제대로 되면 마음이 평온하다. 평온할 때 되짚어 보아 지난 일이 마음에 걸림이 없으면 밑 빠진 독처럼 마음 안에 담긴 게 없다. 또한 마음이 허공이 되어 하는 일에도 저항이 없다. 이 마음이 되면 평온함은 억지로 챙겨서 된 것이 아니라 마음 안에서 솟아나는 것이라 할 수 있다.

일에 있어서는 하고자 한 일을 전일한 마음으로 해야지 욕심으로 해서는 안 된다. 욕심으로 하면 마음에 찌꺼기가 낀 느낌이고 또 금방 피곤하다. 평온함으로 전일하면 마음이 맑고 긴 시간을 집중할 수 있다. 일에 필요치 않은 일이 마음에 들어오면 알아차림만 가져도 이내 물러난다.

익숙하지 않은 일을 할 때 집중이 오히려 더 잘된다. 집중하지 않으면 그르칠 수 있기에 집중에 긴장이 담겨 있다. 하지만 하고 나면 엄청 피곤하다. 그러다가 일이 익숙해지면서 집중이 흐려지고 망념도 더 생기게 될 뿐 아니라 요령도 피우고 싶어진다. 이때 마음을 다시 챙겨서 하지 않으면 그동안의 수행이 물거품이 되고 만다. 다시 챙겨서 하는 것이 수행이다. 챙겼다가 놓치고 또 챙기는 것이 반복되면서 마음의 간격이 좁혀지다가 전일함으로 이어 가게 된다.

이렇게 집심 공부를 하고 나면 마음의 고삐를 잡고 전일한 마음을 가지되 욕심 경계에 끌리는지 끌리지 않는지를 살펴본다. 끌리면 그 끌림을 알아차린다. 이 알아차림만 가지고도 끌리는 마음을 어느 정도는 놓을 수 있다. 이렇게 하나의 일에 전일함을 갖고 하다가 망념은 알아차림으로 놓아 가면 마음에 하는 힘과 놓는 힘이 생긴다. 마음을 마음대로 할 수 있을 때까지 또 하고 또 하면 어느덧 마음에 힘도 생기면서 마음을 마음대로 하는 데에 이른다.

집심에서 마음의 힘이 길러진다. 집심이 마음의 체력이라 수행에 깊은 경지에 이른 사람도 마음의 힘을 위해서 틈틈이 집심 수행을 한다. 집심은 집중하는 마음뿐 아니라 공적영지로 깨어난 마음이라야 선심이라고 할 수 있다. 이런 의미에서 무시선은 성리性理 행行의 시작이라고 할 수 있다.

집심에서 바로 몰입의 경지인 삼매에 들기도 한다. 하지만 이 시기에 삼매에 들면 반드시 스승에게 밀착해서 배워야 잘못된 길에 들지 않고 올곧게 큰다. 이 시기에 삼매에 들면 대부분은 다른 길로 빠져나가서 이도 저도 아닌 어중간하게 된다. 그것은 스승을 찾아서 배우지 않았기 때문이다.

관심은 열림이다.

관심 수행에서는 마음의 창을 열어 다가오게 하는 공부와, '하는 나'와 '바라보는 나'가 있어 제삼자의 입장에서 자신과 대상을 함께 바라보는 공부가 있다.

집심에서 평온함과 마음다함을 어느 정도 할 수 있기에, 이때부터는 대상에 마음을 열거나 대상을 바라보기만 하여도 평온함과 마음다함에 이르게 된다. 한편 마음을 열어 가기 시작하는 때라 조금만 열심히 하면 동시에 두세 가지의 일을 진행시킬 수도 있다.

그러나 이 시기는 깨어 있음이란 표현이 어울리는 단계이다. 관심에서는 마음이 깨어 있기에 마음의 작은 부분까지 알아 간다. 경계에 따른 번뇌에 대해서도 참거나 멈추는 것을 넘어 깊은 이해를 통해 놓을 줄 안다.

마음으로 공부하는 것에 대한 재미가 솔솔 자라나는 시기이기도 하다. 관심에서 마음을 바라보는 데 재미를 들이다 보면 자칫 마음에 힘이 없어지기도 하니 이것을 조심해야 한다.

집심에 의한 관심이라야 마음이 넓고 힘이 있다. 그러므로 관심 공부 단계에서는 관심만으로 공부하는 게 아니라, '주로 한다'는 표현을 쓴다. 여기에는 관심에서도 틈틈이 집심에 돌이켜 마음의 체력을 보충하는 동시에, 무심도 조금씩 맛을 보라는 의미가 담겼다.

이 단계의 공부는 마음의 창을 열어 의식을 확장하고 대상과 하나가 되는 공부이다. 이때는 마음을 마음대로 하는 것이 어느 정도 되어서 외경에 대해서는 끌리고 안 끌리는 것에 깨어 있기만 해도 중심을 잡고 나아간다. 어느 정도 하다 보면 스스로 만족을 얻게 되는데, 이때 좋고 싫은 경계에 맡겨서 역시 마음이 동하지 않는지 시험을 해 보며 마음의 힘을 길러 가야 한다. 관심 경지는 아직 심력을 써서 동하지 않는 단계이므로 마음을 놓으면 이내 동할 수 있으니 챙기는 마음을 놓아서는 안 된다.

관심의 과정에서 일에 대한 능력도 생긴다. 일 있을 때는 목적반조에 의한 자성반조 공부를 잘하고 일 없을 때는 자성반조를 바탕으로 목적반조를 하여 준비하는 습관을 길들인다.

관심 수행이 잘되면 진리에 마음과 기운을 열어서 하나가 될 수 있다. 몰입으로 하나 되는 것보다 부드럽고 편안하다. 그러나 열어서 하나가 되는 것만을 좋아하다 보면 편안한 것에 마음이 빼앗긴 나머지 거기에서 나오고 싶지 않게 된다. 이러면 수행의 의미를 잃고 초목과 다르지 않을 수도 있다. 귀찮아도 영혼의 자유와 배려 그리고 존재에 대해 깨어 있어야 한다.

무심은 마음의 습관과 행동의 습관이 자리하는 단계이다.

무심에서는 몰입으로 들어가기도 하고 내 마음과 기운을 열어 우주의 기운과 하나가 되어 동화를 이룬다. 관심 단계에서 깨어나 바라보기보다는 한 차원 높다. 만물과 하나가 되어 가기 때문이다. 즉, 깊이 들어 하나가 되고, 열려서 하나가 되며 체화된 감각으로 하나가 된다. 몰입과 열림과 체화된 감각이 함께한다.

무심에서는 마음과 행동의 습관이 되기에 마음을 놓아도 저절로 되어 간다. 무심이 될 때 영생의 문에서는 마음을 조금 놓을 수 있다. 영혼은 마음을 머금은 즉시 빛보다도 빠르게 움직이기에 마음의 습관으로까지 잘 길들여 놓지 않으면 수행에 소용이 없게 된다. 수행이 마음의 습관으로 자리 잡아야 인간과 영혼의 세계 모두에서 실효가 있다. 마음의 습관이 무심이 되도록까지 길들이면 편안하고 한가하다.

무심 단계에서는 저항도 없고 상相도 없다. 해야 하는 일이라면 성리의 삶으로 오직 할 뿐인데 이 마음이 저절로 되어 마음이 원만구족하고 지공무사하다. 하염없는 마음으로 수행을 삼고 불공을 삼아서 할 따름이다. 그러기에 수행자에게는 모든 곳이 대각전이 된다.

하지만 진리와 도와 법과 함이 있어서 법상法相이 되기도 하니 조심해야 한다. 이마저 조복을 받으면 경계에 대해서도 자연히 동하지 않아서 철주의 중심, 석벽의 외면이 된다. 나아가 세상의 모든 것이 한 맛으로 느껴져 유혹됨이 없고 윤회에 끌려다니지도 않는다. 그야말로 정토극락이다.

무심의 경지에 이르러 힘을 얻으면 무엇이든지 마음먹은 대로 된다. 이때 편안하기도 하고 일을 벌이기도 하며 사치가 생기기도 한다. 하나의 놀이로 삼아 하는 것인데 습관이 되고 힘이 약해지기도 하면서 타락할 수도 있다. 마음의 방향이 도가 아닌 욕심의 세계에서 관념과 집착으로 마음의 습관을 길들이고 있다면 크게 놀랄 일이다. 도가의 벼슬은 닭 벼슬보다 못하고, 재물은 한 줌의 티끌과도 같으나 이 티끌에 걸려 영생을 망친다.

자기 재주만 믿다가 넘어지는 꼴인데 이 또한 자신이 있어서 빠져들지만 나름대로의 명분이 있으니 문제가 더 크다. 자신을 따르는 사람의 숫자에 현혹되다 보면 영영 갇힌다. 그 숫자는 자리와 이름으로 모인 숫자라 자리와 이름이 사라지면 함께 사라지는 거품과도 같다. 이때는 자기가 마음 깊이 인정하는 도반이나 스승의 도움을 얻어야 자기 도그마에서 나올 수 있다.

능심은, 일상의 삶에서 심신이 치열하게 작용하나 본래 마음은 그대로 한결같이 있는 경지이다.

능심은 세상의 숲을 보고 노니는 삶이다. 세상이 하나인데 그 속을 균형과 조화 그리고 나눔으로 운영한다. 그 운영은, 진리와 도와 법이 결국에는 인간의 영혼을 살리고 품성을 기르며 세상을 진리의 삶으로 채우려는 데 있다.

능심의 소유자는 세상을 위해 살아가다가 때로는 온갖 모진 소리를 들어도 그 일을 할 뿐 몰라준다고 원망하지 않는다. 좋은 소리를 들으려고 한 게 아니기 때문이기도 하지만, 일반적인 견해로는 능심의 경지를 알기 어려운 것이 오히려 상식이라 여겨 기대조차 하지 않기 때문이다. 모진 소리를 들어도 그저 흔연히 빙그레 웃음 지어 넘긴다. 능심의 마음은 그 바탕이 크게 비어 흔적이 없고 오직 세상을 위한 마음으로 이루어져 있다.

능심의 경지에 이른 사람의 느낌은 자비와 여유 그리고 자유이다. 그 자유에 간결함과 여백 그리고 따뜻함과 최고의 예술혼이 흐르는데 이마저 자연스러워 흔적을 찾기 어렵고 알아보기조차 어렵다.

이렇게 삶 하나에 오롯하게 깨어 있다 보면 세월과 수행 따라서 세상을 열고 하나가 되는 데 이른다. 또 우주와 호흡을 하며 살다 영혼이 훌쩍 자라나 세상의 살림과 함께한다. 비로소 대자유를 얻는 데 이른다.

수행해 가며 각 수준에 이르러 느끼는 기운의 경로가 있다. 순수함으로 출발해서 열정, 올곧은 힘, 세련된 맑음, 밝은 부드러움 그리고 빈 유연함으로 완성된다. 자기의 수행 과정에서 이 느낌을 풍긴다면 그것은 경로를 제대로 밟아 오르고 있다는 증거이다.

무시선마저 사라져 하나가 되다

　역설적이지만 무시선마저 놓아야 참으로 무시선이다. 틀 속에서 움직이다 보면 틀에서 무언가를 움직여야 할 것 같은 느낌이 든다. 그것은 내재된 마음의 깊은 곳에서 평가받으려는 욕심이 움텄기 때문이다.

　평가가 대수냐고 할 수 있지만 사람이 행복을 느끼는 사회의 척도가 보람이다. 칭찬은 고래도 춤추게 한다는 말과 사람은 칭찬을 먹고 산다는 말처럼 사람의 깊은 내면에서부터 삶의 모습에 이르기까지 사회적 교감이 미치는 심적 영향이 크다.

　인정을 받지 못한다는 것은 그 사회에서 자신이 갖게 되는 비중이 적다는 것이고 자신의 삶에 대한 평가로 작용하여 심지어는 살기 싫어지는 데까지도 이른다. 인정과 보람에 따른 평가로부터 자유로우려면 사회나 무리 속에서 바라볼 게 아니라 하고자 하는 본의를 생각할 필요가 있다.

삶의 본질은 행복, 삶의 가치는 영적 성장

무시선은 수행자가 살아가는 모습은 될 수 있지만 삶의 본질이 될 수는 없다. 삶의 본질은 행복이고 삶의 가치는 영적인 성장이다. 그 행복이 가치 있는 곳에 있다면 더할 나위 없이 좋기 때문에 수행이란 도구가 필요한 것이지 도구가 오히려 삶을 지배해서는 안 된다.

세수를 개울가에서 하는 때였다. 제자가 스승께 세숫물을 떠 드리고 싶어서 개울가에서 작은 바가지로 세숫대야에 한 바가지씩 떠서 옮겨 담고 있었다. 이 모습을 본 대산은 제자에게 "그렇게 하는 게 아니야!" 하며 대야를 들고 한번에 푹 떠 놓으며 "이렇게 하는 거야."라고 했다.

작은 바가지에 평온한 마음을 실어 한 바가지씩 떠서 대야에 마음을 다해 옮기는 것도 좋지만 삶의 본질에서 보면 그 수행 과정이 얼마나 거추장스러울까. 수행은 자신이 꿈꾸는 삶에 이르기까지의 도구에 지나지 않는다. 이 도구가 삶 속으로 들어오면 꾸준하게 영적 성장의 삶으로 살아갈 수 있다. 그래서 선호할 따름이지 삶의 궁극적인 모습은 아니다.

때로는 게으름을 피우고, 낮잠을 자거나 음식을 허겁지겁 먹으며, 또 하릴없이 노는데, 이 모든 것이 삶과 자기의 영혼에 미치는 영향이 어떤가. 버릇이 되어 삶의 패턴을 이루고 자신을 끌고 간다면 좋지 않은 영향을 미칠 테지만, 반대로 어쩌다 한두 번은 오히려 삶의 활력이 되기도 한다.

또한 행선으로 걷는 선보禪步가 아니면 그 사람의 질이 떨어지는 것일까. 선보가 자기 수행에 어떤 영향을 주었는지가 관건이지 선보가 곧 인격으로 성립되는 것은 아니다. 인격은 선보가 아닌 다른 것을 통해서도 얼마든지 쌓을 수 있다.

예수가 여기에서 제시하는 무시선의 방법을 취하지 않았다고 성자가 아닌가. 예수는 종교적 취향과 수행적 방법을 떠나 어느 수행의 경지에서 보든 성자이다. 성자의 심법을 지녔다. 만약 그가 성자가 아니라는 종교가 있다면 그 종교적 시각을 의심해 봐야 할 것이다. 그렇기에 무시선의 본질을 잃고 도구에 빠지면 그 본의와는 달리 편협한 데에 이를 수 있기에 본의에 돌이켜 깨어 있어야 한다.

법타원을 찾아 상시일기에 대해 물었다. "상시일기를 체크할 때 법문을 매일 50분 이상 봉독하라고 적혀 있는데 저는 전서를 읽지 않은 날에도 마음속에 의두가 항상 담겨 있어서 틈틈이 연마를 합니다. 이것을 매일 봉독했다고 해야 하는지 아니면 안 했다고 해야 하는지 궁금합니다." "그것은 허송세월을 보내지 말라는 뜻이야." 이 이야기를 듣고 마음 깊은 곳에서 큰 진동을 느꼈다. 수행이란 것이 그 본의를 모른다면 형식의 놀음으로 세월을 다 보내겠다 싶었다.

궁극적 의미에서 무시선은 성리의 삶

무시선의 방법보다 한층 더 깊은 경지는 절대적 비움이다. 무시선의 방법으로 하나하나 해 나가지 않아도 비움이 되어서 바라보고, 비움이 되어서 생각하고, 비움이 되어서 살아가고, 비움이 되어서 어울리고, 비움이 되어서 나누고, 비움이 되어서 존재하면 이 모든 것이 무시선 그 자체이자 성리이다. 이 성리의 삶은 또한 빈 마음의 삶이기도 하다.

사람들은 마음을 비우면 아무것도 없지 않느냐고 반문한다. 마음을 비우니 무엇 하나 할 수도 없고, 설사 한다 하여도 의미도 없는데 그게 무슨 삶이냐고 시큰둥한다. 살아 있는 사람이라면 누구든지 마음을 비우면 내재된 열정이 선명해진다. 이 열정도 삶의 방향에 따라 다른데, 하나는 동물적인 것이고 또 하나는 영적인 것이다.

동물적인 열정은 생명, 성, 사랑, 배려인데 이 모두가 종족 번식에 기반한다. 생존하려는 마음과 종족 번식을 위한 성 그리고 새끼를 잘 키우는 데 꼭 필요한 무조건적인 사랑, 나아가 더 좋은 환경을 마련해 주고 싶은 배려 등 이 모든 것이 종족 번식에 필수적인 에너지로 이루어져 있다.

영적인 열정은 삶을 영적 가치관으로 살게 하며 성장을 꾀하는 마음이다. 동물적인 열정 즉 본능의 마음을 놓고 영적 가치관으로 살게 되면 동물적인 삶에서 해야 하는 것까지도 아울러 잘 볼 수 있다. 영적 가치관의 바탕이 순수함이라면 영적인 가치관으로 사는 삶의 모습은 순수 이전의 비움으로 발현되기에 더 자연스럽다.

순수함은 동기가 이기적이지 않다는 뜻이지 함이 없다는 것은 아니다. 비움이라야 함이 없게 된다. 그러나 함이 없다는 것에 도모함의 흔적이 있다면 그 흔적에서 세상을 뒤덮을 정도의 마음의 티끌이 흩날리게 된다. 함이 없음은 또다시 궁극의 비움의 과정을 기다린다.

무심이 되면 그 마음으로 능심이 되어 은혜의 삶으로 나타나야 한다. 하지만 능심에도 한계가 있을 수 있다. 능심은 함이 없이 하는 것인데 그 함이 없는 데에도 흔적이 생긴다. 바로 보람, 자비, 은혜이다.

함이 없는 곳에 은혜가 당위성으로 자리를 잡을지라도 여기에서 온 가지의 상柏이 일어난다. 능심은 또 한 번 온통 그대로 비워 내야 한다.

물론 제대로 된 무심에 의한 능심이면 흔적이 없겠지만 수행의 차원에서 보면 능심 또한 간혹이라도 무심에서 잠겼다 나와야 그 능심마저 투명해진다.

온통 비워 내서 목적도 없고 그 바탕인 자성도 없는 데에서는 함이 없다. 함이 없다는 것도 없다. 함이 있을 따름이다. 그런데 다 아우르고 있다.

여기에서는 보람, 자비, 은혜가 더 이상 수행자의 것이 아니다. 이것은 세상의 명제일 따름이지 수행자에게는 의미가 없다. 다만 세상은 수행자의 흔적이 은혜였다고 이름을 붙인 것에 불과하다. 은혜가 수행자의 것이 아니기 때문이다.

궁극의 비움에서는 더 이상 도모할 것이 없다. 존재할 따름이다. 그 존재 속에 자유, 나눔, 자연뿐 아니라 우주가 들었다. 우주는 하나의 거대한 생명이라 도모하는 것이 없지만 새로운 생명체를 낳기도 하고 거두기도 한다. 수행자가 궁극의 비움에 합하면 우주의 영혼이 활기를 얻는다.

문제는 능심에 이르기 전에 마음을 비운 정도가 완전한 비움이 되지 못한 상태에서 그 비움에 만족하고 안주하는 것이다. 능심에 이르러 비워야 세상 모두를 얻는데 그 전에는 그 까닭을 모른다. 능심의 비움은 다 알고 비우는 것이고 모두에 능하면서도 모자란 채 존재한다. 모자라면서도 여유가 있고 모자람으로 자신을 보호한다. 하지만 비움이 크고 깊으면 능심을 휙 감쌀 수도 있다.

맺는 글

좌선이 화두의두, 성리와 단전주선으로 닦아 가는 초월적 수행이라면 무시선은 삶에 깨어 있는 수행이다. 결국에는 궁극에 이르러 한곳에서 만나지만 수행 과정에서의 특성이 이 처럼 다르게 보인다.

무시선은 일심사단으로 체계적으로 수준을 높여 가며 깨어 있으므로 좌선의 깊이를 그대로 삶으로 이어 가며 궁극의 경지에 이르도록 한다. 물론 삶에서 자기 기질에 맞게 무시선을 먼저 닦아서 어느 정도 순숙이 되면 그때 가서 좌선으로 깊이를 다져 가는 방법도 좋다. 자기 기질에 맞게 수행하여 효과를 보는 것이 지혜로운 사람이다.

세상의 인지가 열려 가는 때에는 물질만으로는 마음 깊이에서 솟아 나는 갈증을 풀어 줄 수 없다. 이때는 영성을 이끌어 갈 만한 수행이 필요하다. 영성으로의 수행은 진리의 깊이에서 우러나와 삶으로 이어져야 한다. 오늘날의 수행은 이미 언어에서 적공을 거쳐 생활의 모습으로 다가왔다. 그 사람의 언어가 아닌 문고리 잡는 모습만 보아도 알 수 있는 데에 이르렀다. 더 깊게는 그 사람의 눈빛과 기운으로 알 수 있다. 그러나 이 모든 것도 삶의 모습과 일치할 때 수긍할 수 있다. 안다는 것은 그 사람을 평가하기 위한 것이 아니라 궁극적으로 자신의 수행을 위해 배우고 닦기 위한 것에 그쳐야 한다. 알아 가는 것도 누구에게 인정받기보다 진리의 존재로 살아가기 위한 최소한의 선택이라야 그나마 생명력을 잃지 않고 삶으로 스며든다.

이런 수행 과정과 덕목이 무시선에 다 담겨 있지만 이 책에서는 실생활에서 하나하나 해 보며 수행자의 입장에서 정리한 무시선의 내용들을 보다 풍요롭게 담고자 하였다.

무시선은 그 수행의 과정이 행복이다. 과정을 밟아 가며 느끼는 하나하나가 역시 행복으로 다가온다. 또한 무시선은 깨어 있음이다. 그 일에도 깨어 있지만 삶 전체에도 깨어 있다. 삶의 경계가 힘들고 어려워도 그 맛이 삶의 또 다른 묘미인 것을 알고 깨어 있으면 영혼이 풍요롭다. 또한 깨어 있어 느끼고, 느껴 존재하고, 존재하여 어울리고, 어울려 하나가 되면 온 세상이 밝고 포근하다. 풀 한 포기, 시간의 조각 하나, 마음가짐 하나가 모두 예술로 승화된다.

무시선 수행은 그리 어렵지 않다. 마음만 먹으면 누구나 할 수 있다. 그 일에 평온함과 마음다함이 있으면 된다. 이로부터 내 영혼의 삶이 맑고 풍요로워진다.

집심으로 힘을 기르고 관심으로 마음을 열고 무심이 되어 존재한다. 존재로 오롯할 때 세상은 품속으로 들어와 하나가 되어 살아간다. 그리고 그 삶은 은혜 그 자체이다.

삶은 무엇을 하였느냐가 중요한 것이 아니라 어떻게 살아가느냐가 중요하다. 선호하는 대학이나 직장에 들어가는 것보다 최선을 다해 봤느냐가 인생에서는 더 중요하다. 공부에 실력이 있어도 내 길이 아니면 들어가지 못한다. 그러나 그 노력에서 얻은 실력은 다른 곳에서라도 반드시 쓸 데가 있으니 그리 억울할 게 못된다. 바라는 곳에서 날개를 달 수도 있지만 그곳이 마음의 무덤인 경우도 많다. 뜻대로 되어 안일해지는 곳이 오히려 무덤일 수 있으니 그것을 조심해야 한다.

무엇이든 최선을 다해 봐야 수행도 삶도 어렵지 않다. 큰 일이든 작은 일이든 영혼이 나태해지거나 피폐해지지 않을 정도만 해도 된다. 설사 바라는 것만큼은 못 돼도 굶어죽지는 않는다. 영혼만 깨어 있으면 진리와 호흡하며 살 수 있다. 정법 수행자를 만나서 진솔하게 수행하면 나머지는 저절로 된다. 이 쉬운 것을 못하는 것은 정법을 만났어도 주어진 자리에서 영광을 누리려 하거나 시기와 질투로 수행을 쇼핑하듯 하기 때문이다. 삶의 본질은 영적 가치에 있다. 나머지는 그 도구에 지나지 않는다. 본질을 놓고 도구를 쫓다 보면 인생의 뒤안길에서 허망함과 한숨만이 남는다.

진리에 깨어 있는 삶에서는 영적 가치관으로 자신을 가꾸게 된다. 인생은 영적 성장을 위한 삶의 무대에 지나지 않으나 영적 삶을 통해 이 무대를 영광스럽게 함으로써 영혼은 자유를 얻는다.

삶의 무대에서 꼭 필요하고 의미 있는 기간에만 일하고 얼른 물려준다. 원래는 높고 낮은 자리가 없지만 어린 관념이 만들어 놓은 것이라 불안하다. 높은 지위는 산 정상의 뾰족한 바위와 같아서 오래 있으면 위태한 것과 같다. 일반인도 그렇지만 종교와 수행하는 곳에서는 정치적으로 서열을 세우는 즉시 타락의 날개를 달게 된다. 얼른 내려와 도반들과 일하면서 수행하는 것이 훨씬 더 낫다. 평지 같은 일상에서의 수행으로 삶의 토대를 이뤄야 인생이 편안하다. 심심할 때나 다른 삶으로 잠시 여행을 떠나는 것이 좋지만 돌아올 곳도 이곳이다.

수행자의 관심은 영적 성장과 영혼의 자유에 있다. 굳이 궁극을 묻는다면 자유의 존재라고 한다. 그러나 어느 것 하나 그대로 존재하기만 하는 것은 없다. 진리의 흐름에 때로는 맡기고 때로는 힘을 쓰고 때로는 노닐며 자유를 유지할 수 있는 것은 비움으로 진리와 더불어 존재하기 때문이다.

진리와 더불어 함께하는 힘을 얻기 위한 인간의 수행법으로 무시선만한 게 없다. 무시선 수행은 삶과 인격 그리고 인품으로 나타난다. 지묵으로 된 경전을 보는 것을 넘어서 마음경전과 생활경전을 읽고 삶에서 평온함과 마음다함으로 살아가는 모습이다. 이것은 서로 배우고 나누는 데에서 수행의 숨결을 느끼며 존경으로 마음을 나누며 더욱 풍요로워진다.

  존경의 나눔은 삶과 인격이 잔잔한 감동으로 어울린 행복, 예술, 인품, 자유로 승화된다. 이런 소태산의 무시선을 인간 세상에서 도반들과 맑고 풍요롭게 나눌 수 있음은 이 세상에서 누릴 수 있는 최고의 행복이다.

  무시선 이야기는 이제 출발점에 불과하다. 그 이야기는 앞으로 무시선으로 깨어 있는 많은 사람들로부터 더욱 풍요로워질 것이라 여긴다.

지은이 길 도 훈 吉道薰

강원도 화천에서 출생하여 산을 벗 삼아 어린 시절과 청소년기의 대부분을 지내고 삶의 본질을 알기 위해서 원불교에 출가하여 교무로서 수행자의 생활을 하고 있다. 여러 교당인천, 철원, 순천, 안암, 화정, 압구정을 거쳐 현재는 경북 성주에 있는 원불교 삼동연수원 원장으로 재직하며 수행과 가르침에 임하고 있다.

원불교대학원대학교와 원광대학교 원불교학과 학생들에게 각각 '선과 성리'와 '정전 학습'을 다년간 지도했고 전무출신원불교 성직자훈련에서 2년간 선 강의를 했으며 월간 『원광』에 좌선법을 3년간, 월간 『교화』에 무시선법을 1년간 연재했다. 그리고 선과 선심의 내용으로 서울 원음방송국에서 10년간, KBS에서 일주일간 라디오 방송을 해 왔다. 현재는 「원불교 신문」에 '정전 강의'를 3년째 연재하고 있으며, 선방 '동선·하선'과 '선과 성리' 공부 모임 세 곳과 'Young Spirit Society젊은 사람들이 영적 수행을 하는 모임'를 지도하고 있다. 저서로는 『단전주선』이 있다.

무시선

ⓒ 길도훈 2015

초판발행   2015년 4월 27일
초판 2쇄   2017년 9월 30일

저   자   길도훈
펴 낸 이   김성배
펴 낸 곳   도서출판 씨아이알

책임편집   박영지
디 자 인   강세희, 윤미경
제작책임   이헌상

등록번호   제2-3285호
등 록 일   2001년 3월 19일
주   소   (04626) 서울특별시 중구 필동로8길 43(예장동 1-151)
전화번호   02-2275-8603(대표)
팩스번호   02-2265-9394
홈페이지   www.circom.co.kr

I S B N   979-11-5610-130-7 93290
정   가   15,000원

심연의 자아를 찾아가는 수행길,

단전주선 丹田住禪

일상의 삶을 넘어서 궁극적인 진리에 의한 삶을 살아
가고자 하는 수행자들을 위한 수행지침서

●● 차 례